国家社科基金国家治理重大专项

"大数据驱动政府治理能力现代化研究"（17VZL021）

大创新治理书系
THE SERIES OF INNOVATIVE GOVERNANCE

[韩]金允权 陈潭 著

Government 3.0:
Government Innovation
in Post-NPM Era

政府3.0
后NPM时代的政府再造

融合新兴通信技术、计算机技术和网络信息技术的政府组织在经过"以政府为中心"的"政府1.0"和"以国民为中心"的"政府2.0"之后，正在步入"以每个人为中心"的"政府3.0"时代。

中国社会科学出版社

图书在版编目（CIP）数据

政府 3.0：后 NPM 时代的政府再造 /（韩）金允权，陈潭 著 . —北京：中国社会科学出版社，2019.10
ISBN 978 - 7 - 5203 - 4971 - 0

Ⅰ.①政… Ⅱ.①金…②陈… Ⅲ.①国家行政机关—行政管理—研究—中国 Ⅳ.①D630.1

中国版本图书馆 CIP 数据核字（2019）第 188727 号

出 版 人	赵剑英
责任编辑	黄　山
责任校对	王纪慧
责任印制	李寡寡

出　　版	中国社会科学出版社
社　　址	北京鼓楼西大街甲 158 号
邮　　编	100720
网　　址	http：//www.csspw.cn
发 行 部	010 - 84083685
门 市 部	010 - 84029450
经　　销	新华书店及其他书店
印　　刷	北京明恒达印务有限公司
装　　订	廊坊市广阳区广增装订厂
版　　次	2019 年 10 月第 1 版
印　　次	2019 年 10 月第 1 次印刷
开　　本	710×1000　1/16
印　　张	19.5
插　　页	2
字　　数	334 千字
定　　价	59.00 元

凡购买中国社会科学出版社图书，如有质量问题请与本社营销中心联系调换
电话：010 - 84083683
版权所有　侵权必究

总　　序

> 科学上没有平坦的大道，只有不畏劳苦沿着陡峭山路攀登的人，才有希望达到光辉的顶点。
>
> ——卡尔·马克思（1818—1883）

我们现在所处的时代是一个改革、开放、创新的时代。

创新是人类特有的认识能力和实践能力，是人类主观能动性的高级表现。创新是推动民族进步和社会发展的不竭动力。建设创新型国家、实施创新驱动发展战略，是积极应对全球新一轮科技革命与产业变革机遇和挑战的重大战略选择。如果我们以技术进步为标尺，来衡量人类历史上的创新程度的话，可以将最新的创新形态和创新产品定义为"创新2.0"、"政府3.0"和"工业4.0"。

信息通信技术（ICT）的融合和发展催生了信息社会形态，推动了科技创新模式的嬗变和下一代创新的产生。创新2.0（Innovation 2.0）就是面向信息社会下一代创新的新阶段和新形态。传统的以技术发展为导向、以科研人员为主体、以实验室为载体的创新1.0，正在转向以用户为中心，以社会实践为舞台，以共同创新、开放创新为特点的用户参与的创新2.0模式。如果说创新1.0是以技术为出发点的话，那么创新2.0就是以人为出发点，以人为本、以应用为本的创新。因此，创新2.0是一种能让所有人都参与的"万众创新"形态，是以用户创新、大众创新、开放创新、共同创新为特点的，强调用户参与、以人为本的民主化创新。我们知道，信息通信技术的发展和知识网络的形成突破了知识传播的传统物理瓶颈，能够更快捷和更便利地进行知识共享和信息传播。知识网络最大限度地消除了信息的不对称性，人为的知识壁垒和信息壁垒在强大的知识网络下越来越难以为继，被快速检索、理解和运用的众多知识封装技术促使知识得以构件化和模块化。信息通信技术的融合与发展改变了知识的获取、传承、积累和创造方式，以及以此为基础的创新活动形态，推动了生产方式、生活方式、组织方式与社会形态的深刻变革。在创新民主化进程的推动下，创新实现了由生产范式向服务范式的转变。同时，伴随着全球化和信息化的浪潮，创新 2.0 对传统的国家主权、公共决策、政府职能、行政过程、政治文化以及包括行政管理、公共服务、公民参与在内的所有政治行为和公共服务带来了严峻挑战和崭新机遇。

对应信息通信技术和创新形态的发展，政府也在走向"3.0 时代"。如果说政府 1.0 侧重于"以政府为中心"，政府在国家生活中扮演单纯提供信息的角色，由政府 2.0 侧重于"以国民为中心"，在政府和民众之间建立起双向通道，政府提供信息，民众可以对政府的政策和公共服务提供反馈，政府 3.0 的侧重点则在"以每个人为中心"的架构上，通过超级链接的信息和通信技术，为民众提供量身定制的个性化服务。政府 3.0 的关键议程还包括政府机构间的信息共享和协作，促进公共部门的云计算、开放政府数据和基于大数据分析的决策。韩国率先提出了"政府 3.0"概念。韩国政府在"政府 3.0 时代"规划发布仪式上表示，"韩国社会目前面临着低生产、老龄化、无雇用增长和两极化的挑战"，"在这种情况下，政府原先封闭式、垄断式的信息管理方式和不透明的决策方式无法跟上时代的变化"。因此，韩国政府 3.0 的核心就是政府将自己拥有的信息在国民提出要求之前进行公开，组建"沟通的政府""能干的政府""服务的政府"，建设"让全体国民都感到幸福的大韩民国"。韩国政府 3.0 规划的重点在于公共信息的开放与共享，以及政府与国民的沟通与合作。其中，政府信息公开将从以往的"政府提供"模式逐渐转变为"以每个人为中心"的模式，这将提高政府公共政策制定的透明度，同时增加民众对政府的信任度。在政务服务领域，政府将尽量减少直接介入，鼓励民众利用互联网和手机进行互动和参与。政府和公共部门掌握的气象、交通和教育领域的公共数据也将提供给个人和企业用于商业用途，通过这种方式来帮助民间创业。可见，韩国政府 3.0 也是一项政府为活跃创造经济而制订的支援方案。

对应信息通信技术和创新形态的发展，工业必然走向 4.0 时代。如果说工业 1.0 是蒸汽化时代、工业 2.0 是电气化时代、工业 3.0 是信息化时代，工业4.0则必将是智能化时代。工业4.0研究项目最早由德国联邦教研部与联邦经济技术部联手资助，在德国工程院、弗劳恩霍夫协会、西门子公司等德国学术界和产业界的建议和推动下形成，并已上升为德国国家战略。2013年4月，汉诺威工业博览会正式推出的《德国工业4.0战略计划实施建议》宣告了第四次工业革命时代的到来。德国工业4.0推行物联网和制造业服务化的目的在于提升德国工业竞争力，从而在未来新一轮工业革命中占领先机。德国学术界和产业界认为，工业4.0是以智能制造为主导的第四次工业革命的革命性生产方法，旨在通过充分利用信息通信技术和网络空间虚拟系统——信息物理系统（Cyber-Physical System，CPS）相结合的手段，通过"智能工厂"和"智能生产"将制造业向智能化转型。工业4.0的核心是连接，也即把设备、生产线、工厂、供应商、产品和客户紧密地联系在一起，将无处不在的传感器、嵌入式终端系统、智能控制系统、通信设施通过CPS形成一个智能网络。通过这个智能网络，使人与人、人与机器、机器与机器以及服务与服务之间形成互联，从而实现横向、纵向和端到端的高度集成。工业4.0的技术支柱涵盖工业物联网、云计算、工业大数据、工业机器人、3D打印、知识工作自动化、工业网络安全、虚拟现实和人工智能等技术。工业4.0的实施过程是制造业创新发展的过程，是制造技术、产品、模式、业态、组织等方面的进一步创新，是大规模生产转向个性化定制的智能制造阶段，是生产过程更加柔性化、智能化、体验化的创新形态。

中国在全球创新版图中占据了新位势，研发支出占全球比重上升到20%，位列世界第二。经过多年来的改革开放和经济社会发展，中国自主创新能力显著增强，创新创业环境明显改善，创新型国家建设迈上了新台阶。资源配置、成果转化、人才发展、生态优化等重大改革举措取得了突破性进展，市场导向的创新机制逐步完善，企业创新主体地位不断提高，创新整体水平正在从量的增长向质的提升转变，国家创新步入了"以跟踪为主"转向"跟踪和并跑、领跑并存"的新阶段。我们看到，《国家创新驱动发展战略纲要》《促进大数据发展行动纲要》《中国制造2025》《推进"互联网+政务服务"开展信息惠民试点的实施方案》等国家指导性文件的制定和实施是应对创新2.0、政府3.0、工业4.0的时代产物，对于提升企业创新能量、政府服务效能和建设科技强国与创新大国具有重要的实践意义。同时，深化创新治理体制改革、提高创新资源配置能力、深度参与全球创新治理体系以及推动政府职能由研发管理向创新服务转变也是当下重要的公共治理学术议题，我们期待"大创新治理书系"能够贡献智库资源和智慧支持！

高小平

中国行政管理学会执行副会长兼秘书长

十七届中央政治局第四次集体学习讲解专家

2016年6月16日于北京

前　言

全球气候变暖所引起的海平面上升，导致位于低洼沿海地区的居民需要寻找新的栖息地；地震、海啸等很难预测的自然灾害给人类带来巨大的灾难；能源枯竭和各种环境污染不仅给大自然造成不利影响，还给人类带来巨大的灾害；非洲埃博拉等传染性病毒夺走了人们宝贵的生命。除此之外，宗教信仰纠纷以及恐怖组织的各种恐怖袭击也在威胁着人们的日常生活；在全球性、经济低增长时代，各国为了解决就业和福利等问题纷纷制定各种政策。

以上的气候变化、灾难危机、安全、战争、恐怖行为、低增长、失业、福利、环境污染、各种疾病等问题不仅对个人、集体、社会、政府、国家，甚至对邻国和世界都产生了很大的影响，具有扩散效应。以前一个国家内部的很多问题都可以单靠政府解决，但是上述问题很难单独依靠政府的力量去解决，而且公民的行政需求也变得越来越复杂多样，导致政府的职能和角色不能再按以前的政府职能划分和组织间竞争模式去进行界定，故此，很难满足公民的行政需求。随着环境和公民的行政需求的变化，政府的角色和职能也需要相应地变化。政府作为公民的代理人有义务去解决这一难题，同时满足公民的行政需求。

那么，政府怎样去改变职能和角色呢？这个问题的答案和政府运行模式的转变有关。政府运行模式的转变是为了应对复杂多变的国内外环境和国内公民的行政需求以及政策问题，重构政府职能、实现政府组织结构变革以及提高政府机构的运行效率，需要政府利用政治资源与政策工具提供最佳的行政方案，并把公务员安排到能够胜任的岗位上。

随着时代的变迁，政府运行模式也屡次发生改变。在20世纪80年代之前，政府的运行模式是根据传统的组织原理构建的按照职能划分的层级制，以合理性和有效性为重点，政府官僚单独负责政府运行的管理模式。

但是传统的行政模式存在僵化和低效率问题。因此，从20世纪80年代开始，新公共管理（NPM）模式开始被运用于公共部门。新公共管理把企业的细分化、竞争、激励机制等管理理志运用到公共行政领域，提高了政府的工作效率，生产出更多顾客满意的公共产品，但与此同时也削弱了政府的公共性，而且过度的竞争导致组织之间缺少协作和协调，进而加剧了组织间的隔阂。为了克服新公共管理的弊端，从2005年（一说2008年）开始，一些欧美国家重新强调公共性、信息公开、市民参与和协作，这种后新公共管理模式正在逐渐扩散到全世界。

后新公共管理（Post - NPM）的出现是由于新公共管理强调的竞争已经难以解决发展面临的难题，也很难满足复杂多样的行政需求。后新公共管理的目的是通过信息公开来提高政府的透明度，通过市民参与集中集体智慧，使政府的决策更为科学化和民主化，通过各部门间的协作来满足行政需求，提供良好的行政服务。与此同时，ICT、Web、AI、IoT等创新技术的发展也促进了政府运行模式的转变。换言之，后新公共管理所追求的价值和工具，加上新技术的发展，给政府运行模式的转变提供了新的实践基础和契机。

很多国家正在利用后新公共管理的价值、工具和创新技术解决各种难题，同时将其运用到行政服务的体系上以满足公民的不同需求。例如，一些欧美国家和日本、新加坡等国家用开放型政府、透明国家（Transparent Government）、数字时代政府（Digital Age Government）、协同政府（Joined - up Government）、整体政府（Whole - of Government）、互联性政府（Connected Government）、网络型国家（Network Government）、合作政府（Collaborative Government）等名义来推进政府运行模式的创新和变革。这些政府运行模式主要强调信息公开、市民参与和组织之间的协作。

在后新公共管理为主的政府运行模式中，与其核心价值、工具和创新技术相结合得最好的是韩国的政府3.0。韩国的政府3.0比欧美国家和日本、新加坡的政府运行模式管理更加先进，内容更加丰富。这些国家的政府运行模式主要是通过公开信息来建设开放型政府或者通过协作来解决难题，而韩国的政府3.0不仅包含开放型政府的建设，政府各部门之间为了做到公正透明的运行，还需预先进行信息共享并积极地向公民公开这些信息。除此之外，积极利用大数据和云计算等技术集中集体智慧，搜集可靠的事实依据来实现科学决策，同时通过各部门之间的相互协作来实现效能型政府建设，消除各部门之间的隔阂。在提供政务服务方面，通过公共部门和民营部门之间的协作，为每一个公民提供定制型服务，进而实现服务型政府建设。总体来讲，韩国在建设透明型政府、效能型政府、服务型政府方面比其他国家所追求的政府运行模式更加先进，而且还体现了为公民提供更便捷的行政服务的全球发展趋势。

韩国的政府3.0是一种与资本主义1.0、2.0、3.0相似的行政管理模式；在技术层面也类似于Web 1.0、2.0、3.0和电子政府1.0、2.0、3.0以及产业化1.0、2.0、3.0。在行政方面也与各国政府在后新公共管理时代所推行的各种各样的政府管理模式有关。在国民参与程度方面，政府1.0以政府为中心，政府2.0以政府主导及国民的有限参与为中心，但两者皆与以国民为中心的政府3.0有密切关系。同时，从政府提供的服务模式来看，韩国的政府3.0与政府提供单向型服务的政府1.0、政府提供双向服务的政府2.0和政府提供给国民定制型服务的政府3.0也有密切关系。不仅如此，政府3.0是每一届政府换届进行行政改革时所提出的政治修辞。

2013年韩国政府首次提出并推行政府3.0计划，将全新的管理模式在所有的政府部门推行。政府3.0把建设国民信赖的政府和让国民幸福的国家设定为未来发展规划，以建设透明的政府、有能力的政府、服务型政府为目标，以"开放、共享、沟通、协作"四大原则来设定和实施核心课题和具体课题。韩国的政府3.0推进计划分为开始转变阶段（2013年）、可视化阶段（2015年）、普及和稳步推行阶段（2017年）以及内化阶段（2020年）。

事实上，政府3.0像打马赛克或政治光谱一样具有多种性质。不论在西方国家还是在韩国，对政府3.0确切的定义和核心要素等方面都尚缺乏严谨的理论基础。在政府管理的实践经验上，除韩国外，普遍缺乏经验也是研究理论的障碍。为了克服这些局限，需要不断研究政府3.0的理论，并且不断地去摸索出各种实践方案来提高理论的可行性。

尽管韩国政府在政府管理和行政业务方面鼓励推进政府3.0的实施，但是到目前为止，包括韩国在内的全球学术领域对政府3.0进行的严谨系统的研究文献或书籍还是很缺乏。因此《政府3.0：后NPM时代的政府再造》从政府3.0的发展背景出发，分析其理论内涵，并严谨地分析协作行政理论，对它的可行性和具体案例进行研析，进而对政府3.0的实施提出可行性方案。

《政府3.0：后NPM时代的政府再造》的研究内容大体上包括在全球范围内出现的政府3.0的背景和相关理论、韩国政府3.0的意义和内容分析、韩国政府3.0的案例分析、协作行政作为政府3.0的具体实现方案等内容。具体内容如下：第一章提出研究的必要性、目的、内容以及方法。第二章详细探讨以传统行政理论、新公共管理（NPM）理论、后新公共管理（Post-NPM）为主要内容的政府运营模式。第三章从政府3.0的背景来分析类似于政府3.0的政府运营模式、政府3.0的概念（政府1.0、政府2.0、政府3.0）等内容。第四章详细分析韩国政府3.0的形成过程，以及政府3.0所要达成的各个目标（透明型政府、效能型政府、服务型政府）的动因和具体课题。第五章着重分析透明型政府、效能型政府、服务型政府的案例。第六章分析实现政府3.0目标存在的约束，并从组织协作、人力资源管理、制度、工作环境等方面提出激励政府3.0实施的方案。第七章提出政府3.0给中国带来的机会和挑战。第八章总结本书的研究内容，提出政府3.0未来的发展方向。

本书虽然以韩国政府推行的政府3.0的内容和案例作为主要内容，但也涉及政府3.0的发展背景和理论、组织管理、政府模型、工作协作等内容，因此对中国的行政理论和实际工作、政府管理等方面也有着借鉴意义。同时也为中国的公共管理领域的学者、研究生、公务员，以及公共部门和社会组织的有关工作人员提供全新的视角。

政府3.0的三个核心目标为建设透明型政府、效能型政府、服务型政府，而不仅仅只是转变政府运行模式。因此，政府3.0的宗旨和目标不仅可以为欧美、日本和新加坡等国，还可以为中国政府的运行和改革提供很好的借鉴。在这一点上，政府3.0作为一个建设为人民服务的政府运行模式的典型案例有着充分的借鉴价值。

用中文出版此书是笔者和知名学者、广州大学陈潭教授相遇之后决定的。笔者和陈潭教授在中美公共管理国际学术大会上首次见面，之后十余年来他在湖南师范大学和中南大学工作，至现在广州大学执教，我们一直都保持着学术交流与合作，被熟识的中国同行们戏称为"学术亲家"。2015年陈潭教授访问韩国时对韩国政府3.0表示具有浓厚的兴趣，他希望把韩国政府3.0的理论与实践经验引介到中国公共管理的理论界与实践界，并提出了共同持续合作研究的愿望。《政府3.0：后NPM时代的政府再造》是陈潭教授主编的"大创新治理书系"的一部分，该书系目前包括《工业

4.0：智能制造与治理革命》、《创新 2.0：创新驱动发展的行动逻辑》、《社会 5.0：智慧社会与智能治理》。笔者认为，陈潭教授是一位重视学术创新、思维活跃、勤奋刻苦、求真务实的优秀学者，他主持的这一系列学术著作的出版将是震撼国际学术界的一件大事，是对变革时代治理技术与技术治理的一种最好回应。笔者知道，他策划和主持的著作《大数据时代的国家治理》与《工业 4.0：智能制造与治理革命》自出版就得到了中国社会广泛的关注和好评。

目前，无论是西方国家还是韩国，有关政府 3.0 的书籍和研究非常罕见。在中国，虽然有政府 2.0 的研究，但还处在起步阶段。在这种情况下，陈潭教授鼓励并协助笔者在中国用中文出版《政府 3.0：后 NPM 时代的政府再造》，对此笔者表示深切的感谢。同时衷心地感谢中国社会科学出版社为我们出版《政府 3.0：后 NPM 时代的政府再造》。

《政府 3.0：后 NPM 时代的政府再造》包括政府 3.0 的发展背景、理论，韩国政府 3.0 的意义和内容分析，韩国政府 3.0 的案例分析，韩国政府 3.0 的具体实行方案—协作行政等内容。本书首次用中文介绍政府 3.0 的理论和实践经验，其意义深刻。然而本书大部分介绍的都是在韩国特有社会背景下所发生的内容和案例，所以有其局限性，不能作为普遍性理论直接应用于中国和其他国家。当政府 3.0 在韩国、中国和其他西方国家普遍应用之后，其相关理论和实践经验会发展得更加丰富，本书的理论和内容也将会更具可行性。

金允权

2017 年 1 月 31 日

于韩国行政研究院

目 录

第一章 政府3.0时代的到来 ········· 1
 一 研究背景与意义 ············· 1
 二 研究目的与价值 ············· 4
 三 研究内容与方法 ············· 7

第二章 政府运营模式的变迁 ········ 10
 一 传统行政的组织管理 ·········· 13
 二 新公共管理时代的组织管理 ······ 16
 三 后新公共管理时代的组织管理 ····· 21

第三章 政府3.0的生成逻辑 ········ 30
 一 政府3.0的时代背景 ·········· 30
 二 全球政府运营的新模式 ········ 40
 三 政府3.0的演化历程 ·········· 56

第四章 政府3.0的韩国战略 ········ 74
 一 国政目标与政府3.0的发展过程 ···· 74
 二 韩国政府3.0的目标动因 ········ 86
 三 韩国政府3.0的目标课题 ········ 95

第五章 政府3.0的案例分析 ······· 140
 一 透明型政府案例分析 ········· 140
 二 效能型政府案例分析 ········· 146

三　服务型政府案例分析 ·················· 156

第六章　政府3.0的行政协作 ············· 166
　　一　政府3.0的制约因素 ·················· 166
　　二　协作行政：政府3.0的基石 ············· 173

第七章　政府3.0的中国行动 ············· 223
　　一　服务型政府 ························· 224
　　二　效能型政府 ························· 230
　　三　透明型政府 ························· 234
　　四　智慧型政府 ························· 242

第八章　政府3.0的建议和前景 ··········· 248
　　一　政府3.0的脉络 ······················ 248
　　二　政府3.0的建议 ······················ 251
　　三　政府3.0的前景 ······················ 257

附录1　《关于组建政府3.0实施委员会及运营的相关规定》······ 260

附录2　《政府3.0的发展计划课题目录》 ············· 264

附录3　《大数据分析系统试点课题（议案）》 ········· 268

附录4　《信息公开安全以及个人信息保护对策》 ······ 271

参考文献 ····································· 275

后　　记 ····································· 296

第一章
政府3.0时代的到来

一 研究背景与意义

当今世界环境日趋恶化,气候变化以及沙漠化等现象严重威胁生态环境,随着全球联系逐渐紧密,发生在某些特定区域的疾病或传染病可能瞬间波及全球;由于根深蒂固的民族、宗教等问题引起的矛盾和冲突遍及世界各地,并引发了恐怖袭击以及各种战争,各种危机或灾难威胁着人们的生命安全。在全球竞争的时代背景下,各国政府也为低迷的经济走势、失业、老龄化、社会福利等问题头痛不已。

以上这些现象被称为全球性难题(Global Wicked Problems),这些难题无法再由某个国家或政府单独解决。随着全球性难题的激增,人们对于政府的要求也逐渐呈现出多样性、复杂性,政策问题趋向尖锐化、矛盾化。传统的社会是平稳静态的,而现在的社会中,个人、组织、政府、社会、国家都依照各自被赋予的角色在其对应的范围内履行责任、解决问题、得出结论。而在这个全球性难题激增的时代,无法单独依靠这些社会角色来解决被赋予的或被强加的难题或政策议题的情况越来越多。

另外,信息通信技术(Information Communications Technology,ICT)或Web、人工智能(Artificial Intelligence,AI)技术的飞速发展带来了前人无法想象的情景,给个人的思想、日常生活、学习、组织生活、产业及经济、政府运营等方面带来了翻天覆地的变化。通过移动终端(智能手机)可以轻易实现韩国首尔和巴西圣保罗之间的通话,也可以进行股票交易、商品订购以及电子结算，亦可以通过社交网站或社交网（Social Network Site，SNS）等渠道与世界同步共享日常生活中发生的种种事情。这些技术所带来的变化导致从前的朝阳产业突然沦落为夕阳产业，同时新的业态不断登场。随着ICT技术的发展，转变的不仅是产业或经济状况，还带来了社会观念、制度以及政治权力的更替，这种变化对政府运营也产生了巨大的影响。

20世纪80年代，以英、美两国为中心的西方国家诞生的新公共管理理论对韩国政府的运营及行政管理过程产生了重要影响。为了破除僵化与迟滞的传统官僚体系，新公共管理理论（New Public Management，NPM）将细分化、竞争、激励等企业管理方式移植到公共部门运行过程之中，在提升政府运营的效率性、生产性和服务职能等方面发挥了很大的作用。然而不可否认的是，过度强调企业型竞争机制会导致甚至加深个人和组织（科室、部门[①]等）两者之间共同价值形成中的矛盾，而共同价值中所蕴含的合作、协调、协作、伙伴关系却往往被忽略。

为克服新公共管理方式下政府运营的各种缺陷，诞生于20世纪90年代后半期的治理理论逐渐兴起，政府的运营方式也从之前的制定和执行政策的"独角戏"演变为由政府、民间企业、市民团体、专家等多方参与政策过程的"多人演出"。虽然治理理论从多个参与者进行参与及调节的角度来看有着极大的价值，但实际上在政策执行、执行结果以及成果产出等方面存在一些薄弱环节，如在参与和调节决策中，治理理论可以发挥其作用，而在政策执行和评价过程方面却会被忽视。

如前所述，在全球性难题激增的同时，ICT和Web等技术的革命性发展加速了融合时代（Convergence Era）的到来。在融合时代，一切事件焦点（Issues）、利害关系（Interests）、解决方法（Solutions）都需要采用融合的研究方法。由于此前的政府运营中多采用传统行政方式，要探索用新公共管理、治理等方式来确保整合性（Congruence）的方案并不容易。如今，逐渐出现的后新公共管理概念将摆脱上述限制的枷锁，探索出一条政府运营的新路线。

后新公共管理（Post - New Public Management，Post - NPM）可看作是超

[①] 2016年韩国中央政府由17个部、5个处、16个厅、2个院、5个室、6个委员会组成。其中，部相当于中国的部委，其最高领导人是长官（相当于中国的部长）级别，处、厅、室、委员会的最高领导人是次官（相当于中国的副部长）级别。

越了新公共管理的限制的一个包含多种理论观点的概念。这些理论观点包括新韦伯式国家观念（New – Weberian State）、新公共服务（New Public Service）、新公共治理（New Public Governance）、数字时代治理（Digital Era Governance）、公共价值管理（Public Value Management）、可持续公共管理（Sustainable Public Management）。这些理论通过集成治理（Integrated Governance）、整体政府（Whole – of – Government）、协同政府（Joined – up Government）、网络治理（Network Government）、开放型政府（Open Government）、互联性政府（Connected Government）等概念在政府运营层面上得到体现。

韩国政府是目前世界上唯一一个在政府运营层面上正式主推"政府3.0"概念的政府，这同时也是一个后新公共管理的概念，这个概念同各国正在推进的政府运营方式同属一个脉络。政府3.0同资本主义1.0、2.0、3.0、4.0相关，同Web 1.0、2.0、3.0，以及电子政府1.0、2.0、3.0也有关联。从行政（学）角度来看，强调效率及统治的政府1.0、侧重透明及调解的政府2.0、重视民主及协同治理的政府3.0，三者也是相互关联的。从现实角度来看，韩国的政府3.0在政治修辞（Political Rhetoric）上做足了功夫。从一定程度上来看，美国或其他一些国家的政策及政府运营仍然停留在政府2.0的水准，这也是不争的事实。

韩国政府推行的政府3.0作为后新公共管理时代的领先案例，自2013年开始正式率先应用在政府运行上，推动了新的政府运行模式的发展。政府3.0把建设公民信任的政府和公民幸福的国家设定为国家的长远规划，把建设透明型政府、效能型政府、服务型政府设定为发展目标，用开放、共享、沟通、协作作为四大原则开列与实施核心课题和具体课题。政府3.0的实施过程分为四个阶段，分别为开始变化阶段（2013年）、成果的可视化阶段（2015年）、扩散和巩固阶段（2017年）以及内化阶段（2020年），并且按照工作路线图分阶段完成。

为积极推进政府3.0的三大目标（即透明型政府、效能型政府、服务型政府），韩国政府一开始推出了十大重点课题，后来因2014年4月的"岁月号"惨案[①]，十大重点课题被调整为八个，一直推行到现在。为实现

---

① 2014年4月16日，从仁川开往济州岛的"世越号"游轮在珍岛附近沉没，导致476名游客中只有172人生存，300多人失踪和死亡。导致"世越号"沉船惨案的主要原因是超载货物；珍岛海上交通管制中心（VTS）管理的松懈，船长和船员的不负责任的态度，事故发生时海警的初期应对失败，政府的应对不足等原因导致错过了急救的黄金时间。这次事件披露了韩国政府在危机管理方面的不足。

政府3.0的运营新模式,政府的运行方式,即政府的组织管理方式①,需要有新的转换。这种转换需要有开放、共享、沟通、协作等新价值观作为后盾,这直接将事情的本质归结到协作的基础上。实现政府3.0的核心目标的根基在于协作,以协作为后盾,凭协作来完成。

在推行政府3.0的过程中,我们在理论和实践方面可以提出以下几个问题:韩国政府率先实行的政府3.0是在怎样的理论背景下提出的?和其他国家的政府运行模式有哪些区别或者特性?决定实行政府3.0之前有没有经历过或者完成政府1.0和政府2.0呢?政府3.0的三个目标——透明型政府、效能型政府、服务型政府是在什么样的理论背景下提出来的?政府3.0的核心目标到底有没有必要(Desirability),是否符合现在的环境?推行政府3.0的过程中有哪些制约因素?克服各种制约因素和成功地完成政府3.0需要做哪些工作?从开始实行政府3.0至今有哪些成功的案例?激活政府3.0需要做哪些工作?在以后的工作中政府3.0的发展需要经过哪些过程?

尽管韩国政府在政府运行模式和行政实践方面都强调推进政府3.0,然而从理论上对政府3.0进行的系统分析和研究,不仅在韩国,甚至在全世界也极为罕见。本书以政府3.0为主题,从其脉络、理论、内容、实例入手,提出研究协作行政的必要性,并对其进行相关的分析和研究。

二 研究目的与价值

(一)研究目的

写作此书的目的是基于以上论述的研究问题和必要性,通过分析韩国

---

① 韩国政府在政府组织法和通则的规定范围内编制每年的政府组织管理指南。其中包括各个机关的政府组织管理、运营方针和下一年的组织改编方案,以及需要的工作人员等组织管理中的详细内容。行政机关根据职能制度规定各个职能的范围、机构和人员,主要包括建立行政机关和管辖业务、局级以上机关的下属机关的设置和主管业务,以及公务员的职能和总人员等内容。(Kim, Yun - kwon(金允权), *The Autonomy and Accountability of Government Organization Management: Focused on the Special Local Administration Institutions, Executive Agency, and Corporative Institutions*, Korea Institute of Public Administration, 2012, p. 110.

政府3.0的理论和实践经验来深层次地了解政府3.0。为了更好地理解政府3.0，首先研究了其他发达国家类似于政府3.0的政府运行模式和政府3.0的理论与发展背景，其次是详细探讨政府3.0的形成、内容、成功案例，以及制约因素和克服方案，再次是探讨政府3.0对中国的意义和启示，最后提出顺利推行政府3.0的建议和未来的发展前景。

通过系统分析和理解政府3.0，我们可以更好地探索符合以人工智能和物联网（Internet of Things，IoT）等为代表的第四次工业革命的政府角色发展趋势，而且在学习其他国家的经验中，可以摸索出符合各国实际情况和能力的最佳政府运行方式，以及为公民提供最佳的服务供给方式。

（二）研究价值

政府3.0概念虽然并非从政府1.0、政府2.0发展而来，但却是一个融合了前述全球性难题、后新公共管理观点、各国政府的运行方式，以及多种政治修辞的新流派。

但是到目前为止还没有完全形成政府3.0的确切概念，对它的理论研究和经验积累也非常贫乏，所以很难说政府3.0和其他国家所追求的政府运行模式是否完全不同。韩国政府推行的政府3.0的核心目标没有在其他国家实行过，所以政府3.0在政府运行新模式的应用和推广层面上可以说具有先驱性。在没有构建严谨的理论和充分积累经验的状况下，本书在提高政府3.0的概念和理论严谨性及扩散实践经验方面有着重要的意义。

如果围绕政府3.0的三个核心目标——透明型政府、效能型政府、服务型政府与其他发达国家的政府运行模式做比较的话，政府3.0的特征则更加凸显。第一，建设透明型政府作为政府3.0的核心目标之一，和其他国家提倡的开放型政府（Open Government）有重叠的内容。一般来讲，开放型政府包含透明度、参与度、协作度等内容，而且这些内容同样也包含在政府3.0的透明型政府内容里。但是政府3.0中的透明型政府除了开放型政府的内容以外，还包括政府将所持有和积累的信息和资料向公民积极开放，公共机关（政府机关、地方自治团体、其他公共机关）之间共享信息和资料以解决难题和提供行政服务等内容。在这一点上透明型政府更加强调积极地提高工作的透明度。第二，政府3.0建设服务型政府的目标同福利国家的发展有着共同的背景，但是福利国家的服务提供者主要是政府。而中国提出的"建设人民满意的服务型政府"在全球范围内也有着非常重要的样本意义。政府3.0虽然与提供福利服务的政府有着相似的脉络，但是在政府为每一个公民提供定制型服务的目标上，和以前的政府单向提供服务的政府1.0、政府公民之间双向提供服务的政府2.0有着本质上的区别——政府3.0除了为公民提供服务并与其他非政府部门协作外，还为每一个公民提供他们所需要的定制型服务。第三，政府3.0的另外一个目标——建设效能型政府，在其他国家很难发现先例。这可能与韩国公民过度关注政治而形成的政治行政环境有关。在工业化时代，韩国各个领域的精英掌控了行政部门的权力，主导了政府的运行，因此，那时候行政部门的权力比立法部门更大。民主化时代后期，总统和国会议员由公民竞选产生，权力注定要大于政府官僚们。所以，即使拥有了较高行政水平的政府2.0运行模式，由代议员制下的民主诉求不断演化而成的拥有更高水平的政府3.0也不得不生成。

总体来讲，政府3.0比其他国家推行的政府运行模式包含的内容更丰富，更符合第四次工业革命时代的政府运行模式需求，从这点来看，该研究有着重要的意义。

政府3.0不仅仅是政府机关内部运行的问题，它必须通过中央政府及其附属机关、地方自治团体、公共机关①、社会团体（the Third Sector）、民间部门、市民社会、专家、一般国民等所有参与者的投入方可实行，因此，政府3.0与政府创新和行政改革有着密切的联系。

一般进行政府创新或行政改革的目的是提高行政的合理性和效率，最终为公民提供更好的服务。政府3.0之所以要建设透明型政府、效能型政府、服务型政府，目的就是在通过实行协作解决难题的同时满足复杂多样的行政需求，在这一点上和政府创新有着密切的联系。

本书希望可以通过对政府3.0的实践经验研究，提供一个充分理解政府3.0的契机。韩国和中国自1992年8月建交以来，两国在经济、文化等方面有着丰富的交流，并取得了可观发展成就。中韩两国虽然有着不同的

---

① 韩国在法律上把地方政府称作地方自治团体。地方自治团体有17个市、道（特别市、广域市、道），263个市、郡、区，3496个邑、面、洞。而韩国的公共机关指的是由政府出资或接受政府的财政资助，同时由企划财政部长官根据《公共机关运营法》第4条第一项的规定指定的机关。公共机关在整个国民经济中所占的比重较高，专门提供能源、交通、安全等公民的日常生活中必备的公共服务。《公共机关运营法》第5条把公共机关分为公企业（市场类，准市场类）、准政府机关（基金管理类、委托执行类）、其他公共机关。

政治体制，两国之间也存在着比较敏感的政治问题，但是政府运行和行政管理的最终目的都是为公民提供公共服务，每一个公民在价值观上都有保持性，而且具有很强的实用性，因此中韩两国可以相互学习对方优秀的制度和政策。例如，中国政府为了实现结合制造业和ICT技术的"智能制造强国"，在2015年发布了"中国制造2025"和"互联网＋"计划，同时发展机器人、3D打印技术、大数据、人工智能等产业来推动互联网和制造业的融合发展。为了实现"智能制造强国"的目标，中国有必要从以往的政府主导型转向官民协作型的政府运行模式。在这一点上，韩国的政府3.0可以为之提供一定的经验借鉴。

改革开放40年来，人民群众的行政诉求由单一化向个性化、定制化转变。如何呼应和处理由56个民族和14亿人口组成的庞大国家人民的多样而复杂的行政需求和政策问题，是中国政府需要面对的重大问题，也是韩国人民关注的问题。同时，韩国人民也认为中国政府的运行方式在很多方面是有利且具有前景的，但从另外一方面来看，学习并构建符合国际环境变化的政府运营模式也是非常必要的。

三　研究内容与方法

（一）研究内容

本书研究的范围从整体上来看可分为政府3.0的发展脉络及相关理论、韩国政府3.0的含义及内容分析、韩国政府3.0的案例分析、韩国政府3.0的实现方法即协作行政。具体内容如下：

第一章阐述研究的必要性、目的、内容以及研究方法。

第二章通过分析政府运营模式的发展变化来了解政府3.0的理论背景。政府运营模式研究主要包括传统行政、新公共管理、后新公共管理的发展过程。

第三章分析政府3.0的理论背景。第一节从全球难题、信息通信技术的发展、融合时代的发展分析政府3.0出现的背景。第二节比较分析于政府3.0类似的政府运营模式：开放型政府、透明型政府、平台型政府、智能型政府、服务型政府、效能型政府。第三节分析政府3.0的理论渊源，比较分析了政府1.0、政府2.0、政府3.0的概念，并还探讨了澳大利亚、美国、英国、德国的政府2.0的内容。

第四章分析韩国政府提出政府3.0概念的背景和具体内容。第一节研究韩国的发展目标和发展过程；政府的国政目标和政府3.0的提出背景；韩国政府3.0的目标和促进体系。第二节分析政府3.0的具体目标——透明型政府、效能型政府、服务型政府的动因。第三节分析为实现政府3.0的具体目标开列的详细课题内容。

第五章分析政府3.0的案例。第一节以透明的政府为中心，介绍公共信息主动公开、国民知情权的充分保障、公共数据的广泛使用、分析民—官协治的强化；第二节以有效能的政府为中心，介绍打破隔阂、构筑便于协作沟通的运作体系以及使用大数据实现科学行政管理的案例；第三节以服务型政府的案例为中心，分析综合定制型国民服务能力、强化创业及企业活动一体化支援，提高政府对接弱势群体服务能力，使用新技术进行定制型服务等内容。

第六章分析政府3.0的制约因素和促进方案。第一节分析政府3.0的各个目标的制约因素。第二节从协作型组织、人力资源管理、制度、工作环境等方面提出建议：第一，探讨有关协作型组织的内容，如协作型组织文化、组织诊断以及如何打破隔阂；第二，从协作的人力资源管理方面分析协作型领导力、人事交流、权限及责任；第三，从协作的制度角度研究管理制度、预算制度以及激励制度；第四，从协作的业务环境角度出发分析智能工作（Work Smart）、云计算（Clouding Computing）、大数据（Big Data）等。

第七章探讨政府3.0给中国带来的机会和挑战。如果说工业4.0是生产领域的核心创新，那么政府3.0可以说是政府创新，有助于改革和完善中国政府的管理，同时，具有中国特色的政府创新之模式和路径是不可复制的。

第八章从整体上总结本书的研究，同时从理论、制度、实践、政策等方面对当前韩国政府提出的具有前瞻性意见的政府3.0作了论述，在保持其整合性、持续性的同时，针对如何为国民提供及时高效的行政服务，以及如何提高行政服务的水准和数量提出中肯的建议。

（二）研究方法

本书的研究方法是文献研究和案例分析。文献研究主要是搜集含有研究对象的资料，并加以分析。从文献的脉络、制度、行为的层面出发，对研究对象的特征和内容有较深的了解。主要分析了有关政府 3.0 的大量国内外文献、政府及地方自治团体、公共机关的相关信息及文献。

由于个体案例有其特殊性及针对性，从宏观角度将某一特定案例的分析结果加以普遍化是有局限性的。但通过分析与政府 3.0 的核心目标相关的案例，我们可以理解政府 3.0 的本质、实务方面的机制，从而导出其宏观的、整体的含义。本书首先概览政府 3.0 的全貌，之后细看政府 3.0 各个目标对应的案例分析，通过阐述政府 3.0 的脉络及理论，理解政府 3.0 的整个干枝细叶，以这种研究方法领略政府 3.0 这棵大树的整体全貌。

第二章

政府运营模式的变迁

政府的角色和职能随着时代的变化而变化。随着宏观时代背景的不断变化，政府运营模式也会持续发生变化。虽然每个国家的制度和体制机制都不同，但是都会因受到国际环境的影响而发生变化。

政府 3.0 是新的政府运营模式（Paradigm）。政府运营通过政府组织管理来实现，所以政府运营和组织管理具有不可分割的关系。因此探讨组织管理的发展模式就能从政府运营的脉络上更好地理解政府 3.0。

从西方学者的观点来看，19 世纪的政府可以说是"守夜人"政府，政府只履行税收和维持治安等有限的职能，没有固定的方式进行组织管理。而从 20 世纪初期到中叶，以北欧国家为中心兴起了福利国家，政府干预的领域变得越来越广，同时政府的组织管理范围也随之扩大。自 20 世纪后期开始出现石油危机后，能源问题成为重要的国家问题。从此对政府失败或政府低效率的批判呼声日益高涨，导致在公共领域掀起了新自由主义热潮。它主张在公共领域引入企业价值，强调政府职能的缩减。从 20 世纪末开始，绩效评估开始席卷公共领域，它强调建设效能型政府的同时也强调政府组织要维持适当规模和引入绩效管理。进入 21 世纪以后，出现了各种全球性问题，政府很难单独解决这些问题。

Drechsler 和 Randma - Liiv 将政府运营模式分为 20 世纪 80 年代以前的韦伯时代（Weberianism）和 1980 年以后到 2005 年（一说 2008 年）的新公共管理时代，以及在这之后的后新公共管理时代。新韦伯国家（New Weberian State，NWS）、新公共治理（New Public Governance，NPG）、协同政府（Joined - up Government，JuG）和整体政府（Whole - of - Government，

WoG）都是新公共管理理论的主要形式。① 如图2-1所示。

```
| 20世纪80年代以前 | 20世纪80年代至2005/2008年 | 2008年以后        |
|                |                          |                    |
|    韦伯时代      |       新公共管理时代       |   新韦伯国家        |
|                |                          |   新公共治理        |
|                |                          | 协同政府，整体政府  |
```

图2-1 政府运营模式变化②

每个学者的分类方式有可能不一样，但是认同以上方式的学者变得越来越多。Kelly 和 Muers（2002）、Denhardt 和 Denhardt（2007）、Benington（2011）等学者的研究也按照同样的方式将政府运营模式分为传统行政时代、新公共管理时代和后新公共管理时代，并且研究了每一个时代的理论、治理方式、政府角色和公务员的角色。③ 如表2-1所示。

表2-1　　　　　　　　政府运营模式区别

	传统行政	新公共管理	后新公共管理
社会背景	稳定	互相竞争	持续发生变化
支撑理论	公共物品	公共选择	公共价值
主要观点	趋同	原子化	多样化
需求问题	直接 由专家来定义	需求 通过市场反映	复杂、脆弱、危险
治理战略	国家和生产者中心	市场和顾客中心	由市民社会主导
治理方式	层级制	市场	网络型和伙伴关系

---

① W. Drechsler and T. Ranma-Liiv, "The New Public Management Then and Now: Lessons from the Transaction in Central and Eastern Europe", *Working Papers in Technology Governance and Economic Dynamics*, No. 57, 2014, pp. 5-6.

② Ibid., p. 6.

③ Kim Yun-kwon, "A Theoretical Study of Government 3.0", *Korean Journal of Public Administration*, Vol. 54, No. 3, 2016, p. 21, 再引用。

续表

	传统行政	新公共管理	后新公共管理
政府角色	直接（Rowing）：为了政治上设置的单一目标的实现设计和执行政策	指导（Steering）市场发展的推动人角色	服务（Serving）：公民和集体之间通过协商共同创造价值
服务方式	只有公共机关提供服务	重新思考公共机关的低效率问题 为顾客提供服务	没有一个行为者独占公共服务的提供权 共享公共价值维持稳定非常重要
服务原则	确认规则和步骤的遵守与否	共同设定和实现绩效目标	在协调网络型结构中起重要作用 维持体系
服务对象	顾客和选民	顾客	公民

资料来源：J. Benington, "Transforming and Creating Public Value", Association of Police Authority Chief Executives & Treasurers Joint Seminar Warwick University, Oct 2011; G. Kelly and S. Muers, *Creating Public Value: An Analytical Framework for Public Service Reform*, London: Cabinet Office Strategy Unit, 2002; J. V. Denhardt and R. B. Denhardt, *The New Public Service: Serving, Not Steering*. M. E. Sharpe, Inc. 2007; Kim Yun-kwon, "A Theoretical Study of Government 3.0", *Korean Journal of Public Administration*, Vol. 54, No. 3, 2016a, p. 22, 再引用。

以上在西方国家发展的行政理论也对韩国的行政管理产生了重要影响，并且这种趋势还在持续。从传统的行政理论到新公共管理，再到后新公共管理的发展，政府组织目标逐渐转向实现政府与公民的共同目标。

下面首先探讨传统行政理论（古典组织理论）的组织管理，之后分析20世纪80年代以后的20—30年对政府的组织管理产生很大影响的新公共管理（NPM）理论，最后分析替代新公共管理理论的后新公共管理（Post-NPM）的内容。

一 传统行政的组织管理

(一) 传统行政的视角

在传统行政时代,政府的行政管理环境比较稳定,要解决的问题也比较简单,公民对政府的要求不高而且很被动,所以政府遇到事情也不主动去解决或者缺乏责任感。政府组织通过层级制提供以政府为中心的单向型行政服务,而公务员提供公共服务时强调合法性,按照规则和步骤执行。[1]

传统行政学的发展从素有"行政学之父"之称的威尔逊(Wilson)的研究开始。他在《行政学研究》(*The Study of Administration*,1887)里提到"行政与政治是两个不同的业务,行政问题不是政治问题"。他主张政治、行政二分法[2],这成了行政学研究的起点。而古德诺(Goodnow)在《政治和行政》(*Politics and Administration*,1900)里提到政治是表明国家意志制定政策的过程,而行政有别于政治,是实现政治的过程。

传统行政(Traditional Public Administration)的组织管理理论是从1900年前后开始发展的,到20世纪40年代,科学管理理论(Scientific Management)和古典组织理论(Classical Organization Theory)[3]结合起来发展成

---

[1] Kim Yun-kwon, "A Theoretical Study of Government 3.0", *Korean Journal of Public Administration*, Vol. 54, No. 3, 2016a, p. 23.

[2] 政治与行政二分法(Politics Administration Dichotomy)是把行政视为和政治相分离的管理理论,1887年由威尔逊首次提出。他认为政治是决定政府规划或者基本方针的活动,而行政是中立的具有专业性的管理业务。为了区分政治和行政提出的这个理论强调行政政策的职能和管理职能。相反,政治行政一元论认为行政也履行政策,所以认为行政和政治是同样的学问。20世纪30年代新政以后出现的这个理论的代表学者有 J. M. Gaus、M. E. Dimock、L. D. White、P. Herring、P. H. Appleby 等。

[3] 科学管理法是激励工人努力工作、提高工作效率的合理的管理方式,又称泰勒现代管理理念(Taylor System)。泰勒为了使工人的生产率达到最高,根据时间原理和动作原理进行了动作优化,研究了差别工资制。20世纪初出现的科学管理法、古典行政理论、官僚制理论中关于组织的理论被统称为古典组织理论。虽然人们对管理的研究可以追溯到古代,但是专门研究管理问题是从20世纪初开始的。其第一个成果就是1911年在美国出现的科学管理论和紧接着出现的古典行政理论,同一时期在德国还出现了官僚制理论。

了行政学独立的学术领域。19世纪后期和20世纪初,西方社会正进行产业革命(Industry Revolution)和行政的国家化[①],并且把"节约和效率"视为构建优秀政府的新价值。

(二)传统行政的组织管理

古典组织管理理论主要有:第一,研究有关在企业里如何提高工人劳动生产率的科学管理。以泰勒(Taylor)为代表的科学管理(Scientific Management,1911)设计工作流程时只用一种最佳的方法(a Single Best Method)来工作,并通过奖励来鼓励员工提高工作效率,最终实现企业和工人共赢。第二,研究上层管理人员如何整合所有组织成员的行政管理理论。Fayol、Mooney、Gulick、Urwick等提出的行政管理理论是研究一个能提高组织效率的组织组建原理。他们提出了合理的分工原理和整合原理。其中,Gulick和Urwick在1937年提出了管理者的七大职能要素(POSDCORB),即计划(Planning)、组织(Organizing)、人事(Staffing)、指挥(Directing)、协调(Coordinating)、报告(Reporting)、预算(Budgeting)。这七大因素不仅是管理者的职能,也被认为是行政学的研究范围和对象。第三,在全体层面上组织独立于个人,是能正常运行的标准化的官僚制理论。以韦伯(Weber)为代表的管理制度理论是在产业革命后实行的工厂式生产体系的情况下,在大规模组织中有效处理大量业务的管理方式。他根据法律运营的原则提出权威结构中法律法规、阶层制(Hierarchy)、文件形式(Red Tape)的工作方式、专业性、专职性。第四,在工厂里通过关怀来实现组织目标的人际关系理论(Human Relations Approach)。梅奥(Mayo)的人际关系理论把人视为根据诱引而行动的个体,并以此为基础探索提高社会效率(Social Efficiency)的管理方式。和科学管理理论不同的是,人际关系理论并不把追求金钱看作是劳动者的行为动机,而是侧重于关心人际关系和社会网络。

古典组织管理对提高组织效率和生产性做出了很大的贡献,但是如今

---

① 这是指在实行三权分立的国家当中行政权相对于立法权和司法权占据优势地位的现象。18—19世纪的政府被称作"守夜人"国家、警察国家、立法国家,进入20世纪以后被称作行政国家。因为在20世纪资本主义和科学技术得到了迅猛发展,人口剧增、城市化快速进行,国家的角色变得越来越重要,因此从个人的经济行为到统治国家,政府开始积极地进行干预。比起立法权和司法权,大大地强化了行政权。

也受到了不少的批判①。第一，威尔逊（Wilson）等的政治行政二分法适合在政党分赃制（Spoil System②）比较严重的环境下实行，所以不太适合今天的行政和政治相互关联的环境。第二，组织除了效率以外还追求其他的价值。特别是持现象学组织理论的哈蒙（Harmon，1981）和持批判组织理论③的登哈特（Denhardt，1985）认为古典理论里没有考虑到劳动者受到的冷落和压制。另外，政治权利研究者认为，比起组织成员的效率，更应该重视个人利益。第三，官僚制度在封闭式的体系里强调自上而下的正式结构和过程。但是官僚制和民主主义之间容易产生纠纷，而且僵化的阶层结构、缺少灵活性的人事管理（保障身份、工龄等）和以投入为中心的结构在现代环境下很难确保效率。

传统行政理论的组织原理强调，为了实现给定的目标、战略，根据各自的职能、业务和程序动用所有的手段来实现组织内部的目标。虽然组织环境比较开放，但为了实现组织目标的最大化，比起和其他组织的协作，更应重视竞争或集中能力来实现自己组织的愿景。所以在组织运营过程中，把组织内部的程序变得更加合理和最大限度提高能力当作组织最终的目标，保持与其他组织竞争或认为自己的组织最优秀等排他性的态度，导致很难实现协作效应。因此，个别组织可以通过合理的选择和努力来实现

---

① 传统行政学的分化和对它的挑战是从20世纪40年代持续到20世纪70年代末的现代行政学的成熟期（尤其是20世纪40年代和50年代，被称为行政学的成年期）。20世纪40年代前后，不少学者开始反思传统行政学，并摸索新的理论。这种变化是以1929—1933年的大恐慌和1939—1945年的"第二次世界大战"为契机的，出现了职能的国家化（行政国家化，Service State）。其结果是以前的政治行政二元论把"节约和效率"当成最高的价值，而这时期的政治行政一元论提出了各种不同的价值。行政的转型期维持到20世纪70年代前后。这时期，因为资源紧缺和政府失败，从以前的行政国家探索转变为新行政国家。出现这种变化的原因是在思想上从近代主义（Modernism）转变为后现代主义（Postmodernism），在经济上从产业时代转变为以知识为基础的社会（Knowledge Base Society），在政治上公民社会的发展促进了民主主义的发展，在社会上出现各种价值的分化现象。

② 这是通过选举执政的人或政党掌控政治的惯例。在美国发展的政党分赃制，从华盛顿总统开始，通过1820年规定的4年任期法（公务员的任期和总统任期一致）获得了法律基础。政党分赃制一方面被认为可以顺乎民意，而且还能通过支持者实现选举承诺；另一方面又存在裙带关系影响决策、影响稳定和行政效率的问题。

③ 登哈特的现象学（Phenomenology）通过个别案例或问题来理解新政现象。它把人理解为有意识和意图的能动的存在。哈蒙的行为理论把象征性的相互主义作为背景。组织内外的人们对自己或者其他人的行为赋予意义，再设计组织。现象学是为了弥补行为学的不足而提出的理论。在批判组织理论（Critical Organization Theory）里组织被视为资本主义体制中控制劳动力的手段，并且社会学对组织的关注引致组织里的权利和控制问题。因此，批判组织理论主要关注控制和限制组织成员的自由的影响因素。

自己的目标最大化，但是在整体上很难得到令人满意的结果。

运用古典组织原理的组织因为缺乏与其他组织的协作能力，容易和其他组织发生纠纷。当然，组织之间的纠纷也可能因为别的原因发生，但是如果只适用古典组织理论就会加剧组织纠纷。目标和手段的不一致、阶层制的权限重叠、组织之间的隔阂导致的业务或课题分化、评估和奖励的非整合性等因素激化了组织矛盾。

二 新公共管理时代的组织管理

如果要分析政府3.0和组织管理中需要进行协作的理论背景，就要先分析在20世纪80年代以后的30多年里对公共组织的管理极具影响力的新公共管理理论（New Public Management，NPM），以及为了克服它的局限而出现的后新公共管理（Post-NPM）的组织管理理论。

（一）新公共管理的视角

"新公共管理与20世纪80年代以后经济理论之间的权力均衡变化有关。用20世纪80年代凯恩斯（Keynesian）经济理论无法解答长时间的失业、通货膨胀以及通货滞胀问题，因此受到了货币主义、供给经济学、公共选择理论的批判。这种理论的组合叫新自由主义（Neoliberalism）。"[1] 新自由主义哲学在行政和公共领域的运用叫作新公共管理。

20世纪80年代初，实行新公共管理的背景是要解决政府效率低下、公共参与机会不足、公共部门合理性弱化等问题。新公共管理立足于个别的经济模型（Individual Economic Model）。它的核心特点是重视经济规则和价值，[2] 认为经济规则比传统的合理性规则和价值（例如对政治的关心、各个领域的政策目标、专业特殊性、各种权利和规则、社会的各个集团利

---

[1] Vries J. D., "Is New Public Management Really Dead?" *OECD Journal on Budgeting*, Vol. 10, No. 1, 2010, p. 4.

[2] J. H. Nagel, "Editor's Introduction", *Journal of Policy Analysis and Management*, Vol. 18, No. 3, 1997, pp. 357-381.

益）更为重要。①

在上面提到过的管理模型的变化中，新公共管理是以运营管理和事业变化的管理及相关的效率性为切入点，主张打破公共领域的低效率和僵化局面，合理利用公民的税收提高管理效率。与传统官僚制主张的合理性、公平性和福利支出的受惠者的立场相区别，新公共管理重视竞争和效率。换言之，相比公平性和普遍性，新公共管理更重视效率性和生产性，而这很可能与公平性和民主性价值相抵触。新公共管理重视有效地履行任务和实施战略，执行所有被视为价值中立（Value Neutrality）的管理战略。如果在公共领域直接运用新公共管理理论，有可能导致"政治责任问题"②和"伦理责任问题"。出现政治责任和伦理责任问题说明已经介入了价值，并对公民负责，因此有可能和每个公民或全体群众的利益冲突。

在民营企业里适用新公共管理理论反而更合理，但是在公共领域只考虑完成业务是不够的，要求必须有责任感。这种责任感不能从经济效率出发，而要重视参与、协商、协调、协作，并以重视各自的责任和以相互之间的信赖为基础。

新公共管理把焦点放在与经济利益有关的利益团体上，并且把群众看作是政府的顾客，所以不太重视公共服务的普遍性和公平性，而是重视提供公共服务的效率和顾客对公共服务的满意度。

新公共管理的出现是为了克服传统官僚制度的僵化和低效率，把市场的竞争、透明的契约、绩效等概念和特征引入到公共领域。因此法律法规等公共领域里的正规制度和程序、组织文化、信赖、领导能力等有可能会被忽略。

---

① J. Boston, J. Martin, J. Pallot and P. Walsh, *Public Management*: *The New Zealand Model*, Auckland: Oxford University Press, 1996; M. Egeberg, "Verdier i Statssyre og noen Organisatoriske Implikasjoner (Values in Government and Some Organizational Implications)", In T. Christensen and M. Egeberg (eds.), Forvaltnings–kunnskap (Public Administration). (Oslo: Tano Aschehoug, 1997; T. Christensen and P. Lægreid, Democracy and Administrative Policy: Contrasting Elements of NPM and Post–NPM. Paper prepared for the EGPA Annual Conference "The Public Service: Public Service Delivery in the Information Age", Study Group Ⅵ: Governance of Public Sector Organization, Malta, 2–5, 9, 2009)

② P. Day and R. Klein. *Accountability*: *Five Public Services*, London: Tavistock Publishers, 1987; T. Christensen and P. Lægreid, *Democracy and Administrative Policy*: *Contrasting Elements of NPM and Post–NPM. Paper prepared for the EGPA Annual Conference "The Public Service*: *Public Service Delivery in the Information Age"*, Study Group Ⅵ: *Governance of Public Sector Organization*, Malta, 2–5, 9, 2009.

(二) 新公共管理的组织管理

20世纪80年代开始，韩国政府和地方自治团体的组织管理等各领域都受到了新公共管理理论的极大影响。这不仅体现在个人的行动和态度上，也体现为新公共管理在组织、文化、制度、政策等方面占据的主导地位。邓利维（Dunleavy）把新公共管理的核心要素大体分为三种：分权化、竞争、激励机制。第一，分权化（Disaggregation）。分权化是指：①像企业把"U"形（Unitary Form）组织模式改为"M"形（Multi-divisional Form）组织模式一样，把巨大的公共部门的等级制度分为几个小组织。②在内部部门实施管理层次少而宽度大的扁平化的等级制度。③为了进行多种模式的管理，重新构建信息和管理体系。在公共领域，可以把人事、信息技术、购买等之前在不同部门的业务整合得更加灵活，并且构建维护不同业务所需要的管理信息体系。① 第二，竞争（Competition）。在不同类型的服务提供者和潜在的服务提供者之间引入竞争，而内部利用率的增加可以通过资源分配的竞争来替代等级制的决策。这时行政和提供公共服务的核心领域很容易被忽视，而供给者趋于多样化。② 第三，激励机制（Incentivization）。管理者和参谋的干预，扩大了公共服务领域或专业技能条件下提供的激励，并特别强调对物质或具体成果的激励。③

在韩国政府组织管理的运行和制度里包含了分权化、竞争、激励机制（见表2-2）。自1999年首次引入与分权化有关的责任运营机关（Executive Agency）④ 后，到2016年5月已经有国立种子院、国立科学调查研究院、警察医院等49个机关在运营。政府每年发布的政府组织管理指南里详细说明责任管理员和相关的指南，例如首尔市有首尔历史博物馆、首尔市立美术馆、首尔市交通广播。

---

① P. Dunleavy, H. Margetts, S. Bastow and J. Tinkler, "New Public Management is Dead: Long Live Digital Era Governance", EDS Innovation Research Programme Discussion Paper Series, 2005, p. 4.
② Ibid, p. 5.
③ Ibid.
④ 政府履行职务时，要在维持公益的同时引入竞争原理，或者在对专业能力需要加强绩效管理的职位上，由责任运营机关的一把手赋予行政和财政方面的自由，同时对运营成果负责的行政机关。（《关于责任运营机关的设置、运营的法》第12条第1项）。

表 2-2　　　　　　　　　新公共管理（NPM）的核心因素

分权化 （Disaggregation）	分离买方和卖方（Purchaser-provider Separation）
	负责运营的机构化（Agencification）
	政策体制的分离（Decoupling Policy System）
	准政府组织的发展（Growth of Quasi-government Agencies）
	小的地方组织的分离（Separation out of Micro-local Agencies）
	企业的民营化（Chunking up Privatized Industries）
	公司化及强力的单一组织管理（Corporatization and Strong Single Organization Management）
	去专业化（De-professionalization）
	通过比较进行竞争（Competition by Comparison）
	改进绩效测算方式（Improved Performance Measurement）
	部门之间的绩效竞争（League Tables of Agency Performance）
竞争 （Competition）	准市场机制（Quasi-markets）
	凭单制度（Voucher Schemes）
	业务外包（Outsourcing）
	强制性市场签订（Compulsory Market Testing）
	政府之间的契约（Intragovernment Contracting）
	公共—私营部门间两极化（Public-private Sectoral Polarization）
	生产市场的自由化（Product Market Liberalization）
	去规制（Deregulation）
	消费者决定财政（Consumer-tagged Financing）
	用户控制（User Control）
激励机制 （Incentivization）	具体指定所有权（Respecifying Property Rights）
	放宽管制（Light Tough Regulation）
	资本市场干预项目（Capital Market Involvement in Projects）
	资产所有权的民营化（Privatizing Asset Ownership）
	反对测算寻租（Anti-rent-seeking Measurement）
	反对特权性专业化（De-privileging Professions）
	以绩效为基础的报酬（Performance-related Pay）
	民间财政主导（Private Finance Initiatives）
	公共—私营的伙伴关系（Public-private Partnership）
	投资利率和折扣率一致（Unified Rate of Return and Discounting）
	征收技术的发展（Development of Charging Technologies）
	公共部门间的公平型评估（Valuing Public Sector Equity）
	强制效率性分配（Mandatory Efficiency Dividends）

资料来源：Dunleavy 等（2005）。

韩国的新公共管理竞争和激励机制体现在对中央行政机关的评估、对地方自治团体的评估和对公共机关的评估中。从1998年开始实行的机关评估主要针对政策课题、公民满意度评估、自行评估等进行相关的多种评估。之后根据2006年颁布的《政府业务评价基本法》执行政府业务评价制度。2013年中央行政机关的评价体系包括自行评估和特定评估。其中自行评估（Self-evaluation）由主要政策（绩效管理实行计划）、财政项目（绩效计划书）、研发项目（绩效计划书）、管理执行能力四个部分构成。特定评估（Specific Evaluation）由国政课题（140个）评估、国政课题支持评估、机关评估三个部分构成。

2016年，韩国的政府业务评估大体分为自行评估和特定评估两个部分。自行评估是中央行政机关对自己组织的主要政策、财政、研发项目、行政管理能力（组织、认识、电子政务等）进行的评估，主要由重要政策评估、综合财政评估、行政管理能力评估构成。特定评估是国务总理为了综合管理国家业务对主要政策和机关能力进行的评估，包括国政课题评估、规制改革评估、政策宣传评估、正常化课题评估、机关共同事项评估。

政府业务评估制度可以说是新公共管理理论的竞争、绩效、评估等核心理念引入到韩国政府组织管理的具体体现。这种绩效评估不仅不限制每个公务员和政府组织的行为，而且还能为之提供机会。换言之，公务员和政府组织不仅执行与绩效评估相关的业务，还执行计划、决策、管理等行政业务。因为组织和组织成员的晋升、安排、报酬通过绩效成果决定，所以他们想方设法提高绩效业绩。这样容易导致组织成员或组织之间形成隔阂和组织利己主义，很难进行沟通和协作。

为了缓解竞争和隔阂，2013年首次把部门之间的协作指标纳入中央行政机关评估的特定评价。[①] 这是韩国政府提出的政府3.0的具体体现，是政府组织管理的新发展。把之前的分权化、竞争、激励机制等新公共管理的核心因素纳入到后新公共管理的核心管理理念的协作因素中，表明韩国政府的组织管理往新的方向迈出了重要一步。

[①] 在特定评估里的机关共同评估事项从2014年开始新增加了协作指标。在2014年的评估里政府3.0和协作指标均为±3，但是到了2015年政府3.0指标改变为±5，协作指标仍然是±3。

三　后新公共管理时代的组织管理[①]

（一）后新公共管理视角

虽然新公共管理的理念和价值在韩国政府的组织管理中依然是核心内容，但自韩国政府提出政府 3.0 后，后新公共管理的理念开始反映到政府组织管理当中。后新公共管理是克服新公共管理出现的多种弊端的公共管理理论总称。弗里斯（Vries）曾提到"经济领域的新自由主义遇到了全球金融危机的困境。掌控经济领域 30 多年的新自由主义很难解释今天所发生的现象"[②]。新自由主义受到批判时，新公共管理理论也受到了来自各方面的批判。"虽然新公共管理理论在相当长的时间里占据了行政领域的主导地位，但互联网、协作、服务品质等非传统型新公共管理概念的重要性日渐加大，金融危机的冲击也对新公共管理的一些基本原理提出了学术性、现实性的质疑。这看似是新公共管理的衰退，但是关于公共领域是否出现了新的、具体的管理范式的发展或革新学界还未取得一致意见"[③]。

新公共管理理论在行政学领域是意见分歧比较大的主题。德雷克斯勒（Drechsler）承认了新公共管理的衰退[④]，莫伊尼汉（Moynihan）也发现在 JPART AND PAR 里有关新公共管理的文献呈现逐渐减少的趋势。[⑤] 主张新公共管理理论已经落下帷幕的邓利维（Dunleavy）等学者认为人们把关注

[①] 对 Kim Yun‑kwon 的内容进行修正和补充. Kim, Yun‑kwon, *A Study on the Collaborative Administrative of Administration of Government Organization Management*. Korea Institute of Public Administration, 2014, pp. 34–43.

[②] Vries J. D., "Is New Public Management Really Dead?" *OECD Journal on Budgeting*, Vol. 10, No. 1, 2010, p. 4.

[③] D. Curry, "Trends for the Future of Public Sector Reform: A Critical Review of Future‑Looking Research in Public Administration", 2014, p. 18.

[④] W. Drechsler, "The Rise and Demise of the New Public Management: Lessons and Opportunities for South East Europe", *Uprava*, Ietnik Ⅶ, 2009.

[⑤] D. Moynihan, "Public Management in North America: 1998–2008", *Public Management Review*, Vol. 10, No. 4, 2008, p. 485.

点集中在对新公共管理的整合、根据需求的全体主义、数据化等方面，导致数据化时代的治理替代了新公共管理理论。① 拉普斯利（Lapsley）对试图引入新公共管理的政府提出新公共管理"让人非常失望"，因为它导致了对管理者失望、没有按计划开发的电子政务、多选框和监督社会的增加、不适合公共管理的民间危险管理等负面案例。总之，新公共管理模式的改革导致了意想不到的结果。②

"现在出现的管理变化，用后新公共管理方式来表达是去官僚化"③"后官僚制行政"（Post‐bureaucratic Administration）④ 等。⑤ "后新公共管理的核心是官僚体制，以及在市民社会里以 IT 技术为基础的同等服务使用者之间互动的方式和现在管理体系的变化。这种变化跟信息体系的认知、形态、组织、政治、文化的变化有关。这种新想法的集合和改革变化被称为'数字时代的治理'（Digital Era Governance，DEG）。"⑥ 邓利维（Dunleavy）等学者这样描述后新公共管理理论："后新公共管理有三个核心内容：第一，重组（Reintegration）。数字化时代的技术把新公共管理下放的权力重新集权。第二，以需求为基础的整体论（Needs‐based Holism）。整体的改革简化了机关和顾客之间的关系。在社会环境的变化中强调能够快速而灵活应对的'敏捷的'政府。第三，数字化程序（Digitalization Processes）。在 IT 和相关的组织变化中实现现代化的生产，需要完全转换

---

① J. de. Vries, "Is New Public Management Really Dead?", *OECD Journal on Budgeting*, 2010, p. 2; P. Dunleavy, H. Margetts, S. Bastow and J. Tinkler, "New Public Management is Dead: Long Live Digital Era Governance", *Journal of Public Administration Research and Theory*, Vol. 16, No. 3, 2006, pp. 467 – 494.

② I. Lapsley, "The NPM Agenda: Back to the Future", *Financial Accountability and Management*, Vol. 24, No. 1, 2008, pp. 1 – 21; D. Curry, Trends for the Future of Public Sector Reform: A Critical Review of Future‐Looking Research in Public Administration, 2014, p. 18. 再引用。

③ D. Osborne and P. Plastrik. *Banishing Bureaucracy: Five Strategies for Reinventing Government*, Reading, MA: Addison Wesley, 1997.

④ K. Kernaghan, "The Post‐bureaucratic Organization and Public Service Values", *International Review of Administrative Science*, Vol, 66, No. 1, 2000, pp. 91 – 104.

⑤ P. Dunleavy, H. Margetts, S. Bastow and J. Tinkler, "New Public Management is Dead: Long Live Digital Era Governance", EDS Innovation Research Programme Discussion Paper Series, 2005, p. 2. 间接引用。

⑥ P. Dunleavy, H. Margetts, S. Bastow and J. Tinkler, "New Public Management is Dead: Long Live Digital Era Governance", EDS Innovation Research Programme Discussion Paper Series, 2005, p. 3.

为数字运营模式来抓住开发的机会。"① 如表 2-3 所示。

表 2-3　　　　　　　数字时代的治理（DEG）的核心因素

重组 （Reintegration）	收回责任运营机关（Rollback of Agencification）
	协同政府（Joined-Up Government, JUG）
	重组政府（Re-governmentalization）
	重回中央程序（Reinstating Central Processes）
	生产费用的骤减（Radically Squeezing Production Costs）
	重组后勤部门的职能（Reengineering Back-office Functions）
	买方集中和专业化（Procurement Concentration and Specialization）
	网络的简单化（Network Simplification）
以需求为基础的整体论 （Needs-based Holism）	以顾客为基础或以需求为基础的重组（Client-based or Needs-based Reorganization）
	一站式服务（One-stop Provision）
	互相交流信息和喜欢一次性的信息（Interactive and "askonce" Information-seeking）
	数据储存库（Data Warehousing）
	重组节点服务（End-to-end Service Reengineering）
	敏捷的政府程序（Agile Government Processes）
数字化程序 （Digitalization Processes）	传送数字服务（Electronic Service Delivery）
	新型自动化程序（New forms of Automated Processes Zero Touch Technologies）
	脱离激进的金融机构（Radical Disintermediation）
	积极简化通道（Active Channel Streaming）
	促进行政的平等和共同生产（Facilitating Isocratic Administration an Co-production）
	指向开放型政府（Moving Toward Open Book Government）

资料来源：Dunleavy 等（2005）。

---

① P. Dunleavy, H. Margetts, S. Bastow and J. Tinkler, "New Public Management is Dead: Long Live Digital Era Governance", EDS Innovation Research Programme Discussion Paper Series, 2005, pp. 18-19.

从表 2-3 中列出的 DEG 特征可以看出后新公共管理的核心内容和因素。重组强调收回责任运营机关和政府的重组等特征。以需求为基础的整体论是以需求为基础重组政府职能，提供一站式服务。数字化程序是强调行政业务的平等和共同生产。

"与新公共管理对比的概念命名的协同型政府（Joined-up Government）和之后提出的整体型政府（Whole-of-Government）等后新公共管理改革是从 20 世纪 90 年代后期出现的。"[1] "后新公共管理能从经济学和其他社会科学领域中得到观点，追求总体战略。"[2] "这可以看作是英国、新西兰、澳大利亚等最具有新公共管理特征国家的路径依赖性和负面回流的结合。"[3] "这是应对新公共管理所造成的碎片化（Fragmentation）而采取的调整和统筹战略。协同型政府和整体型政府的提出是对古典行政学时代性的回应。"[4] "统筹和协调是后新公共管理改革的核心内容。"[5]

格雷夫（Greve）整理出的与新公共管理相竞争的概念有：新韦伯式国家（New-Weberian State，NWS）、新公共治理（New Public Governance，NPG）、数字时代治理（Digital Era Governance，DEG）、公共价值管理（Public Value Management，PVM）、可持续的公共管理（Sustainable Public Management，SPM）等。如表 2-4 所示。

这些观点说明，相比竞争，更重要的是利用数字技术的发展解决新难题，并以协作为切入点实现公共价值。

---

[1] T. Christensen and P. Lægreid, "The Whole-of-Government Approach to Public Sector Reform", *Public Administration Review*, Vol. 67, No. 6, 2007, pp. 1059–1066.

[2] V. Bogdanor ed., *Joined-up Government. British Academy Occasional paper* 5. Oxford University Press, 2005.

[3] Perri 6, "Joined-Up Government in the West beyond Britain: A Provisional Assessment", In V. Bogdanor, ed., *Joined-Up Government*, British Academy Occasional papers 5. Oxford: Oxford University Press, 2005.

[4] C. Hood, "The Idea of Joined-Up Government: A Historical Perspective", In V. Bogdanor, ed., *Joined-Up Government*, British Academy, Oxford: Oxford University Press, 2005.

[5] R. Mulgan, "Joined-Up Government: Past, Present and Future", In V. Bogdanor, ed., *Joined-Up Government*, British Academy Occasional papers 5. Oxford: Oxford University Press, 2005; T. Christensen and P. Lægreid, "Democracy and Administrative Policy: Contrasting Elements of NPM and Post-NPM", Paper prepared for the EGPA Annual Conference "The Public Service: Public Service Delivery in the Information Age", Study Group VI: Governance of Public Sector Organization, Malta, Vol. 2-5, No. 9, 2009, p. 10. 再引用。

表2-4　　　　　　　　　与新公共管理相对应的概念

	新韦伯式国家（NWS）	数字时代治理（DEG）	新公共治理（NPG）	公共价值管理（PVM）
主要概念	基于欧洲国家的改进和简化的官僚制（或有美国传统的官僚制）	重组，以需求为基础的全体整体主义（Holism）、未来改革计划的数字化	社会所需要的协作、网络解决方案、国家之间需要一起解决的难题、新型的市民沟通方式	公共管理人员为了给公民和政治家创造公共价值，制定战略进行改革
否定NPM理由	官僚制的优点以及相关价值的失效	探索网络和数字化的解决方式，提供新的机会时缺乏市场解决方式	过分强调市场和产出结果意味着组织之间（Organization Boundary）缺乏协作	新公共管理者过分强调短期结果
存在问题	P&B所想的官僚制度的变化缺乏信心	过分强调数字时代，反映了广为人知的技术和争论	像支持者主张的那样，能否广泛地进行协作	公共管理者构思战略时管理体系是否严谨？战略构思是否有利于公共管理者的实施？

资料来源：根据Greve（2010）的内容整理而得。

（二）后新公共管理的组织管理

如果新公共管理的分权化和组织管理中的竞争状态转换成后新公共管理的分权化组织管理，需要怎样的变化呢？后新公共管理主张多数行为者为追求共同的目的而一起奋斗，并且获得协同效应（Synergy），这样的价值肯定影响政府的组织管理。"后新公共管理希望通过结构和文化因素的结合来强化调控。如果说新公共管理主张狭隘的文化和分权，那么后新公共管理强调的是对集体目标和规范的理解。因此强调政府—民间协作的网络，支持非营利组织和对顾客的调查和研究"[①]。根据以上的论点，把公共组织的管理从新公共管理转化为后新公共管理需要进行改革如表2-5所示。

---

① T. Christensen and P. Lægreid, "Democracy and Administrative Policy: Contrasting Elements of NPM and Post–NPM", Paper prepared for the EGPA Annual Conference "The Public Service: Public Service Delivery in the Information Age", Study Group Ⅵ: Governance of Public Sector Organization, Malta, Vol. 2-5, No. 9, 2009, p. 11.

表2-5　　　　　　　从新公共管理转换到后新公共管理

新公共管理	后新公共管理
经济效率课题	广泛的、不是一个组织能完成的课题（需要持续性）
官僚主义及狭隘的结果	包括长期产出在内的公共价值的管理
以市场为基础的治理	新公共治理中的网络
作为消费者的市民	作为共同生产者、共同改革者、共同创新者的市民
IT服务的效率性	Web2.0，社交媒体在内的数字化治理的一部分的IT
对结果（产出）的责任性	对广义透明度的理解、网络的责任性、长期的结果（成果）

资料来源：根据Greve（2010）的内容进行整理而得。

公共部门的管理理论从新公共管理的经济效率性、狭隘的结论、结果的责任问题逐渐转换到以强调公共价值的管理、网络、共同生产、透明性和责任性为主要特征的后新公共管理，并逐渐辐射到各国政府的组织管理当中。

20世纪90年代以前的公共管理改革主要是由财政部或中央政府部门和下属机关以及地方政府主导。不过，现在所有不同级别的政府都在互相交换理念，即公司、政府部门、民间企业、利益团体、非营利组织、网络项目团队等参与公共管理改革并提出意见。主要是通过国际组织或其他国内政府之间的对话进行改革，并且通过讨论引出改革的理念和内涵。对社交网络（Social Media）的使用更加促进了交流讨论的深入。[①]

在后新公共管理时代，政府的工作模式有综合治理跨部门横向合作、横向管理或治理、协同政府或整体政府、网络政府等。加尼翁和库礼（Gagnon & Kouri，2008）[②] 详细整理了它们的特征。

协同治理是新时代的核心理念，可以看作是后新公共管理的核心议题。[③] 21世纪是政府不能独自办理业务的时代，不能仅在政府内部讨论、

[①] C. Greve，"Whatever Happened to New Public Management?" To be presented at the Danish Political Science Association meeting 4-5，November 2010.

[②] F. Gagnon and D. Kouri，"Integrated Governance and Healthy Public Policy：Two Canadian Examples"，National Collaborating Centre for Healthy Public Policy，2008，pp. 29-32.

[③] B. A. Ryan，"A Mood for Change? Ideas for Public Management Renewal in New Zealand"，PSA，2011.

决策，或只依赖政府统治。协调和协作是21世纪的核心。[①] 后新公共管理视角适用于在各国实行协作后出现的各种理念，包括：治理、网络、协作、伙伴关系、共同生产、参与、公共价值。[②] 这种变化反映在公共组织的结构和业务上才能促进政府的发展，即需要强调共同责任、组织重构、学习和执行、技术和能力及适应环境。注重结果的战略性和政府所有公职人员的协同性能提高效率，并提出可持续性的解决方案（见表2-6）。[③]

表2-6　　　　　　　　　　后新公共管理的政府运营模式

模式	定义
集成治理 （Integrated Governance）	集成治理的规划是公共机关为了统筹不同行为者的行为，治理同一个问题而开发的行动 始于公共权限开放，公共及民间行为者调整公共政策的行为都可称作"综合治理" 这与参与的当事人所属一个或多个不同层级的政府，或影响一个或多个不同规模的政府无关 以上的定义把所有的治理规划都包括在内，因此是最普遍使用的概念 集成治理是通过政府机关或所有政府层级（地方、州、英联邦），或非政府部门之间的协作性接触来解决管理问题的正式或非正式的关系结果（Institute of Public Administration Australia, 2002） 在英国使用最普遍，部分澳大利亚学者也使用此用语
部门之间的行为 （Intersectoral Action）	为应对在社会团体里明确提出的需求而自发使用两个以上的调整部门行为者的行动（Lebeau et al., 1997）

[①] R. Agranoff, "Inside Collaborative Networks: Ten Lessons for Public Managers", *Public Administration Review*, 66, Special Issues, 2006, pp. 56 – 65; J. Armstrong and G. Lenihan, "From Controlling to Collaborating: When Governments Want to be Partners", A Report to the Collaboration Partnerships Project New Directions – Number 3 Toronto, Institute of Public Administration of Canada, 1999; T. Cooper, T. Bryer and J. Meek, "Citizen – Centered Collaborative Public Management", *Public Administration Review*, 77, Special Issue, 2006, pp. 76 – 88; C. Huxham, S. Vangen, C. Huxham and C. Eden, "The Challenge of Collaborative Governance", *Public Management Review*, Vol. 2, No. 3, 2000, pp. 337 – 358; B. A. Ryan, "A Mood for Change? Ideas for Public Management Renewal in New Zealand", PSA, 2011, p. 10. 再引用。

[②] B. A. Ryan, "The Signs Are Already There? Public Management Futures in Aotearoa/New Zealand", Institute of Policy Studies Working Paper 1101, 2011, p. 4.

[③] B. A. Ryan, "The Signs Are Already There? Public Management Futures in Aotearoa/New Zealand", Institute of Policy Studies Working Paper 1101, 2011, p. 32.

续表

模式	定义
平衡管理 (Horizontal Management)	同级政府，即联邦政府、地方政府（Provincial），自治区所属的一个或多个公共行政组织开始实行的行动 不再提及有关介入当事人或需要共同忧虑和负责任的问题，而是对不远的将来有可能会遇到的问题采取不同行为，以公共行政领域行为者的利益关系、资源和界限为基础的行动（Bourgault & Lapierre, 2000）
垂直管理 (Vertical Management or Governance)	始于一个领域内不同层级政府（联邦、地方、地域、自治区）的一个或多个公共行政组织，但是不会涉及有关各个当事人的责任问题，而是针对在不久的将来可能发生的问题会采取以与他人利益关系、资源、制约为基础的不同的行动
协同政府或整体政府 (Joined-up Government or Whole-of-Government)	对通过公共行政行为者（部门和科室或下属机关、地方团体、政府机关）及私营部门（营利或非营利）组织间的协作来提供的公共服务进行调整，由一个或多个公共机关履行，但是具体指出以其他公共行为者（例如其他部门或其他层级的机关）的行为跟民间（营利或非营利）组织调整为目的的规划（Ling, 2002）
网络政府 (Network Government)	阿特金森（Atkinson）把所有的政府阶层通过新的信息和沟通来改变大部分知识管理变化的民间（营利或非营利）领域或组织都包括在内的公共政策调整计划 为新经济（New Economy）创造有效的治理模式需要以更加依赖网络、IT系统、市民和民间领域的行为者、官僚为新的切入点 官僚政府可以说是对政府部门的管理，网络政府是影响其他行为者的战略性行为 但是要明确指出的是网络政府不是保守政府的乐园，而是他们所追求的小政府，不受其他行为者的集体影响（规制、资金、奖惩），自由决策 网络政府为了提高公共利益，避免了集体行为的政府干预，这是通过对全体社会的创意进行干预所形成的（Atkinson, 2003） 如果说网络是新型政府概念的核心，那么可以说到了从政府思维转向治理思维的时候了 公共管理在狭隘的领域中，指公共机构为了解决具体的问题而以采取行动为重点内容。公共管理虽然是治理的一部分，但不是所有的治理都属于公共管理 治理是广义的概念，是把所有行为者（政府、组织、个人）的行为调整为更加符合公共利益的过程 因此治理的核心课题是利用复杂的网络，引导产生社会所向往的结果 这是把阶级性官僚政府的概念转变成把政府机关、准政府机关以及非营利组织、民间企业、市民都包括在内的所有相关行为者的政策网络的管理政府（Atkinson, 2003） "网络政府"一词在美国经常使用

资料来源：根据 Gagnon 和 Kouri（2008）的资料重新整理而得。

协作或协同作为政府3.0的核心概念，需要和其他类似概念进行区分。当然，我们在现实生活中要严密区分这些概念是不容易的，但是在学术上可以进行以下区分。

从图2-2中可以看出，和协作有关的概念可以看作是逐渐发展的概念。从左到右依次是竞争（Competition）⇒共存（Co-existence）⇒沟通（Communication）⇒合作（Cooperation）⇒协调（Cooperation）⇒协作（Collaboration）⇒融合（Conversion）或者统合（Integration），越往右边，信任度越高，也更有利于协作。换言之，和协作越近的概念意味着组织（小组、部门、机关）之间的隔阂越少，信任度越高。如果要实现政府3.0，组织之间要多通过协作来解决难题，同时满足复杂而多样的行政需求。

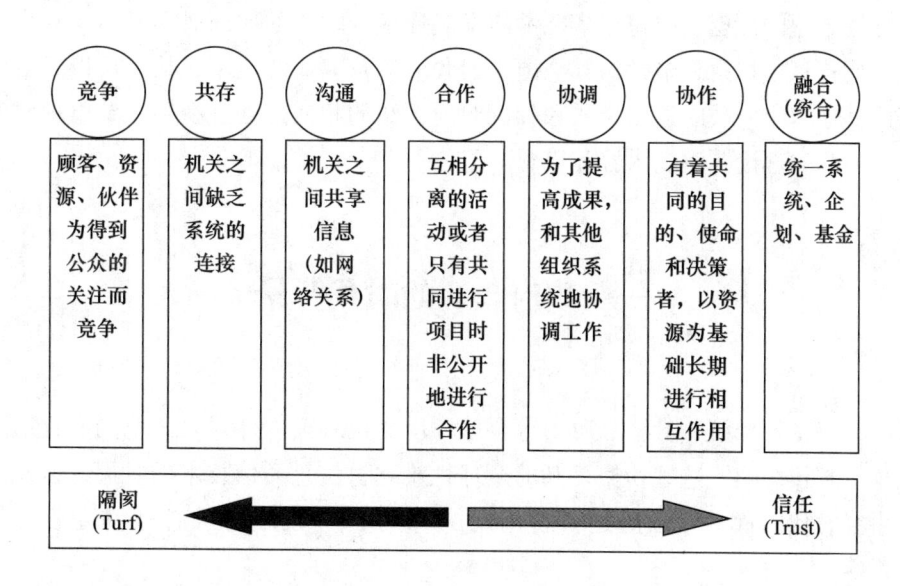

竞争	共存	沟通	合作	协调	协作	融合（统合）
顾客、资源、伙伴为得到公众的关注而竞争	机关之间缺乏系统的连接	机关之间共享信息（如网络关系）	互相分离的活动或者只有共同进行项目时非公开地进行合作	为了提高成果，和其他组织系统地协调工作	有着共同的目的、使命和决策者，以资源为基础长期进行相互作用	统一系统、企划、基金

隔阂(Turf) ←——————————→ 信任(Trust)

图2-2　和协作有关的概念[①]

后新公共管理时代，协作或协同成为核心课题。韩国政府把这种变化反映到政府运营当中，促成了政府3.0模式。政府3.0是从协作开始，以协作为基础，并以协同为终结。

[①] Retrieved from http：//www.collaborationforimpact.com/collaborative-approaches/ca-subpage-2（cited, 2014-10-04）.

第三章
政府3.0的生成逻辑

为了理解政府3.0，在第三章分析政府3.0出现的背景和其他国家与政府3.0类似的运营模式，之后再对政府3.0进行定义。在第一节里从全球性难题的出现、政府通信技术的发展和融合时代的层面研究政府3.0出现的背景。在第二节探讨其他国家的政府运营模式的改革，从中可以了解到其他国家的政府运营模式和韩国政府3.0的相似之处。在第三节整理政府3.0的理论渊源、内容和概念。

一 政府3.0的时代背景

技术、经济、社会、政治等全球环境变化对国内外行政环境的变化产生了直接影响。这些纷繁复杂的全球性难题、信息通信技术的发展，以及融合时代的背景对政府运营新范式，即政府3.0的出现产生了决定性的影响。

（一）全球性难题

近来，"难题"（Wicked Problems or Wicked Issues）这个用语备受关注。现实中发生的各种各样问题，其发生原因、解决过程，以及事后结果等都是千差万别，明确定义"难题"这个概念并不容易。但在全球环境剧变的情况下，我们对随之发生的许多问题确实也要有和以前不同的认识。

科布伦茨（Koblentz）认为，难题不是罪恶或冷酷，而是长期得不到解决的焦点问题的本质属性。难题所关联到一系列的问题具有重复性和复杂性，在解决问题的过程中，由于有众多主体介入而具有复杂的社会属性。在解决问题方面，有关主体又存在于不同的组织中，其组织范围及价值观、目的不同，对问题的定义和解决方式也存在着不同的看法。在紧密相关的事件以及多样的相关主体复杂的相互作用下，大家可能无法就某一特定主题达成一致（见图3-1）。

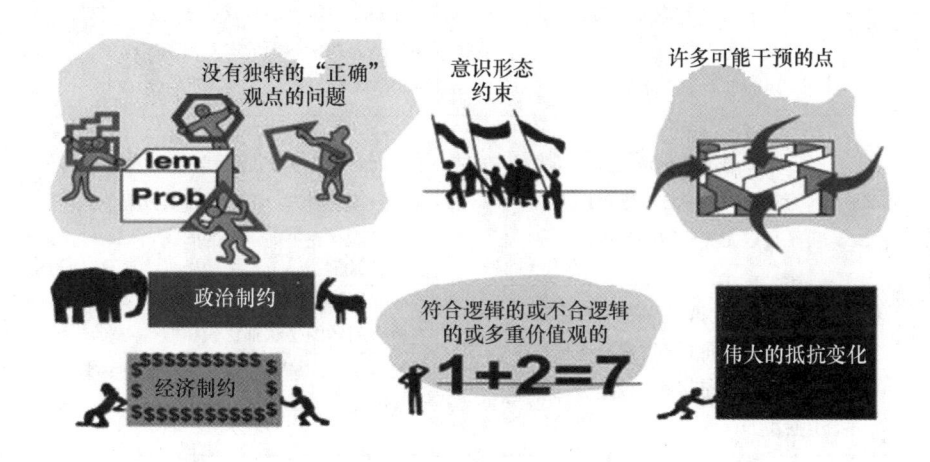

图3-1 社会的难题

资料来源：Horn 和 Webber（2007）。

有些恶性的社会难题是由于社会结构出现问题造成的，因此难以找到有效的解决方案。这些问题同时还受到思想、政治、经济结构的制约，甚至遇到多种价值观念互相冲突后具有抵制变化的特征。社会上对问题的解决方案有不同的、相互矛盾的意见，并且很多问题都连在一起，很难分清问题的本质，还隐藏着不确定性、难以预测的危险。

有关难题的多样性，拉玛林格姆（Ramalingam）等大体将难题分为容易解决的简单问题和不容易解决的难题两大类，从问题的产生、实验性、最终性、分析层面、可再现性、再生产性这几个角度将难题的特性作了如下说明：

全球变暖、环境破坏、埃博拉病毒、恐怖袭击、社会矛盾、家庭解体、毒品滥用等类似问题具有复杂的相互关系，无法轻易解决。这些问题的解决难度超越个人能力，如埃博拉病毒不仅在西非国家流行，地球上的所有国家也都在全力积极预防和治疗埃博拉病毒。①

简单问题和难题的性质见表3-1。

表3-1　　　　　　　　　　简单问题和难题

性质	简单问题	难题
问题形成	·可以分清问题 ·知道问题在哪儿和该做什么，能不能解决问题 ·对问题容易下定义	·对问题很难下定义 ·存在多种可能的解释 ·每个人理解问题的本质都不一样 ·根据不同的解释采取不同的方案
可试验性	·可以通过试验确认解决问题的方式是否有效，或对方案进行修改 ·可以完美地解决问题	·判断解决方案的正确与否没有唯一的标准，只接受对方一部分的解决方案 ·有可能存在更高一级的问题
可识别性	·可以识别问题的范围和根源 ·对解决问题的方案没有必要争论 ·从整个问题中可以划分出一部分单独解决	·所有问题的症状都比较相似 ·很难识别问题的根源和查找解决方案 ·从整个问题中不能分离出其中的一部分
可重复性	·反复出现 ·使用特定的解决方案可以得到预测的结果	·所有问题的本质都比较独特 ·公开的解决方案含有特定的价值观
可再生性	·如果找到解决方案就可以解决问题	·各个问题都起一次性作用 ·如果使用一种方案，之前使用的方案就没有效果

资料来源：Ramalingam 等（2014）；Kim Yun-kwon（2014）。

从整体来看，在解决难题的过程中，一个显而易见的争议就是解决难题比解决问题更复杂、难度更高。事实上，难题是无法解决的，只能通过相互协作才可能得出令人期待的结果。② 任何组织都无法独立解决难题，

---

① KimYun-kwon, *A Study on the Collaborative Administration of Government Organization Management*, Korea Institute of Public Administration, 2014, p. 46.
② S. Waddock, "The Wicked Problems of Global Sustainability Need Wicked (Good) Leaders and Wicked (Good) Collaborative Solutions", *Journal of Management for Global Sustainability*, Vol.1, 2013, pp. 91-111.

难题的解决只有通过参与者之间的相互作用、参与和干预，即通过协作的方式才有可能实现。① 协作是经对同一事物持不同观点的各参与者的同意，产出大家所期盼的成果，使风险共担以及解决方案的再形成变为可能，分担各参与者的负担，剔除不必要的部分。②

如今这种难题，任何政府机构也无法自行解决。难题，由于其不确定性以及在相异的规模下呈现复杂状态的特征，需要以跨学科（Interdisciplinary）的手段来处理。在解决难题时，需要政府部门间相互协作。因此我们需要跳出传统思维，在各自可发挥作用的基础上，通过互相弥补的方式来参与问题解决过程，共同努力，以求达到更好的结果。③

如上所述，协作已成为政府有效解决直接面临的难题的应对方法。政府为解决棘手的难题，需要借助众多参与者的知识和专业技能，同时有效利用丰富的行政资源（Public Administration Resources）（组织人事、法令、预算、信息、技术等），通过协作提升成员间的信赖和组织内合力，使之前无法单独由个人、组织、单位、部门解决的难题以更加高效的方式尽快得到解决。从这一点上看，为了应对难题而进行协作是提出政府3.0的最直接的动因之一。

（二）信息通信技术的发展

信息通信技术（Information Communication Technology，ICT）的迅速发展，不仅对我们的日常生活、经济、社会、产业发展趋势等各领域产生了影响，而且对政府的工作方式也产生了巨大影响。信息通信技术是重要的行政资源，在政府的组织管理中应积极运用信息通信技术，使其成为重要的技术支持。

阿奇曼和卡斯蒂略·伊格莱西亚斯（Archmann & Castillo Iglesias，2010）曾提到"技术的不断革新、用户对优质服务的需求、政府部门和外

---

① R. Ackoff, "Systems, Messes, and Interactive Planning", Portions of Chapters 1 and 2 of Redesigning the Future, New York/London: Wiley, 1974.

② N. C. Roberts, "Wicked Problems and Network Approaches to Resolution", The International Public Management Review, Vol. 1, No. 1, 2000; S. S. Batie, "Wicked Problems and Applied Economics", American Journal of Agricultural Economics, Vol. 90, No. 5, 2000, pp. 1176 – 1191.

③ Kim Yun – kwon, A Study on the Collaborative Administration of Government Organization Management, Korea Institute of Public Administration, 2014, p. 46.

政府 3.0：后 NPM 时代的政府再造

部的协作不断提升等因素促进了电子政府的发展。其中信息通信技术和 Web[①] 革新的影响最大，因为它们提高了公共行政的质量和效率"[②]。

从图 3-2 可以看出网络的发展历程，1990—2000 年是 Web 1.0 时代，是通过万维网连接信息的时代；Web 2.0 是 2000—2010 年，是通过社交网络连接人和人的时代；现在是 Web 3.0 的语义网加注释时代；Web 4.0 将会是连接智能的元网络时代。

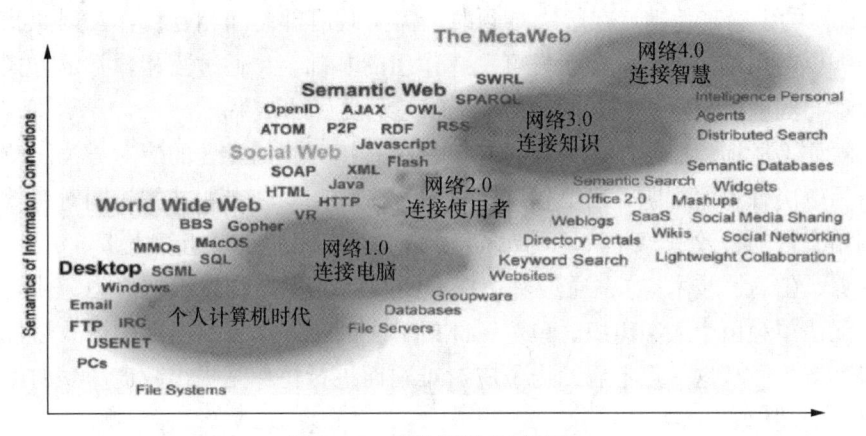

图 3-2 万维网的发展过程

资料来源：Radar Networks 和 Nova Spivack（2007，http://www.radarnetworks.com[③]）。

电子政府 1.0、电子政府 2.0、电子政府 3.0，这三个电子政府模型可以通过 Web 的发展模型见证，并且和 Web 紧密相关。表 3-2 整理的特点都适用于电子政府和 Web 的发展模型。[④]

---

① Web（World Wide Web），也称为万维网。它从支持文字开始逐渐支持传送图片、动画、声音等多种信息，还引入超文本（Hyper Text）技术，可以随时检索到各种信息。Web 1.0 是服务提供者单项地提供互联网，进入 Web 2.0 以后拥有数据的人都可以方便地生产信息，并且可以在互联网上和其他人共享。Web 3.0 时代是围绕数据所包含的含义提供不同服务的时代。

② S. Archmann and J. Castillo Iglesias, "eGovernment: A Driving Force Innovation and Efficiency in Public Administration", EIPASCOPE 2010/1, 30-31, Retrieved from http://www.eipa.eu/; N. Veljkovic, S. Bogdanovic-Dinic and L. Stoimenov, "Building E-Government 2.0—A Step Forward in Bringing Government Closer to Citizens", *Journal of e-Government Studies and Best Practices*, 2012, p. 2.

③ Retrieved from http://sites.linkeddata.center/help/devop/training/ebc1p1（access olate, 2017-01-24）.

④ J. Z. Xiao, H. Yang and C. W. Chow, "The Determinants and Characteristics of Voluntary Internet-based Disclosures by Listed Chinese Companies", *Journal of Accounting and Public Policy*, Vol. 23, No. 3, 2004; N. Veljkovic, S. Bogdanovic-Dinic and L. Stoimenov, "Building E-Government 2.0—A Step Forward in Bringing Government Closer to Citizens", *Journal of e-Government Studies and Best Practices*, 2012, p. 2.

表 3-2　　　　　　　　　Web 和电子政府的发展

Web1.0 电子政府 1.0 1989—2005 年	Web2.0 电子政府 2.0 2005—2010 年	Web3.0 电子政府 3.0 2010 年至今
连接电脑	连接使用者	所有的人和事物都可以连接
提供基本的服务	基本的服务需求	智能提醒
供给者制作内容	使用者制作内容	机械制作内容
只能阅览	可以阅览，可以写	个人网
单方向沟通	双方向沟通	生动的沟通
专家智慧	集体智慧	人工智能
PC（Personal Computer，个人计算机）	PC、手机、PDA（Personal Digital Assistant，掌上电脑）	所有装备

资料来源：Veljkovic 等（2012）。

虽然电子政府和网络之间的连贯性显得有些勉强，但是为我们展现出了技术发展的不同阶段。如果说电子政府 1.0 的特点是连接电脑，那么电子政府 2.0 的特点可以说是连接使用者，而电子政府 3.0 就是连接所有的用户。

电子政府给政府的工作方式带来了新的革命。以前使用纸质文件办理业务的固定模式，不仅浪费了办公用品和时间，而且各个部门都按照自己的运营模式处理业务，部门之间难以进行资料共享，工作效率低，而运用电子政府处理业务不仅几乎不会受到时间和场所的限制，还能提高工作效率。

电子政府扩大了行政业务的电子化范围和信息共享的范围，信息资源的统一管理和行政业务数据的实时处理大大提高了行政效率，减少了资源浪费，而且，政府部门之间信息和资料的共享提高了公文的处理效率。特别是利用电子政府一站式服务[①]处理信访（Civil Complaint）业务，提高了对群众的行政服务水平。

"时至今日，Web 经过二十多年的发展，已进入 Web 3.0 时代。马尔可夫（Markoff，2006）提及的 Web 3.0 概念可以理解为'人们对 Web 3.0

[①] 一站式服务指的是在一个地方可以处理所有相关的业务。

或者说是语义网的商业兴趣正在凸显'"①。Spivack 把"Web 3.0 看作'智能网'以上的概念。他把 Web 3.0 看作普通机子②的连接、电脑网络、开放型技术（开放型 API、开放型数据、开放型数据模式）、开放型身份认证系统（公开型 ID、手机信息、个人信息）、智能型网络（语义网技术、分散数据库、智能 APP）等技术"。Spivack 还提到："Web 3.0 因为语义网技术、分散数据库、语言程序、机械型思考、自律型代理（Agent，替使用者进行工作）等方面的发展会变得更加开放、智能。"③

在过去的二十多年里，受到 Web 1.0 和 Web 2.0 技术的影响，政府的管理模式也发生了巨大变化，但我们很难预测 Web 3.0 对治理方面会产生什么样的影响。2009 年，美国政府为了追查纳税者恢复资金（Recovery Funds）的使用，制作了 Recovery.gov（www.recovery.gov）。这个网页是美国政府利用 Web 3.0 制作的第一个网页。④ 之后不少人预测在不久的将来各国政府会运用 Web 3.0 技术制作智能型的电子政府 3.0。⑤

从卢武铉政府（2003 年 2 月 25 日到 2008 年 2 月 24 日）开始实行的电子政府为韩国的政府管理提供了很大的帮助。2013 年，韩国政府推进的政府 3.0 也和电子政府有着密切的联系。下面来分析政府 3.0 和电子政府的区别（见表 3-3）。

---

① Y. K. Dwivedi, M. D. Williams, A. Mitra, S. Niranjan and V. Weerakkody, "Understanding Advances in Web Technologies: From Web 2.0 to Web 3.0", Proceedings from ECIS (European Conference on Information Systems), Helsinki, Finland, 2011, p.1; N. Veljkovic, S. Bogdanovic - Dinic and L. Stoimenov, "Building E - Government 2.0—A Step Forward in Bringing Government Closerto Citizens", *Journal of e - Government Studies and Best Practices*, 2012, p.4, 再引用。

② 普适计算（Ubiquitous Computing）指的是不受时间地点的约束自由地享用资讯，让人们方便地接收和传送资料。换言之，是为了实现随时随地方便地利用网络资源而结合现实和虚拟世界的技术。

③ N. Spivack, "Web 3.0: The Third Generation Web is Coming", Retrieved (2012-03-01), http://lifeboat.com/ex/web3.0; N. Veljkovic, S. Bogdanovic - Dinic and L. Stoimenov, "Building E - Government 2.0—A Step Forward in Bringing Government Closer to Citizens", *Journal of e - Government Studies and Best Practices*, 2012, pp.4-5, 再引用。

④ Government Computer News, "Strategic Report: Web 3.0 Tools", Retrieved (2011-09-01) from http://gcn.com/Web3Tools (cited, 2014-01-19); N. Veljkovic, S. Bogdanovic - Dinic and L. Stoimenov, "Building E - Government 2.0—A Step Forward in Bringing Government Closer to Citizens", *Journal of e - Government Studies and Best Practices*, 2012, p.5, 再引用。

⑤ N. Veljkovic, S. Bogdanovic - Dinic and L. Stoimenov, "Building E - Government 2.0—A Step Forward in Bringing Government Closerto Citizens", *Journal of e - Government Studies and Best Practices*, 2012, p.5, 再引用。

表 3-3　　　　　　　　政府 3.0 和电子政府的区别

政府 3.0	电子政府
制度、文化等根本改革尤为重要，ICT 只是一种手段	ICT 是政府改革的手段
以政府的整个管理模式为对象的新的政府管理模式	以采购等个别业务和个别政策领域为对象的政府业务管理系统
专注于制定可行的政策（最终产物：以政策和服务为中心）	专注于改变业务处理的方式（中间过程：以程序为中心）
相关组织之间进行共享和协作	整合有关系统，但各自执行业务
私营领域能实行的业务由私营企业承担	政府负责所有的业务
服务的重点从供给者转变为每一个公民	把现在的以供给者为中心的服务简单地搬到网上

资料来源：Government 3.0 Promotion Committee (2014a)。

如果说电子政府是以 ICT 为基础的政府改革手段，那么政府 3.0 可以说是新的政府管理模式。ICT 和组织、人力资源、预算、法律法规一样，是行政资源的组成要素。当然，ICT 正主导着现代社会的变化，但是在政府管理中只是手段而非目的，因此，各个行政资源一起发展并支持行政业务，才能全方位地引导政府发展。从这个观点来讲，政府 3.0 可以从政府管理模式的角度去分析。

在现实中，ICT 或网络技术的发展或是渐进性的或是飞跃性的[1]。但是政府 1.0、政府 2.0、政府 3.0 的管理模式有时存在发展时差，而且有时候是重叠的。正如有些学者提出，美国仍停留在政府 2.0[2]，联邦政府和地方政府还没有达到政府 3.0 的水平。

---

[1] Deloitte 提出的关于 2016 年的技术变化有"最优速度（Right Speed）的 IT，从感知到做的物联网（Internet of Things：From Sensing to Doing）、重新构想核心制度（Reimagining Core System）、自动平台（Autonomic Platform）、区块链技术（Block Chain）、民主化的信赖（Democratized Trust）、产业化分析（Industrialized Analytics）、指数技术的社会影响（Social Impact of Exponential Technologies）"，Retrieved from http://www2.deloitte.com/global/en/pages/technology/articles/tech-trends.html（access date, 2016-10-12）.

[2] 政府 2.0 虽然比较有魅力，但是它的潜在能力还没有在实际业务上体现出来。A. J. Meijer, B. J. Koops, W. Pieterson, S. Overman and S. Tije, "Government 2.0: Key Challenges to Its Realization", *Electronic Journal of e-Government*, Vol. 10, No. 1, 2012, pp. 59-69.

（三）融合时代[①]

如今我们生活在融合（Convergence）的时代。融合是指"不是从单一的组织结构和长时间形成并定型的角色来分析，而是从全球的发展脉络上关注热门话题和利益相关者，找出解决方式和管理方式的影响因素"[②]。融合意味着所有的当事人为了利益而随时合作。融合不会受到拥有资源的组织结构或行为的限制。

融合的内容包括所有领域的热门话题、利益相关者和解决问题方案的设置（Alignment）。Bulloch 等（2011）提到"在融合时代，协作非常重要"。第一，热门话题的融合（Convergence of Issues）意味着全球性的发展问题很难下定义，这些热门话题不是孤立（Silo）的问题，它们互相连接在一起，所以用传统的分工式的方法很难解决。第二，利益关系的融合（Convergence of Interests）意味着公共领域、私营领域、非营利组织的角色和界限非常模糊，有时还重叠在一起。在这样的环境下需要重新调整价值链（Value Chain）和生态界的角色和职责。换言之，需要从根本上调整全球的发展体系。交叉领域的融合包括以"混合与和谐"为特征的新价值链。第三，解决方案的融合（Convergence of Solutions）意味着非常重视当事人之间的协作。不仅是协作伙伴，甚至整个发展生态圈的工作人员的协作都非常重要。解决方式的融合综合各个行为者的能力，从而引导出最佳结果。有助于促进社会、经济、环境的发展。[③]

为了解决复杂的、庞大的、固有的、具有流动性的问题，需要从多个方面去努力。在现代社会，人口结构的变化、全球化、环境污染和破坏、社会和秩序的稳定、技术的影响扩大等，使全球的危险和机会变得越来越复杂，而各国的政府正以不同的方式应对这种变化。[④]

[①] 根据 Kim Yun‑kwon, *A Study on the Collaborative Administration of Government Organization Management*, Korea Institute of Public Administration, 2014, pp. 46 – 48 的内容进行修改和补充。

[②] G. Bulloch, P. Lacy and C. Jurgens, "Convergence Economy: Rethinking International Development in a Converging World", *Accenture*, 2011, p. 8.

[③] Ibid., pp. 6 – 9.

[④] J. W. Cortada, S. Dijkstra, S. M. Mooney and T. Ramsey, "Government 2020 and the Perpetual Collaboration Mandate: Six Worldwide Drivers Demand Customized Strategies", IBM Global Business Services, 2008.

在微观和宏观环境都发生巨变的融合时代里,需要通过结合各种职能、技术、项目来创造新的附加值。融合时代的行政需要创新问题解决方式、多领域的沟通、开放性和全球化的意识、解决问题的能力。通过这些可以在能源、疾病治疗、健康管理、提供公平有效的教育资源等方面进行创新的行政管理。

利用ICT避免官僚制度和新公共管理受到弊端的融合时代,公民的日常生活和政府的行政管理的各个领域都受到了不小的影响。国内外的政治、经济、社会、文化、技术等宏观和微观的环境对参与协作的个人、组织、社会、政府、国家等都产生了非常大的影响。[1]

官僚制度解决不了的行政问题在融合时代可以通过协作来解决。融合时代要求的行政环境是通过协作把行政资源(组织、人力资源、预算、法律法规、信息等)适时用在所需要的地方。所有个人或组织所拥有的能力具有多种长处,在融合时代,为了解决各种复杂的难题要把各自拥有的长处集中起来以实现协同效应。统筹物质、制度、社会、经济基础可以在很多领域促进综合的发展。很多政府部门模式虽然有所不同,但是都为了实现这样的目的进行融合。

集体智慧的核心原则是融合或者分化集体成员的想法。其中分化是从少数的想法发展成更多的想法,而融合是从多种不同的概念中把焦点集中于少数概念的行为。通过这种方式,持有不同想法的成员可以实现最优的议事决策。

从图3-3可以看出发散思维(Divergence Thinking)激励成员用新的视角和洞察力去找出问题,催生更多的创新型思维,使思维变得更加丰富;和其他人分享想法,不断地进行挑战。这种发散思维可以引发集合思维(Convergence Thinking),促使成员及时地进行和执行决策。[2]

随着融合时代的深化,个人、部门、机关很难独立提供行政服务。公民所需要的各种行政服务需要通过各种程序来执行,通过各种行为者之间的网络治理(Network Governance)来提供。换言之,融合时代的协作比新公共管理中强调的个别选择和集中方式更适合连接和协同效应,因此需要

---

[1] J. M. Bryson, B. C. Crosby and M. M. Stone, "The Design and Implementation of Cross-Sector Collaborations: Propositions from the Literature", *Public Administration Review*, Vol. 66, No. 1, 2006, pp. 44-55.

[2] M. Preston, "Divergent vs Convergent Thinking", 2016, Retrieved from http://www.risebeyond.org/divergent-vs-convergent-thinking/ (cited, 2017-01-24).

关注行为者之间的协作。从这个层面看，遇到融合问题、利益关系的调整、查找问题的过程是政府3.0出现的背景之一。

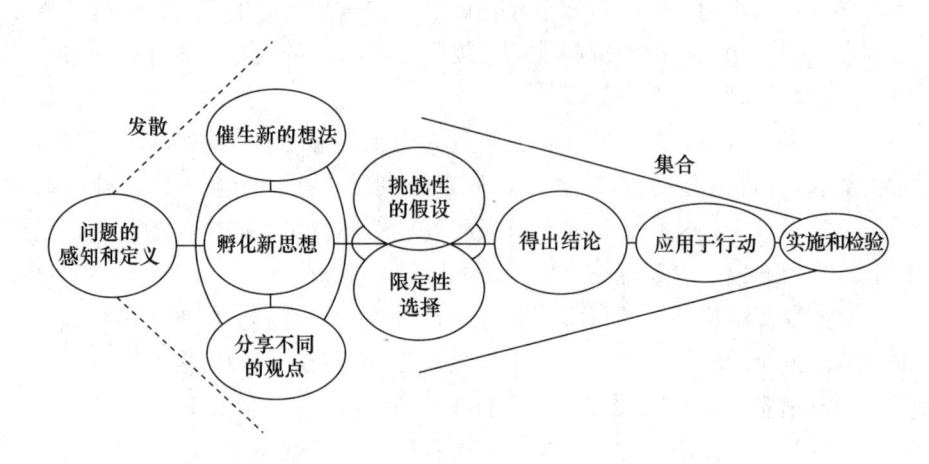

图3-3 发散思维和集合思维

资料来源：Preston（2016）。

二 全球政府运营的新模式[①]

政府3.0的出现和发展是以现代行政学发展过程中出现的多种政府运营理论为背景的。这种全球行政学的发展中所提出的政府运营模式里包含了开放型政府（Open Government）、透明型政府（Transparent Government）、平台型政府（Platform Government）、智能型政府（Smart Government）服务型政府（Service Government）、效能型政府（Competent Government）等核心内容。

这些内容也包括在OECD（Organization for Economic Co-operation and Development，经济合作与发展组织，简称经合组织）所追求的政府革新方案里。OECD试图通过公共领域的改革为公民提供优质服务，以实现政府

[①] 根据 Kim Yun-kwon, *A Studyon the Collaborative Administration of Government Organization Management*, Korea Institute of Public Administration, 2014, pp. 57-77 的内容进行修改和补充。

3.0的各种方案。① 第一，为了克服全球危机，不能只停留在产业社会和福利社会，需要发展成为战略国家②。第二，通过开放和共享实现开放型政府。政府需要加强伙伴关系才能实现这个目标。第三，实现和公民沟通交流的政府3.0。这需要投资并发展包括电子政务在内的国家信息化建设，并扩大社会化媒体的使用范围，将信息化建设从宣传为主的单项沟通发展为进行政策讨论的双向沟通，以利用社会化网络提供交通、危机、治安等与公民生活密切相关的服务（Social Network Service，SNS）。第四，通过创新构建效能型政府。实现这个目标需要消除部门之间的隔阂，在社会福利领域强化和民间机构的共同生产。③ 第五，实现透明型政府。这需要使管理业务透明化，并对政府人力资源进行有效的管理。第六，构建负责任的政府。政府需要有效地治理灾难、构建安全的社会环境、实事求是地履行责任。

在这种环境下，韩国政府提出的政府3.0不是突然出现的，而是在全

---

① Kang Seong - joo, "Activity for Implementing Transparent Government, Competent Government and Service - oriented Government in OECD", 2013, Retrieved from http：//www.mofat.go.kr/webmodule/htsboard/template/read/hbdlegation（cited, 2013 - 04 - 05）.

② 战略国家（Strategic State）是指拥有能动地应对经济社会变化的敏捷的政府（Agile Government），有着克服危机的明确的目标、统合的领导力、清廉、企业和市民共同参与的政策网络、有效的政策决定步骤以及能够强有力地推动并实现政策的国家。实现敏捷的政府的方案有：①强化政府部门统筹机关的调节能力。这需要公共议题的管理、法律权威的授权、政府业务的宣传、绩效管理、国会等对外机关的管理。②构建灵活的预算制度。需要自上而下（Top - down）的预算管理、财政绩效评估、绩效预算制度、减少一部分生产等制度。③制定灵活的公务员管理制度。包括：以能力为主而不是以履历为主的战略性人力资源规划；扩大流动性以便能在两个部门以上或在私营企业工作；高级公务员的流动交流；强化绩效管理；增强公务员队伍的多样性；正式员工和非正式员工之间的灵活的录用制度；对各部门长官的人事权转让；等等。④积极利用新技术。需要在整体政府层面上进行技术规划和资源共享；促进政府部门之间的相互连接；开发个性化服务；云计算或智能手机等最新技术的利用等。OECD提出能够统筹使用以上的战略就能提高政府的敏捷性。韩国需要调整以各个部门为中心的预算和人力资源管理模式，并增加女性公务员的比例等，以扩大公务员的多样性，还要积极利用新的技术。Kang Seong - joo, "Activity for Implementing Transparent Government, Competent Government and Service - oriented Government in OECD", 2013, Retrieved from http：//www.mofat.go.kr/webmodule/htsboard/template/read/hbdlegation（cited, 2013 - 04 - 05）.

③ OECD国家经历经济危机以后，在教育、医疗等公共服务领域积极探索新的方法。和公民社会一起提供公共服务的共同生产（Co - production）模式也包括在此领域，因此被很多国家采用。在韩国，医疗保健、福利服务、儿童保育、教育等各种社会福利领域需要扩大财政支出的情况下可以积极利用共同生产模式，并且利用IT技术提高效率和透明性。Kang Seong - joo, "Activity for implemen tingtransparent government, competent government and service - oriented government in OECD", 2013, Retri eved from http：//www.mofat.go.kr/webmodule/htsboard/template/read/hbdlegation（cited, 2013 - 04 - 05）.

球行政学的发展中，由多种政府模式①的核心内容和韩国的实际情况结合而成的。

以下探讨的开放型政府、透明型政府、平台型政府、智能型政府、服务型政府、效能型政府是和政府3.0密切相关的政府模型。

（一）开放型政府

开放型政府是指政府和公共服务的管理和运营中所有的业务都应该公开，以便接受公众监督。政府内的开放型政府不是依赖于明智的公职人员和所掌控的信息来进行自上而下的调控，而是追求从一线机关自下而上地处理业务。②

主张开放型政府的理论依据是与政府制定的法律相比，公民社会能够提供更加透明的行政业务。主张开放型政府的学者强调独立而勇于探索的言论、印刷品、电子信息比立法性的管制和均衡更能保障透明性。③ 这种理论依据与政府存在的理由有关。政府存在的理由是用公民的税收运营，并给公民提供行政服务。虽然行政服务的内容多种多样，但是都跟政府的职能紧密地联系在一起，因此正确地执行政府职能并给公民提供优质的行政服务也就是政府存在的理由。

虽然涉及国家安全的政府职能信息不能全部公开，但是有些职能或业务必须在公民了解的基础上接受公众的监督。特别是 ICT 和互联网技术的发展在政府的决策和执行等信息的公开共享方面给政府和公民之间的沟通提供了更多的机会。

开放型政府可以说是以满足公民的行政需求和解决国际难题为政府的

---

① Myong Seung – hwan 和 Heo Cheol – joon（2012）把政府3.0模型分为协作型政府模型和智能型政府模型。协作型政府模型的信息生产方式与现有的生产和流通方式不同，是通过共享和自生方式接触公民和企业的平台，并利用平台上储存的资源重新整合信息并提供服务。这种方式提供的服务是现在的职能所不能提供的，是基于新的职能提供给公民和企业的服务，并能够反复生产附加值的平台型政府。智能型政府模型是政府提供智能化的服务设施，并通过多种方式预测和管理公民和企业的交流模式以便促进公民和企业能够相互交流及生产和消费。这种政府模型能提供智能的、能动的、个性化的服务。Oh Young – kyun, "The Theory and Task of Local Government 3.0", *The Studies of Local Administration*, Vol. 27, No. 2, 2013, p. 9, 再引用。

② CTPR, "Open Government: Some Next Steps for the UK", Centre for Technology Policy Research, 2010.

③ A. G. Theoharis (ed.), "A Culture of Secrecy: The Government Versus the People's Right to Know", Kansas, 1998; Wikipedia (2014 – 04 – 05), 再引用。

基本发展目标。从表3-4可以看出，开放型政府需要具备信息公开的完整性、优先性、及时性、可达性、信息处理的易使用性、公开对象的非区别性、信息的非所有权、非许可性等条件。

图3-4是加拿大的开放型政府的框架。加拿大的开放型政府是通过开放型数据、市民参与的公开谈话、保证所统筹的各领域专业性信息的公开来运行的。

表3-4　　　　主张信息公开的学者提出的信息公开8项原则

完整性	公开所有的信息，不能以私人保护、调查或者保密性为由坚持非公开原则
优先性	公开的信息要详细，要公开原始信息，不应该是经过加工的信息
及时性	为了保障信息的价值，需要及时公开
可达性	信息要供给和覆盖最广泛的市民
易使用性	信息要在可以自动化处理的状态下提供
非区别性	信息要提供给所有人，不能区别公开对象
非所有权	不允许特定机关拥有信息的所有权
非许可性	信息不能受限于物权法，但是可以允许私人保护、安保或限制优先权

资料来源：Retrieved from http：//resource.org/8principles.html（CTPR，2010：19），再引用。

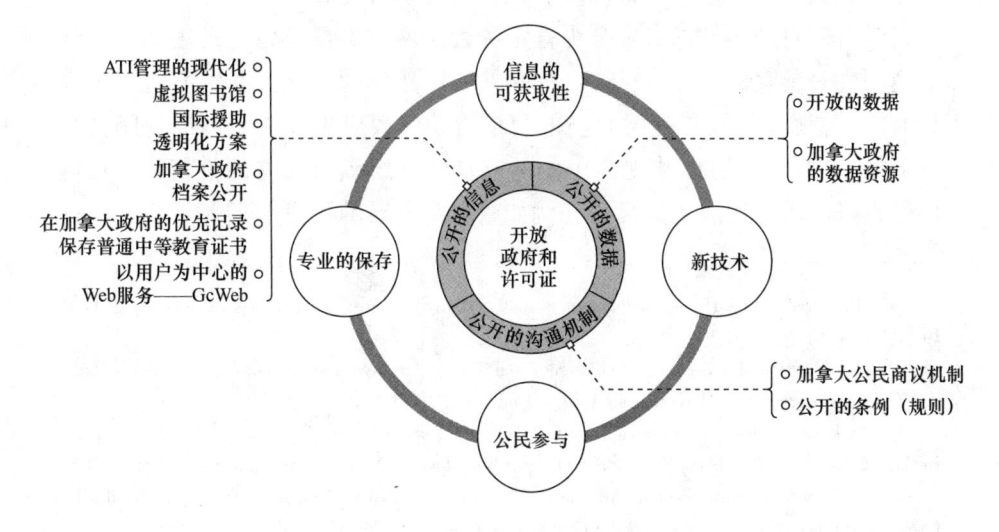

图3-4　开放型政府的体系

资料来源：Retrieved from http：//open.canada.ca/en/canadas-action-plan-open-government（2014-10-09）.

提高政府的开放程度需要保证透明性、责任性和公众的参与度。[1] 第一，保持透明性需要认知权力，以所有的机关都可以使用信息（不包括保密信息）为原则，及时公开信息，规定公开方式和信息收集规则等条件。第二，责任性需要保证明确的行为标准、独立的监督和执行、限制游说、限制利益冲突（Conflict of Interests）、公开资产、购买、对内部情报者（Whistle Blower）的保护。第三，开放性参与需要保证明确合理的时间表、全面具体的信息、积极的协作、明确恰当的节奏、委托权限等。

ICT 和网络的持续发展很难预测政府的职能和角色的发展方向。问题在于政府是为满足公民的行政需求而存在的，因此开放型政府的重要性会持续下去。但不是公开公务员持有的信息，而是决策和执行到循环的过程中的业务和制度里添加开放、共享和沟通的信息。

（二）透明型政府

政府 3.0 的三大目标之一就是构建透明型政府（Transparent Government）。什么是透明型政府？韩国政府正在前所未有地促进信息公开。从开放型政府里可以知道透明性、参与性、责任性是非常重要的因素。公开可以提高民主性，还可以提高政府的行政效率和效果。

学者们对透明性的态度分为肯定和否定两种。保持肯定态度的学者认为透明性是善政的核心。[2] 透明性可以引导开放的文化，并给所有人带来便利。[3] 透明性的核心有关政府的公信力，而政府失灵正是内部封闭性所导致的。[4] 透明性可以被视为民主的有责任的组织所拥有的价值，而且透明性也可以成为达成重要目的（例如减少腐败）的手段。[5]

---

[1] Retrieved from http：//roadtolorien. kyopol. net/why – call – it – open – government/ (2014 – 10 – 09).

[2] S. G. Grimmelikhuijsen, "Transparency and Trust: An Experimental Study of Online Disclosure and Trust in Government", PhD thesis, Utrecht University, 2012, p. 17.

[3] C. Hood, "Beyond Exchanging First Principles? Some Closing Comments", In Hood, C. and Heald, D. (eds.), Transparency: The Key to Better Governance? Oxford: Oxford University Press, 2006.

[4] A. Roberts, "Governmental Adaptation of Transparency Rules", In Hood, C. & Heald, D. (eds.), Transparency: The Key to Better Governance? Oxford: Oxford University Press, 2006.

[5] S. G. Grimmelikhuijsen, "Transparency and Trust: An Experimental Study of Online Disclosure and Trust in Government", PhD thesis, Utrecht University, 2012, p. 17. 以上是间接引用 A. Bos 和 F. van. Eekeren, "AGGIS: Transparency", 2013, Retrieved from http：//www. playthegame. org/news/news – articles/2013/aggis – transparency/ (cited, 2014 – 11 – 07) 的资料。

透明性的定义非常广。有关透明性大部分的定义局限于组织或部门内部公开的决策过程、步骤、职能、成果。[①] Grimmelikhuijsen（2012）把透明性定义为"组织或行为者允许组织外部人员接近并监督组织内部的业务或成果"[②]。

透明性并不只会带来好的效果。表3-5是乐观主义、悲观主义、怀疑论者对透明性的观点。

表3-5　　　　　　　　　　对透明性的不同观点

乐观主义	透明性使组织负有责任感，并促进开放型文化（Grimmelikhuijsen，2012）
悲观主义	提高透明度会增加公平性（Just）和不公平性（Unjust）的争论，即容易引起互相谴责（Hood，2007；Worthy，2010） 透明有可能会传播错误的信息、过剩的信息和不合理的谴责（Grimmelikhuijsen，2012）
怀疑论者	透明性没有任何效果，重要的是透明性被夸大其词了（Grimmelikhuijsen，2012）

资料来源：根据Bos和Eekeren（2013）的资料整理而得。

影响透明性的因素有：①政府和社会上公认的保密文化；②制度的缺陷以及缺乏经验的管理体系；③缺乏政治人物的意志；④缺少资源和竞争过程中的优先顺序；⑤与信息相关的法律法规缺少强制性；⑥公民社会内部缺乏力量；⑦公众的意识水平比较低；⑧市民对政治领导人和对重要决策的无知。[③]

现实中如果使用透明性，需要确定对象和层面。信息是透明性定义的核心。透明性有三个特征：①信息的完整性（Completeness）；②信息的特征（Colour）；③信息的有效性（Usability，包括时效性）。按照内部业务可以将透明性分三种：①决策过程（Decision Making）中采用的相关公开性政策的透明性；②关注政策内容（Content）的透明性；③提供与政策效果

[①] D. Curtin and A. J. Meijer, "Does Transparency Strengthen Legitimacy?", *Information Polity*, Vol. 11, No. 2, 2006, pp. 109-123.

[②] A. Bos and F. van. Eekeren, "AGGIS: Transparency", 2013, Retrieved from http://www.playthegame.org/news/news-articles/2013/aggis-transparency/（cited，2014-11-07）．再引用。

[③] R. Zausmer, "Towards Open and Transparent Government: International Experiences and Best Practice", Global Partners and Associates, December 2011, pp. 4-5.

（Outcomes）和时间有关的政策结果透明性。① 如表 3-6 所示。

表 3-6　　　　　　　　　　透明性的对象和层面

		透明性的层面		
		完整性	过程性	有效性
透明性的对象	决策	有关决策过程的完整的信息	决策过程中反映所有的价值和意见	及时了解决策和可以理解的信息
	内容	可以接触所有的信息	反映正面的和负面的观点	及时了解内容及可以理解的信息
	结果	可以接触有关结果的所有的资料	效果是客观的	及时了解结果和可以理解的信息

资料来源：Grimmelikhuijsen（2012）；Bos 和 Eekeren（2013）. 再引用。

透明性可以增加责任感，能提供有关政府业务的信息。政府所拥有的信息是一种资产，可以在监督政府时妥善地处理业务以及监督政府的行为是否跟政策、法律要求保持一致。政府的各部门和机构有义务通过各种媒体把自己组织的决策或运营方针提供给公众，并且通过 ICT 把公民的行政需求和对政策的意见反映到决策当中。如图 3-5 所示。

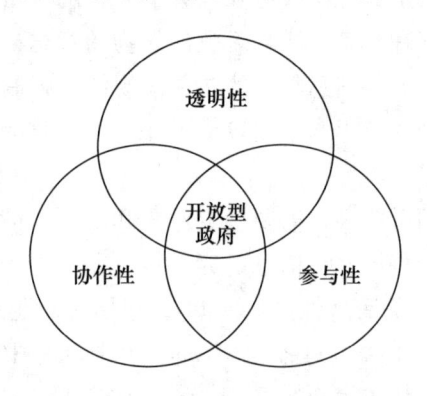

图 3-5　透明性和开放型政府的关系

资料来源：Retrieved from http//www.ssa.gov/open/story-2014-06-01-open-governmentplan3.html（cited，2014-10-09）.

---

① S. G. Grimmelikhuijsen, "Transparency and Trust: An Experimental Study of Online Disclosure and Trust in Government", PhD thesis, Utrecht University, 2012, p.64. 以上是间接引用 A. Bos and F. van. Eekeren, "AGGIS: Transparency", 2013, Retrieved from http://www.playthegame.org/news/news-arti-cles/2013/aggis-transparency/（cited，2014-11-07）的资料。

以上提到的开放型政府和透明型政府之间有很多重叠的内容。如开放型政府中需要透明性、责任性、协作、参与的交集部分是透明性政府。政府的透明性是前提条件，如果加上公民的参与和协作就能提高开放型政府的水平。

但是盲目地公开与政府职能、业务、步骤和成果相关的信息也会带来负面影响，因此需要慎重考虑。这需要同时考虑保护私人信息和政府安全问题。

（三）平台型政府

为了履行政府3.0的核心目标，政府需要给公民和私营部门提供相关平台（Platform）。为了满足公民的行政需求和履行行政服务，政府从以前单一的服务提供者转换为服务的提供者和促进者（Facilitator）两种角色（见图3-6）。

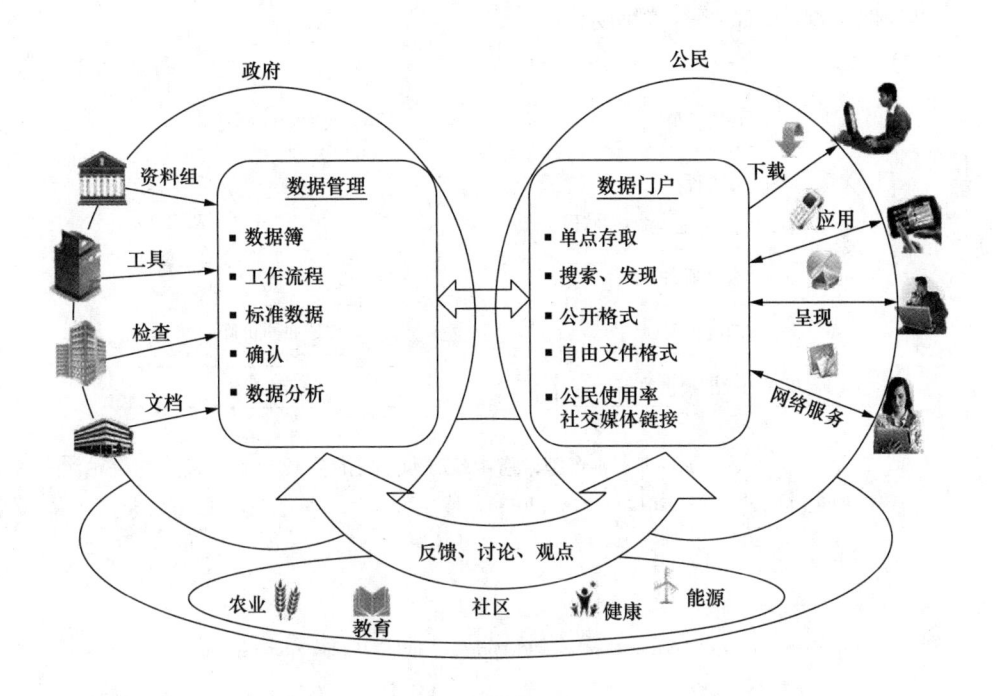

图3-6 开放型政府的平台

资料来源：http://ogpl.gov.in/features（cited,2017-01-24）.

平台是装载使用者所追求的价值并通过他们之间的相互连接创造新附加值的工具和媒介。这符合平台使用者自身的利益和他们所追求的价值，因此会促使使用者主动参与平台建设。①

开放型政府平台（Open Government Platform）有着政府强化公开数据能力的特性。开放型政府平台公开各个政府部门的数据、文件、工具、服务、APP等信息。政府通过构建低成本的基础结构，为满足公民的需求主导信息公开，公开应用编程接口（API）为创建国内外丰富的数据包而提供空间。使用者可以通过脸书（Facebook）、领英（LinkedIn）、推特（Twitter）、微博等社交网络共享数据。

建造公共部门和私营部门相结合的平台为公民提供所需要的信息，同时提供参与通道。很多政府努力提供资源以确保公民可以接触预算执行、游说（Lobby）费用、立法管制等领域。② 政府和公民共同创造公共价值，政府给公民提供公共物品和基础设施，公民对此以缴税的方式付出代价。政府的角色从公共服务的独家供给者转换为主要供给者，并成为制造生态界的催化剂。③ 如图3-7所示。

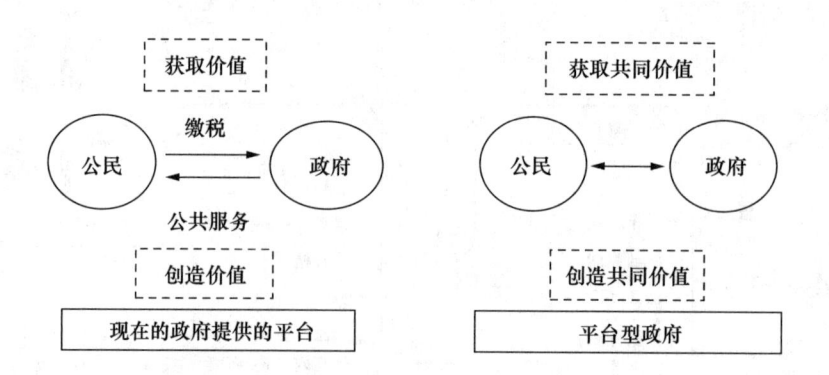

图3-7 平台型政府中政府和公民的关系

资料来源：Jo Yong – ho（2012）；NIA（2013）。再引用。

---

① Lee Kyeong – ho, "Government as a Platform", Online Public Administration E – dictionary, 2013.

② G. Koch and M. Rapp, "Open Government Platforms in Municipality Areas: Identifying Elemental Design Principles", In Public Management im Paradigmenwechsel, Trauner Verlag, 2012. Wikipedia (2014 – 04 – 05) 再引用。

③ NIA, "Government 3.0", National Information Society Agency, 2013.

平台型政府不是直接完成工作，而是间接帮助创新。① 例如修建道路时政府制定相关的政策、协调经济交流、对超载车辆进行罚款、设定最高时速、制定隧道和桥梁的安全标准等。换句话讲，政府只提供平台。

平台型政府的出现，给政府的组织管理也带来了变化。Lee Kyeong-ho（2013）提出以下组织管理战略：第一，平台型政府与其说是政府组织模式，不如说是政府扮演提供平台的角色和履行职能的方式。政府从过去单向封闭式的解决公共问题并提供公共服务的运作模式转换为双向开放式的参与协作的运营方式。第二，成为平台型的政府需要转变组织管理模式。要实现平台战略，政府职能的履行方式也会发生变化，因此政府的职能、组织、人力资源都需要相应地调整（现在的职能、组织、人力资源的直接管理需求会减少，平台的构建、管理、组织、人力资源的需求会增加）。中央政府的主要职能将维持不变，但是地方政府或者民间组织需要进行职能调整。第三，需要设计适合平台型政府的组织管理战略。政府组织要定期检验平台型政府的发展趋势，并相应调整战略。设计平台型战略需要重新设计职能、组织、人力、流程等。通过平台型战略找出地方政府或私营部门适合履行的职能，并把这些职能下放给地方政府或通过法人化、委托给民间组织、民营化等方式实现政府组织管理形成的多元化。②

平台型政府为开放型政府和透明型政府公开数据提供平台，为与公民创造共同价值提供平台，并在提高私营部门和社会的自律性、责任感中扮演着催化剂角色。

（四）智能型政府

和政府 3.0 一同受关注的用语就是智能型政府（Smart Government）。韩国情报化振兴院（2013）同等看待智能型政府和政府 3.0，并提出技术观点、行政观点、统合观点。

虽然很难区分政府 3.0 和智能型政府，但是它们各自包含着不同的内

---

① D. Lathrop and L. R. T. Ruma, *Open Government: Collaboration, Transparency, and Participation in Practice*, O'Reilly Media Inc, 2010, p. 53.

② Lee Kyeong-ho, "Government as a Platform", Online Public Administration E-dictionary, 2013.

容。政府3.0包含着与全球行政趋势密切相关的透明型政府、效能型政府、服务型政府等综合性概念，而智能型政府是指在业务自动化的基础上透明、迅速、灵活、有根据地进行决策（Evidence-based Decision Making）或利用集体智慧（Collective Intelligence）进行合理决策，并提供高水平的行政服务。

进行有根据的议事决策需要综合多种不同的视角进行决策。要充分考虑政策与利益相关者的观点、工作人员的经验和知识、组织的领导和成员的观点、科学调查得出的证据，从而进行决策。

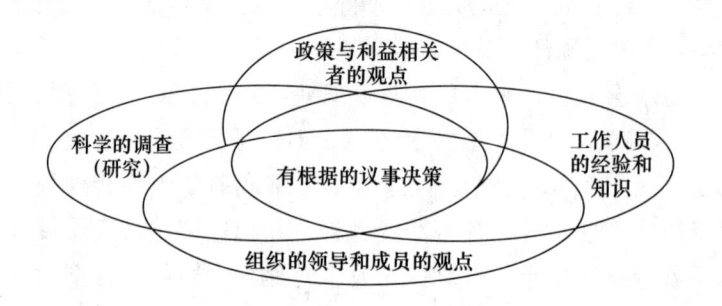

图3-8 有根据的议事决策

资料来源：Retrieved from http//www.mindfulnet.org/page12.htm（cited，2016-08-15）.

对智能型政府的概念还未形成完整统一的观点。Rubel（2014）提出，智能型政府是促进政府机关或项目之间的信息交流，使政府所有的业务和项目能提供高质量的行政服务，重视一系列事业和信息通信技术的政府。[1]

从图3-9可以看出智能型政府的发展路径是信息接触（政府主导、公开资料、网上信息）→有效的信息（政府主导、有效数据、有限的网上协作）→有目的的信息（与政府沟通、随时随地获取资料、跨部门协作）→智能型政府（公民指向政府、个性化资料、全面的公民服务）。

各部门的业务方式和准则不一样，电子系统也各不相同，这就导致效率低下和资源浪费。智能型政府通过促进组织或部门之间的信息交流提高

---

[1] T. Rubel，"Smart Government：Creating More Effective Information and Services"，2014，p.2，Retrieved from http://www.govdelivery.com/pdfs/IDC_govt_insights_Thom_Rubel.pdf（cited，2014-10-10）.

组织的效率和行政服务的质量。

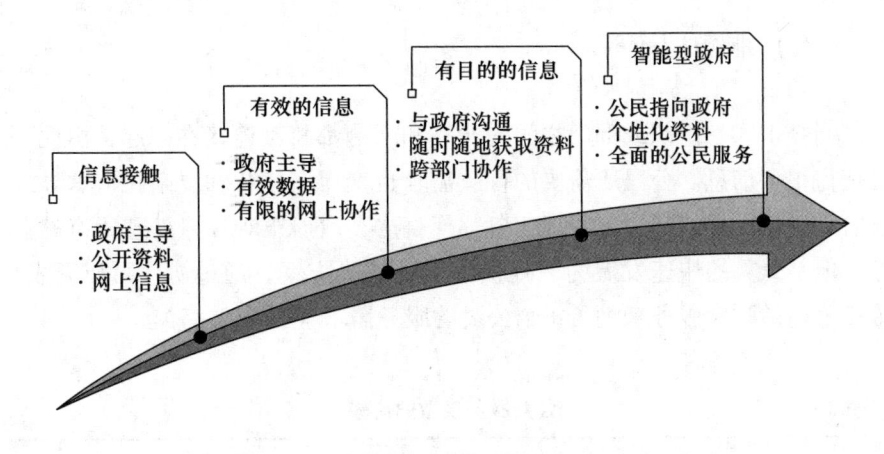

图 3-9　政府的发展

资料来源：Retrieved from http：//idc - cema.com/eng/events/57172 - smart - government - forum（cited，2014 - 11 - 11）.

智能型政府所追求的价值是政府为了满足各种复杂的行政需求，需要提高行政服务的供给能力，因而与信息公开部门之间协作，以便了解公民的确切需求。

Rubel 提到智能型政府的成熟模型（Maturity Model）应具备公民参与、公开信息、协作三个因素。第一，通过公民参与政府业务，政府可以掌握大量的知识来提高决策水平。第二，通过技术为公民提供能接触到政府业务的网上平台与能掌握政府决策和运营相关信息的平台。第三，通过协作提供跨部门的优质服务。政府利用创新手段、方法以及体制来促进各阶层部门之间的协作，集中精力提供公共服务。[①]

随着 ICT 的快速发展，智能型政府将备受关注。高德纳咨询公司（Gartner Group）提出的智能型政府的十大战略技术趋向是个人手机业务、手机上的公民集合、大数据分析、低费用的数据公开、管理公民数据、混合 IT 及云计算、物联网（the Internet of Things）之间的相互运营、程序管

[①] T. Rubel, "Smart Government：Creating More Effective Information and Services", 2014, p. 8, Retrieved from http：//www.govdelivery.com/pdfs/IDC_govt_insights_Thom_Rubel.pdf（cited，2014 - 10 - 10）.

理优化。[1]

(五) 服务型政府

当今个人、组织或部门之间的业务和问题都相互连接在一起，由此可以获得很多信息。公民所需要的行政需求也变得多样化和复杂化，这导致政府需要花更多的精力来处理业务，换言之，政府很难独自处理所有的业务。但是 ICT 的快速发展为之提供了多种解决方案，通过协作可以开发、传递、提供政府服务来满足每个公民的服务需求（见表3-7）。

表3-7　　　　　　　　公共服务模型的比较

	传统行政	新公共管理	新公共服务	多数治理
政府的角色	直接（Row）	间接（Steer）	服务	能力
供给者	政府主导	市场优先	公民优先	同等的协作
受惠者	有选举权的人	顾客	公民	公民
结构	官僚制	中央集权制	协作	网络

资料来源：Tian（2013）。

从 Tian 的公共服务模型可以看出，之前的新公共管理重视市场价值，为特定顾客提供自上而下的服务，而新公共服务和多数治理的视角是以公民为中心或与公民一起提供服务，并且其受惠者是公民。[2] 在这方面，与韩国政府3.0的服务型政府目标较为相似。

政府1.0提供单向服务，政府2.0提供双向服务，而政府3.0是根据每个公民的需求提供专门服务。[3] 政府3.0追求的最终目标是显著提高对公民的行政服务质量。

从图3-10可以看出以前和公共服务有关的用语主要有政府、提供者、

---

[1] Retrieved from http://www.gartner.com/newsroom/id/2707617（cited, 2014-10-10）.

[2] Q. Tian, "The Transformation of China's Public Service System: Towards Citizen-Oriented Public Service System", Legal and Political Studies Graduate School of Law Tohoku University, 2013, p. 26.

[3] 个性化服务（Personalized Services）是根据公民的需求和特征（Attributes）提供的服务。而定制服务（Customized Services）公民变更政府服务的能力。

专家、传递、战略、成果等，但是 2010 年以后"服务"和"公共"比较凸显。这表明从以前政府主导的单向型服务向多种行为者参与转变，并向提高公益性的方向发展。

图 3-10　公共服务有关的用语变化

资料来源：Retrieved from https：//www.instituteforgovernment.org.uk/blog/public-services-without-government（cited, 2016-10-09）.

随着 ICT 的快速发展，利用 ICT 的行政服务能力也相应地提高，同时通过减少重复浪费等现象提高行政效率，寻求服务死角地带①并能提供受惠者所需要的专门服务。

之前政府在提供单项服务的时候很难确定服务对象，而且服务传递的效率和质量也比较低，但是现在通过云计算、大数据和部门之间的协作可以确认行政服务的对象，并可以提供专门服务。

政府作为公民的委托人虽然有着为公民提供行政需求和解决政策问题的责任和义务，但是很难提供一定水平以上的行政服务。政府依靠公民的税收来运营，因此在有限的税收范围内按照受惠者的资格和政府自身提供服务的能力来有选择性地提供最佳的服务。

因此政府有效利用 ICT 或大数据等行政资源，需要进行跨部门信息交流，减少重复的服务、改善低效率的服务。同时，为每一个公民提供专门

---

① 服务死角地带（Service Dead Zone）意味着很难即时提供服务或者受惠人享受不到服务的服务不完整的提供状态。这里的死角地带是指尽管距离非常近，但是很难发现的空间。例如，为了应对社会老龄化问题政府提供多种多样的老年人服务，但是有些老人因为不了解这些服务或者尽管知道也不申请等缘故，容易形成服务死角地带。

服务，为需要服务的对象提供建设性的服务，是政府3.0的可持续发展方向。

为了构建并维持政府3.0的核心目标之一的服务型政府，必须要对效率低下的业务组织进行重组，并通过协作改善工作方式，提高政府提供公共服务的能力。通过服务向多数行为者传递参与信息，不仅能提高利益相关者的责任感和透明度，而且能够促使政府及相关组织进行有效的沟通进而传递专门的服务，并重组组织以便为需要服务的对象提供所需的服务。

传递服务之后再评价结果和成效，并把结果反映到传递服务相关的制度上以便改善制度和服务能力，这是服务型政府最终要达成的目标。服务型政府不是提供一次性服务的或只追求眼前成果的组织，而是通过切身服务来促进每个公民的自立性和生产能力发展。

（六）效能型政府

政府3.0的核心目标之一是构建效能型政府（Competent or Enable Government）。其实，"效能型政府"的用法在其他国家的文献里很难找到，这是韩国特有的用法。每个政府在历史文化、经济、政治等领域里扮演的角色和干预范围不同，因此对政府能力的理解有着不同的观点。

从图3-11中可以看出，效能型或能力型政府按照国家干预的程度分为国家主导型、国家不干预型、市场主导型和市场—国家共同干预型。美国和英国属于自由国家（Liberal State），法国等属于增强国家（Enhancing State），德国属于有能力的国家（Enabling State）。[①] 有能力的政府指的是国家主导、国家和市场共同促进发展的服务范围比较广的国家。

按照Schmidt的观点，韩国比起自由国家和有能力的政府，更贴近增强国家。[②] 那么现在韩国政府提出的政府3.0处于哪个位置呢？这不仅要考虑政府的角色和能力，而且还要看韩国公民对政府的信赖程度。现在韩国公民对政府很不满，信赖度低，但同时希望政府负起更多责任。这种状况下政府需要做更多的事，需要对很多领域进行干预。

[①] V. A. Schmidt, "US and European Market Economies and Welfare System: The Differences in State Strategies, Political Institutional Capacity, and Discourse", Critique Internationale No. 27, 2005, p. 29.

[②] Ibid.

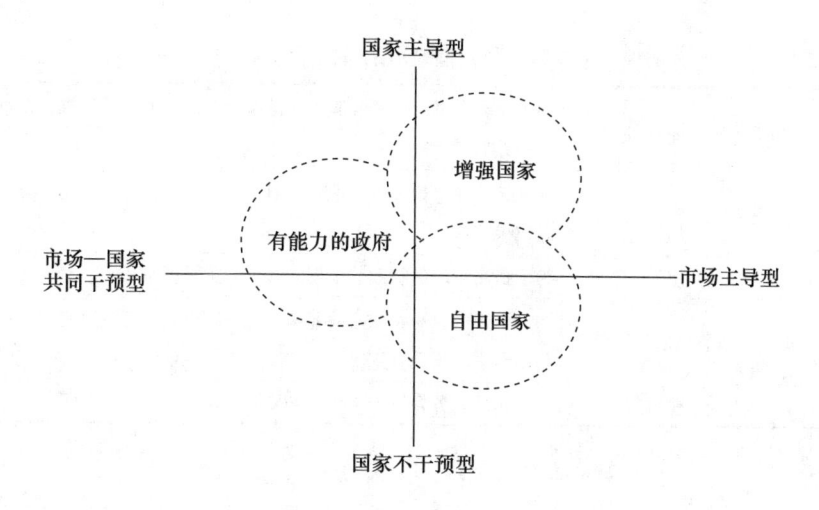

图 3-11 国家干预的类型

资料来源：Schmidt（2005）。

因此在每隔五年进行总统选举的政治体制下，竞选总统的人会提出比政府能力高出很多的选举公约。特别是"岁月号"等一系列的灾难发生以后，政府的角色和责任被无限扩大。政府也希望能够摆脱"无能政府"的形象，努力提高政府的能力，并为公民提供更好的行政服务。

想成为效能型政府，需要在组织、人力资源、预算、法律法规、技术等方面全方位提高能力，并与政策手段（Policy Tools，规制、补助金、民营化等）有机结合来解决政策问题和满足行政需求。首先，在人力资源问题上通过提高公务员个人能力和集体协作能力，通过取消组织之间的隔阂来提高组织管理能力。合理分配和执行预算，并按照时代的变化适时修订法律法规。通过ICT或云计算等技术分析大数据，进行有根据的决策（Evidence-based Decision Making）并提供解决方案。

效能型政府的核心是与业务有关的技术、知识以及和行为相关的准则。MOJ（2008）提出五种主要能力，这些是政府在有效地履行业务时所需要的技术、知识和行为。效能型政府需要履行表 3-8 所示的几个方面的内容。[1]

---

[1] MOJ, "Core Competence Framework Guidance Booklet", 2008, Retrieved from http://www.indabook.org/d/Competency-and-Qualities-Framework-Justice-gov-uk.pdf（cited, 2014-08-09）.

表 3-8　　　　　　　　　效能型政府的框架

把精力集中在顾客身上	为了使顾客享受优质的服务,政府及时应对顾客的要求,持续提高服务质量
开发人力资源	保证行为的道德和专业性,及时掌握他人的优点和缺点,努力提高成果
有根据的决策	为了提高组织的绩效,根据实证资料进行决策
对重要资源的规划和管理	为了组织的成功,安排好业务的优先顺序,进行危险管理,适当利用可用的资源
以小组为单位办事	为了达成业务目标,工作时和别人协作

资料来源：MOJ（2008）。

根据 MOJ（2008）的效能型政府的框架,构建能力胜任型政府需要实现以下三方面内容：第一,根据每个顾客的需求,提供个性化的行政服务。服务的细化并不意味着部门之间产生了竞争,提供个性化服务,需要部门之间进行协作。第二,利用集体智慧和多种事实证据进行有根据的决策。第三,根据行政需求和政策问题的类型,合理利用行政资源和政策手段提供可实行的解决方案。

构建能力胜任的效能型政府是目前政府管理的核心课题,是作为公民委托人的政府应该履行的责任（Responsibility）和义务（Accountability）。那么怎样构建效能型政府呢？构建效能型政府可行吗？构建效能型政府最可行的办法就是行政协作。当然,为了实现政府 3.0 的核心战略（效能型政府、透明型政府、服务型政府）,促进组织之间的协作将成为组织管理方式的核心部分。

三　政府 3.0 的演化历程

（一）政府 3.0 的理论渊源

要追溯政府 3.0 的理论渊源并不是一件困难的事情。虽然 2013 年韩国政府在世界范围内首次重点推进政府 3.0,但实质上比起严密的学术理论或政府运营实务水平，政府 3.0 更多被看作是一种政治修辞。

首先，从新公共管理理论和后新公共管理理论的发展中找出政府 3.0 的理论渊源。新公共管理理论在 20 世纪 80 年代以后对政府运营产生了很大的影响，有正面的影响，也有负面的影响。学者们为了克服新公共管理理论的负面影响，进行了一系列的理论创新，可称之为后新公共管理（Post – NPM），包括新韦伯国家（New – Weberian State）、新公共服务（New Public Service）、新公共治理（New Public Governance）、公共价值管理（Public Value Management）、可持续公共管理（Sustainable Public Management）等。这些理论涵盖了各个国家的政府运营中的制度或政策，其中获得最广泛认知的有开放型政府（Open Government）、整体政府（Whole of Government）、协同政府（Joined – up Government）、互联性政府（Connected Government）、网络政府（Network Government）、协作政府（Collaborative Government）、数据化时代的治理（Digital era Governance）等。这些后新公共管理理论的核心内容有信息公开、参与和协作，同时这些又和政府 3.0 的内容比较相似。[①]

当然韩国国内外有学者也在陆续提出政府 3.0 的理论依据。Lee 和 Oh（2013）提出，"政府 3.0 以公共选择理论、新治理理论为基础，通过信息公开共享，致力于协同治理、科学行政、平台政府来克服市场失败和政府失败的复合问题，从而实现国民幸福"[②]。公共选择理论将政府作为公共财产的生产者、将市民看作消费者，通过将公共部门市场经济化，提供给市民效益最大化的服务供给及生产。而新治理理论将市民团体看作政府的活动领域、新伙伴，强调通过政府组织、企业、市民团体、世界体系等公共服务将他们联系起来，构筑起信任的相互关系。比起市场理论，新治理理论更强调协作体系、相互关系的构造，倾向于由多样化参与者通过责任及权利共享，共同解决公共问题。

Myong 和 Seo（2013）则提出，新的政府模型（政府 3.0）的出现与互联网进化的范式紧密相关。新技术的出现促进了社会变化，促使新的政府模型产生，这种形态被称之为智能社会。所谓智能社会（Smart Society），

[①] Kim Yun – kwon, *A Study on the Reallocating Civil Servant's Position in Government 3.0 era*, Korea Institute of Public Administration, 2016b, p. 56.

[②] Lee Seung – jong and Oh Young – kyun, *People Happiness and Government 3.0: Understanding and Applying*, Hakjisa, 2013.

作者将其定义为"以高度智能的 ICT 同社会联结网络为基础，人和事物、事物和事物的对话超越时空限制，从实时（Real Time）、ICT 间的融合加速拓展为同其他产业的融合，伴随着政府和民间的工作方式、生活形态、文化、政治经济等国家社会整体的革新，不断地创造新的附加价值的社会"。作者还说明了新的政府模型的出现使得网络从 1.0、2.0 进化至 3.0 的过程。[①]

Woo（2013）介绍了政府 3.0 的理论背景[②]。第一，伴随网络进化及大数据的出现，信息通信环境也发生了变化。比起大数据向公共领域、民间扩散和使用的网络 1.0，以及更加重视参与和沟通的网络 2.0，网络 3.0 提供了创造新融合知识的机会，随着公共信息的开放，更加透明、有效的定制型公共服务的提供也成为现实。第二，世界化 3.0 以及资本主义 4.0 范式的兴起反映了世界变化的走向。世界化 3.0 作为弗里德曼（Friedman，2005）提出的新概念，意味着在世界范围内，被数字化和网络化了的个人进行协作和竞争的时代的到来。第三，Kaletsky（2010）主张，资本主义制度是为符合现实情况而进化来的一种制度，其发展阶段经历了自由放任的资本主义 1.0 时代、政府主导的修正资本主义 2.0 时代、市场主导的新自由主义 3.0 时代，金融危机之后的最近一段时期，又被称为混合经济资本主义 4.0 时代。在资本主义 4.0 时代，只有有能力的、积极的政府在经济成长及雇佣方面担负起更大责任，市场经济才能存在。后新公共管理是通过政府内部协作向国民提供更好的公共服务来实现的。在研究复杂系统（Complex System）的过程中，其内部的相互依存性、多样性、自组织化、协同进化等[③]特性会带来部分不均，并产生激烈变化，这时有必要通过个别主体间的协作、维持整体生态环境的动态平衡并采用持续发展的生态论式研究方法来进行研究。

另外，Ntshavheni 将网络与政府分为网络 1.0 的电子政府（Electronic

[①] Myong Seung‑hwan and Seo Heyong‑jun, "The Reinterpretation and Prospect of Digital Divide in Government 3.0 era", 2013, Presented at the Korean Association for Public Administration (2013‑10‑18).

[②] Woo Yoon‑seok, "A Study on Theoretic Background and Foreign Cases of Government 3.0", *The Journal of Social Science*, Vol. 16, 2013, pp. 21‑47.

[③] 自组织（Self‑organization）是一个系统结构在没有外部力量干预的情况下自主地进行改革来组成组织的理论。在一个复杂的系统中，很多因素通过相互作用或复杂的作用不断地重组来适应环境。协同进化（Coevolution）是指两个相互作用的物种中，一个物种由于另一个物种影响而发生遗传进化的进化类型。

Government)、社会性网络2.0的互动式政府（Interactive Government），以及字面意思（Semantic）上的网络3.0融合政府（Integrated Government）。首先，电子政府实现了以连接（Connect）为特征的政府指向、单方面服务、时空限制、以供给为中心的标准化服务供给。其次，互动型政府以协作（Collaborative）为特征，实现了以市民为中心的一站式服务、移动服务、双方互动服务，以公共及民间的协作为基础的服务。最后，融合政府以融合（Integrated）为特征，提高了服务的透明性和参与性，实现了针对个人的服务窗口、智能型定制服务（Customized Intelligent Services）、通畅的服务（Seamless Services）。[1]

最近人们对工业4.0（Industry 4.0）[2]的关注逐渐增加。德国从2011年开始促进统筹ICT领域技术战略——工业4.0。工业4.0具有智能生产系统的垂直网络和创造全球性价值的横向型网络相结合，涵括计算生产过程到最终产出的总体生产周期，运用迅速发展的技术促进生产等特征。通过工业4.0能提高竞争力，抓住机会，同时减少危机，调整能源和IT资源，开发每个人的多种能力，利用技术推动发展。[3]

如上所述，我们可以从多种层面找出政府3.0的渊源，特别是向后新公共管理的政府运营模式的转变，ICT和网络等技术的发展改变政府运营方式，以开放、共享和协作为中心的工作方式的转换加速促进了政府3.0的发展。

（二）政府1.0、政府2.0、政府3.0的比较

要想正确理解政府3.0比较难。所以在这里首先以政府1.0、政府

---

[1] K. Ntshavheni, "ICT the Next Wave: Towards Government 3.0: Realizing Government Priorities", SITA, 2012.

[2] Schlick 等学者认为工业1.0是在18世纪末利用蒸汽生产设备进行生产的时期；工业2.0是20世纪初利用电力进行大量生产的时期；工业3.0是20世纪70年代利用电子技术和IT技术进行自动生产的时期；工业4.0是最近融合现实世界和虚拟世界并通过物联信息系统（Cyber – Physical）生产的时期（J. Schlick, P. Stephan and D. Zühlke, Produktion, 2020. Auf dem Weg zur 4. Industriellen Revolution. IM – Fachzeltschrift für Information Management und Consulting, August 2012; Deloitte, "Industry 4.0: Challenges and Solutions for the Digital Transformation and Use of Exponential Technologies", 2014, p.3. 再引用）。

[3] Deloitte, "Industry 4.0: Challenges and Solutions for the Digital Transformation and Use of Exponential Technologies", 2014, pp.1 – 2; Kim Yun – kwon, *A Study on the Reallocating Civil Servant's Positionin Government 3.0 era*, Korea Institute of Public Administration, 2016, p.57. 再引用。

2.0、政府 3.0 的顺序从技术、公民参与、政府运营、政治视角来探讨这些理论在政府运营的结构因素和内容中的应用。

1. 技术的视角

政府 3.0 可以理解为平台型国家（the State as a Platform）。数据技术的发展在开放型政府的环境下对社会和政治关系的转变产生了巨大的影响。网络技术的发展和相关的用语在形成和理解开放型治理时能成为讲述数据技术影响的典型案例。Web 1.0 是从使用 HTML. tag 静态（Static）网页开始的。这种技术于 1990 年由 Tim Berners – Lee 开始投入使用，是 www 的起源。Web 1.0 是在网页上提供静态的信息，以阅览信息为主要使用方式（Read – only Format）。下一个阶段是现在流行的 Web 2.0。使用者或访问页面者不仅可以阅览信息，还可以在网页上留言（Read – write）。网页的发展促进了社会多媒体的发展。在政府领域，网络技术发展被称为政府 2.0 的平台。在美国，Noveck 被称为 Wiki 政府。[1] 最近的 Web 3.0 是所谓的语义网（Semantic），是智能网，通过网页传递各种服务。通过 Web 3.0，可以使用每个网页安装的应用系统（Application）跟其他使用者沟通，从而可以消除平台之间的差距。例如，使用谷歌系统（Drive）的人想要使用谷歌上的文件或电子表格（Spreadsheet），简单装一下应用系统就可以。因此，文件的编辑可以通过协作简易地完成。[2]

在技术层面可以按照政府业务和服务上所适用的技术区分政府管理方式。这跟下一代的电子政府模式有关。

从表 3 – 9 中可以看出，政府根据适用的技术分为信息通信技术（IT）的政府 1.0、使用网络（Web）技术的政府 2.0 和使用智能（Smart）技术的政府 3.0。而且，按照电子政府的目标和阶段也可以划分政府 1.0、政府 2.0 和政府 3.0。

Ntshavheni（2012）根据网络技术的发展和能力来分析政府管理模式。他根据电子政府的发展过程把政府管理模式的发展分为五个不同的阶段。第一，政府服务的单一窗口（Single Portal）。第二，为政府服务的智能状态。第三，设置多个渠道传递政府服务。第四，存在政府电子参与（E –

---

[1] B. S. Noveck, "The Single Point of Failure", in Open Government Ch. 4. Creative Commons, California, 2013, p.65.

[2] Retrieved from http://pattiro.org/? p = 3289&lang = en（cited, 2015 – 06 – 05）.

participation）的可能性。第五，统一的政府服务。他根据网页技术的发展把政府类型分为电子政府→相互影响的政府→统一的政府。对政府管理模式也需要从以技术为中心的思考（Techno-centric Thinking）转向以服务和绩效（Outcome）为中心的思考。①

表 3-9　　　　　　　　从电子政府视角上分析政府 3.0

区分	政府 1.0	政府 2.0	政府 3.0
适用的技术	信息通信技术（IT）	互联网（Web）技术	智能（Smart）技术
电子政府阶段	政府内部业务的计算机化	通过互联网传递服务	通过无线技术传递个性化、智能化的服务
电子政府目标	生产性、效率性	服务的便利性	满足公民的需求，创造附加值
实现方式	政府主导	政府主导（公民参与）	公民主导（作为生产者的公民）

资料来源：NIA（2013）。

为了实现政府 3.0，从 IT 发展的时间顺序看，应先实现政府 2.0 之后再准备进入政府 3.0。政府 2.0 是使用 IT 技术实现政府服务的社会化和商业化（Gartner，2010）。社会化的特征有众包（Crowdsourcing）和在政府行为中成为重要信息资源的社交网络。政府 3.0 根据是每个人的条件和需求把政府服务转换成个性化和智能化的，并且以语义网为基础的政府。②如图 3-12 所示。

政府 3.0 的特征有以下几个方面。第一，举行公开讨论（提出完善政府服务的方案）；第二，参与；第三，把政府服务设计成个人服务；第四，为个人和政府持有单一的视角。实现政府 3.0 的最基本的条件有：第一，数据治理；第二，一般（Common）政府的应用架构（Application Architecture）；第三，一般政府的安全体系；第四，一般政府的发展平台；第五，政府体系的融合（Transversals）；第六，政府体系的现代化。③

---

① K. Ntshavheni, "ICT the Next Wave: Towards Government 3.0: Realizing Government Priorities", SITA, 2012, pp. 5-9.
② NIA, "Government 3.0", National Information Society Agency, 2013.
③ K. Ntshavheni, "ICT the Next Wave: Towards Government 3.0: Realizing Government Priorities", SITA, 2012, pp. 11-12.

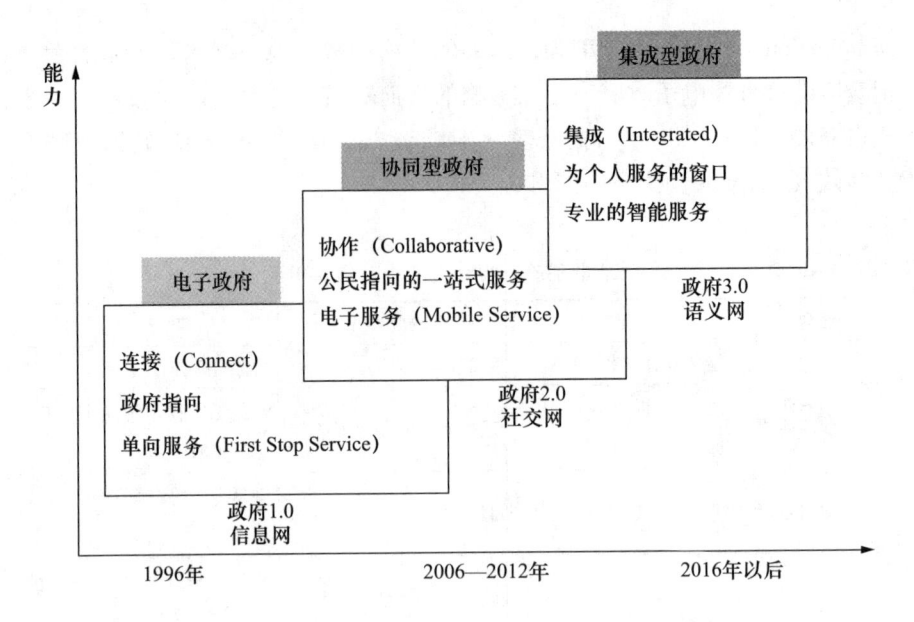

| 政府 3.0：后 NPM 时代的政府再造 |

```
能
力
                                        集成型政府
                                    ┌─────────────────┐
                                    │ 集成（Integrated）│
                                    │ 为个人服务的窗口 │
                                    │ 专业的智能服务   │
                        协同型政府   └─────────────────┘
                   ┌──────────────────────┐
                   │ 协作（Collaborative）│
                   │ 公民指向的一站式服务 │  政府3.0
                   │ 电子服务（Mobile Service）│ 语义网
         电子政府  └──────────────────────┘
    ┌──────────────────────┐
    │ 连接（Connect）       │
    │ 政府指向             │     政府2.0
    │ 单向服务（First Stop Service）│ 社交网
    └──────────────────────┘
              政府1.0
              信息网
    1996年           2006—2012年      2016年以后
```

图 3-12　IT 技术的发展路径：向政府 3.0 的发展

资料来源：Ntshavheni（2012）。

2. 公民参与的视角

随着新技术的发展，在政府的决策过程中公民参与的方式逐渐增加且呈现多样化。使用新技术没有额外增加政府 1.0 的相关费用，而且为政府和公民的沟通提供更好的机会和环境。与政府 2.0 的转换互相关联的政府模型之间的转化过程，用网络服务和云计算资源代替了技术平台。这种技术为新的政府模式的形成提供了新的可能性。云计算技术提供重要的平台，并促进了新的应用系统、新的服务传递模式、新的沟通信息的发展。①

政府 1.0 是通过传统官僚制的方式为公民和企业提供服务的。虽然比较有效，但不是以公民为主，而是以过程为主的提供服务模式。当前，一些政府仍然处在这样的情况中，但同时，很多政府正在向政府 2.0 转换。政府 2.0 是政府把信息上传到网页，并在网上提供政府服务，通过网络与顾客交流来提高业务的效率。政府 3.0 增加了公民参与，围绕公民（病人、学生、被告人等）提供个性化服务。在这个过程中积极参与的公民通

---

① Microsoft, "Connected Government Framework", 2011, p. 8.

过相互交流与政府形成更加积极的可预测关系。以缴税为例,在政府1.0的环境下,公民向政府申报缴税,政府处理相关业务。而在政府2.0的环境下,政府与公民共享信息,并通过网络系统办理缴税申报业务。在政府3.0的环境下,政府重新思考自己的角色和业务处理方式,将通过多种渠道获取缴费信息,与公民沟通,摸索出最优的缴税申报方式,通过社会（短暂的失业、疾病、保护儿童等）、市民（家庭地位的变化）、警察、服务等获取的信息整合成统一的信息包,与市民交流,就像个人之间的交流一样进行互动。①

表 3-10　　　　　　　　政府 1.0 和政府 2.0 的不同

政府 1.0	政府 2.0
以政府为中心	以公民为中心
供给主导（Push）	需求拉动服务供给（Pull）
政府是唯一的服务供给者	政府收集与公民服务有关的多种竞争性资源
非连接式的垂直的工作隔阂	根据公民的需求而作出反应的虚拟的商务层
政府拥有并管理识别的权力	（Layers）在政府之间横向移动
公共数据只能在政府使用	公民拥有并管理识别权利（Identity）
公民是服务的需求者或消费者	所有公民都可以使用公共数据
网络服务	统一多种服务渠道
IT 是投资资本的项目	IT 被认为是服务
生产者主导	商品主导（Brand-led）

资料来源：Microsoft（2011）。

韩国情报化振兴院也按照公民参与政府决策的程度把政府2.0划分成了不同的阶段。政府2.0通过几个发展阶段逐步提高政府服务的内容质量,提高了政府业务的效率并满足顾客的需求：第一个阶段是开放,即提高信息的接触性；第二个阶段是参与,即市民参与政府决策；第三个阶段是融合,即政府扮演调解者角色,并且在治理结构中制定政策。②如表3-11所示。

---

① D. V. Heck, "Are You Government 3.0 Ready?", 2014, Retrieved from http：//scn.sap.com/community/public-sector/blog/2014/02/28/are-you-government-30-ready.

② NIA, "Activation Strategies on Public Information and Public Service in Government 2.0 era", National Information Society Agency, 2010, p. 3.

表3-11　　　　　　　接触性和服务发展模式的变化

区分	政府1.0	政府2.0	政府3.0
	World Wide Web	Web 2.0	Real-World Web
	1995—2000年	2005—2010年	2015—2020年
接触性	以政府为中心	以市民为中心	以个人为中心
	First-stop-shop	One-stop-shop	My Government
	单一窗口（Portal）	通过政府服务中介机构也可以接触	个人化的政府信息网页
服务	单向提供信息	双向提供信息	给每个人提供专业服务
	有限公开信息	扩大信息公开	实时公开信息
	服务受时间和空间的制约	移动型服务	无间断的服务
	供给为主的服务	融合政府和非政府组织的服务	给每个人提供定制服务
	服务的电子化	创造新的服务价值	服务的智能化

资料来源：NIA（2009）。

3. 政府运营的视角

政府的管理模式可以根据政府的角色和治理等变化划分。政府1.0是由政府主导按照官僚主义模式运行的统治模式（Government），政府2.0是政府的角色随着公民的参与进行合理的调整，而政府3.0是通过政府和公民的集体智慧进行共治（Governance）的模式。政府1.0中的决策是由政府单独决定之后公布给公民的，因此公民的角色比较被动。政府2.0是和公民协商制定，但是只有外部的少数利益相关者和比较感兴趣的一部分公民参与其中。而政府3.0是从政策议题的形成阶段就存在公民能动的参与，并以公民为主导的政策决定模式。

Thudugala（2011）[①] 把政府管理模式分成政府0.0、政府1.0、政府2.0、政府3.0，并介绍各个政府管理模式。根据Thudugala（2011）的分析，政府0.0是高度组织化的模式，因此服务效率非常低，官僚的问题应对能力和责任感非常低。政府1.0是政府提供单项服务，官僚的问题应对能力和责任感也非常低。政府2.0是官僚有责任感地应对问题，并提供以

[①] K. Thudugala, "Lanka Gate-Enabling Next Generation Government: Opening Endless Opportunities", 2011, ICTA, Retrieved from http://www.icta.lk/attachments/556_LG-Forum.pdf（cited, 2015-05-05）.

公民为中心的服务。政府 3.0 是无论何时何地都能提供透明的、及时应对的、高效的、优质的服务的政府管理模式。如表 3 – 12 所示。

表 3 – 12　　　　　　　　　政府管理模式的区分

政府 0.0	高度组织化的模式，政府内部形成分裂的组织模式 提供服务的效率低 庞大的官僚体系，应对能力差（Unresponsive），无责任感（Unaccountable）
政府 1.0	以政府为中心，First – stop – shop，提供单方向服务 有时间和地点的限制 官僚制，应对能力差、无责任感，没有实质性的解决方案
政府 2.0	不断重组政府（Re – engineered） 以公民为中心，One – stop – shop，双向互动 简单的移动式服务 放宽官僚制（Less），更有效的应对能力和责任感 受到一定的时间和地点的制约
政府 3.0	通过网页提供政府服务 为每一个公民提供专业、智能化的服务 服务不受时间地点的限制 没有官僚制，拥有高度的应对能力和透明性

资料来源：Thudugala（2011）。

4. 政治的视角

随着全球行政趋势和政府角色的变化，政治领导人为了实现自己的政治信念和政策构想，自上而下地推行政治修辞。政府 3.0 是为了应对在全球行政环境变化中出现的多种复杂的行政需求和政策问题，消除部门之间的隔阂，促进部门之间的协作，以满足公民的行政需求而提出的。就像之前的几届韩国总统都提出过有关政府管理模式的政治修辞一样，这一届韩国政府提出了政府 3.0。

5. 综合

从以上的分析能看出，政府 3.0 很难从某一个观点理解，需要从技术视角、公民参与的视角、政府运营的视角、政治视角等多个方面综合了解它的特征。政府的管理就像生命体一样需要随着时代环境和公民的行政需求的变化逐步转变和重组角色和职能。

韩国情报化振兴院（2013）从环境、政府条件、政府角色和沟通、电子政府方面分析了政府1.0、政府2.0和政府3.0的特征。

表3-13　　政府1.0、政府2.0、政府3.0的特征比较

区分		政府1.0	政府2.0	政府3.0
环境	国家目标	发展经济	各领域的同步发展	可持续发展
	基调	产业化、近代化	信息化	先进化
	公民收入	1万美元	2万美元	3万美元以上
	公民所追求的价值	解决衣食住行	方便的生活	幸福的生活
政府条件	社会所追求的价值	职能	合理性、适用性	灵活性，规范性，以人为本，创意性
	公民所追求的价值	以国家为中心	以个人为中心	以个人感情为中心
	政府所追求的价值	合法性、高效性	便利性	灵活性、创意性
政府角色和沟通	政府角色	统治	协调	共治
	运营国家的主体	政府	政府（公民参与）	政府和公民
	政府的主要价值	统治、管理	为公民提供服务	政策、制度的先进性
	沟通	单向的垂直结构	双向的横向结构	多方面的互动
	参与	政府内部做决定	允许一部分参与	能动地参与
	服务对象	对来访者提供服务	信息	数据
	提供服务的方式	访问政府部门	网络	多渠道的统筹、连接
	服务价值	迅速、统一	一致、便利	个性、智能、平台
电子政府	IT的角色（追求的价值）	电子化（电子政府）	自动化（规模小而效率高的政府）	智能化（开放型政府）
	实现方式	职能型政府（迅速处理）	互联网政府	网络政府
	行政价值	效率	透明	民主

资料来源：NIA（2013）。

（三）政府3.0的概念内涵

使用政府3.0的用语之前，政府1.0和政府2.0在某个国家的政府管

理上公开使用的案例非常少。相比政府2.0的用语，美国公开使用的是开放型政府一词。虽然在现实中采用了电子政府2.0的说法，并且使用率正在逐渐增加，但是政府相关的Web 2.0的发展仍然处在幼儿期状态。很难讲联邦政府、州政府、地方政府能明确地实施政府2.0。① 甚至，有些学者提出政府2.0虽然看起来很不错，但是它的潜力还没有在业务上完全得到证明。②

随着韩国政府把构建透明型政府、效能型政府、服务型政府为代表的政府3.0设置为政策议题，社会各界对政府3.0在政策和学术方面的关心逐渐增加。在韩国，政府3.0意味着对多种不同需求提供专业服务、创造新的就业岗位、发展机会等。虽然到目前为止韩国政府是唯一一个提出政府3.0议题的国家，但一般业务人员只是把政府3.0想成电子政府发展（政府2.0和Web 2.0）的下一个阶段。和Web 2.0的革新发展了政府2.0一样，Web 3.0或语义网的发展成为构建政府3.0的重要因素。③

因为各国的政府管理模式和文化，以及ICT的发展水平的差异等问题，很难明确地界定政府3.0的概念。韩国政府的安全行政部④在2013年这样解释政府3.0的内涵："积极公开公共信息，消除部门隔阂并积极协作，为每一个公民提供专业服务，创造新的就业岗位等促进创造经济的新的政府管理模式。"

Myong（2013）把政府3.0解释为以高度智能化的ICT技术和社会连接网为基础，重新改编行政业务方式和步骤，并促进政府和企业、市民、全球共同体之间的知识和信息共享，通过社会成员之间的相互交流持续创

---

① R. E. Dixon, "Towards E – Government 2.0: An Assessment of Where E – Government 2.0 Is and Where It Is Headed", *Public Administration & Management*, Vol. 15, No. 2, 2010, pp. 418 – 454.

② A. J. Meijer, B. J. Koops, W. Pieterson, S. Overman and S. Tije, "Government 2.0: Key Challenges to Its Realization", *Electronic Journal of e – Government*, Vol. 10, No. 1, 2012.

③ I. A. Hassan and A. Ojo, "Enabling Gov 3.0 Through Semantic Web, Natural Language Processing and Text Analysis", E – Gov Workshop14, Brunel University, London, 2014, p. 64.

④ 2014年4月16日发生了世越号沉船事故以后，韩国政府为了积极应对各种安全事故、强化现场应对能力，将包含在中央政府设立公民安全处等内容的政府组织法修改案提交到国会，并通过国会的"政府组织改编TP"协议于11月7日获得通过。自此19部3处18厅2院5室6委员会的中央政府改编为17部5处6厅2院5室6委员会。通过此次政府组织改编新设立了公民安全处；为了推进公务员组织改革新设立了人事革新处；为了促进部门之间的政策调整和协作新设了教育、社会、文化领域的副总理制度。之前的安全行政部（Ministry of Security and Public Administration）重新改编为行政自治部（Ministry of the Interior, MOSPA），具有政府组织和人事、电子政府的运营、地方行政、财政、税务等政府管理职能。

造生产性的、民主的附加值，在公共平台环境下形成依赖关系的治理行政体系或国政运营体系。

政府3.0是以公共价值为核心的国政运营模式，是以公共价值为中心强调政府服务的概念。政府3.0是思考现在公共价值的政府，是思考国政运营方向的政府，进而实现以公民为中心的政府，从公民的视角思考问题。在解决问题的过程中让公民直接参与其中，探讨出公民满意的结果。这种政府管理模式需要积极利用"开放、共享、沟通、协作"等手段。①

韩国情报化振兴院（NIA）把政府3.0和智能化政府视为同一个概念，并且从技术、行政、综合视角解释政府3.0的内涵。② 从技术视角来看，政府3.0可以理解为新一代电子政府，说明技术的发展促进社会的发展。按照政府的业务和服务上所用的技术可以将其分为政府1.0（IT技术）、政府2.0（网络）、政府3.0（智能手机等产品）。和网络的发展连接在一起可以分为政府1.0（网络）、政府2.0（开放、共享、协作）、政府3.0（个性化、智能化）。从行政视角来看，政府3.0可以理解为国家运营主体等治理环境的变化，即政府的角色（统治、调整、共治）和主体地位（政府主导、公民参与、公民主导）等发生了变化。政府3.0是政府广泛地汲取公民意见，并且把公民视为政策制定的主体进行共治的过程。综合观点认为政府3.0重点关注行政、沟通、服务的本质和未来的价值考虑，以及政府角色的变化。这个观点认为政府的角色和行政业务的范围应该根据公民的需求、技术环境、社会价值的变化进行相应的调整。

以上用归纳法（Inductive）从技术视角、行政视角、综合视角提出政府3.0的概念。如果技术的发展和行政业务的发展同步进行并且有关联的话，以上的概念就比较有说服力。但是行政（学）的发展和技术的发展不一定有密切的联系。技术的发展是逐步进行或通过革新进行的。但是政府3.0不仅需要技术的发展，而且还需要组织、人力资源、预算、法律法规、政策手段（规制等）、行为等多方面的发展才能实现。因此，很难界定政府3.0的概念、因素和本质。

除了从技术视角和行政业务视角看待政府3.0以外，韩国的政府3.0更贴近政治修辞（Political Rhetoric）。这是韩国政府在全球政府管理模式

---

① Kwon Gi‐heon and Han Seung‐joon, "The Reality and Task of Government 3.0 for Fulfilling Public Values", 2015, p. 2. Presented at the Government 3.0 Conference (2015–05–01).
② NIA, *Government* 3.0, National Information Society Agency, 2013, pp. 13–14.

变化中的核心因素——开放型政府、透明型政府、服务型政府等以外添加了韩国特有的能力胜任型政府概念所形成的政府管理模式。

基于这种观点，政府3.0可以视为政府为了解决政策难题和行政需求，通过积极公开、共享公共信息，消除政府部门之间的隔阂来促进沟通与协作，为公民提供专业服务、创造新的就业岗位、发展创造型经济发展模式的新的政府管理模式。

（四）其他国家的政府2.0的案例

韩国是全世界第一个主张政府3.0的国家，但是在现实中很难说是在完成政府1.0和政府2.0后才提出政府3.0。美国、英国、澳大利亚等国家仍然把政府2.0当成政府的主要管理模式。但这些国家的政府2.0是包括信息公开、公民参与和组织之间的协作在内的政府管理模式。

1. 澳大利亚[①]

虽然澳大利亚的政府2.0与其他国家相比启动得较晚，但是澳大利亚正在制定关于公民使用公共信息的发展方案。

澳大利亚政府实行政府2.0的背景如下：第一，为了强化政策的统一性，促进政府的组织网络和政策网络发展，建立指向网络化和统一的整体型政府（Whole of Government）。第二，美国、新西兰等国家通过政府2.0取得经济社会方面的发展后，在2008年积极促进《信息自由法》的实施以促进积极公开公共信息；2009年12月，政府2.0促进委员会发布了"参与和协作"的有关建议；2010年7月发表的《开放政府宣言》表明了理解、干预、参与三大原则。

澳大利亚制定了以下有关政府2.0的政策：第一，允许公民阅读公共部门的文件和视频资料，为了提高公共资料的数量和质量，鼓励公民捐献资料。第二，澳大利亚政府组织行政改革顾问团，与公民一起探讨公共服务等问题。这个方法不仅有利于公民的积极参与，还有利于政府收集公民的意见。

实施政府2.0的期望效应有以下几个方面：第一，各级行政部门为了

[①] N. Gruen, "Engage: Getting on with Government 2.0", Report of the Government 2.0 Taskforce, 2009, pp. 5–11.

实现共同的目标，可以对某一个热点话题发出统一意见，并且互相交叉执行业务。第二，私营部门和政府一起成立运营工作小组（Taskforce），给政府提供工作指南，政府也积极反馈私营部门的意见。这样有利于发展以参与和理解为基础的民主主义。不仅能提高在教育、保健、环境保护等领域的服务质量，而且还能快速提高效率。另外，还可以鼓励公民自立，为发展社会福利事业做贡献。第三，为了政府2.0的成功实施，必须要转变公共部门的文化理念。鼓励公务员参与互联网服务，提高他们的相关业务水平。

澳大利亚的政府2.0是澳大利亚政府从比较保守的信息公开政策转变为"开放型政府"的结果。这是通过政府与公民共享和评价信息，鼓励公民积极参与信息捐献活动来实现公共资料的量和质的发展。

2. 美国[①]

美国的政府2.0是政府逐步制定有关公民使用公共信息的法律法规，为了实现公开公共信息的目标，还发表"公开型政府指南"。

美国实行政府2.0的背景如下：第一，美国政府的协作型公共管理（Collaborative Public Management）促使联邦政府、州政府、地方政府通过协作提供社会保障、公共援助、就业援助等工作。第二，2009年1月，奥巴马当选总统以后通过发表总统令表明增强政府的透明性和群众参与的意志，并给各部门负责人发出有关透明性和开放型政府的公文以及有关《信息自由法》（Freedom of Information Act）的公文，试图利用信息技术与群众沟通。

美国有关政府2.0的政策有：第一，"在有关透明性和信息公开的公文里表示现政府尽全力进行前所未有的信息公开"。通过信息公开促进透明的、参与型的、协作型的政府构建。第二，在给各机关负责人的《有关〈信息自由法〉的公文》里表明"没有具体规定的，根据公开原则进行公开"。2009年12月，发布了"开放型政府指南"。发布这个指南的目标是公开公共信息、提高信息质量、构建开放型政府。

美国实施政府2.0的期望效应有以下几个方面：第一，通过"Data. gov"网站提高公民对美国联邦政府构建的数据的可利用性（Machine - readable Data Set）。该网站提供涵盖了各个领域的27万个数据包，

[①] N. Gruen, "Engage: Getting on with Government 2.0", Report of the Government 2.0 Taskforce, 2009, pp. 13 – 14.

并积极开发应用系统（Application），但限制使用者上传其他数据。第二，在华盛顿数据中心可以接近其他机关提供的 405 个数据包，并给使用者提供可以实时检索、阅读的数据馈送。第三，纽约市的"数据分析"是政府编制的多种形式的数据包目录，所有的公民都可以阅读。第四，"everyblock"提供 15 个城市的 NewsFeed，并且综合编辑各个地方的新闻、活动信息和城市信息提供给公民。

美国在实行政府 2.0 时，以增强政府的透明性和群众参与为目标制定了明确的法律，积极公开了政府的政策和信息来构建开放型政府文化，并通过公民的反馈意见提供更优质的信息。

3. 英国[1]

英国的政府 2.0 以为使用者迅速传递公共服务作为公共领域的下一个目标，通过公共部门和公民的协作营造公民自由使用公共资料的环境。

英国政府实行政府 2.0 的背景如下：第一，1997 年建立了以行政机关之间的协作为代表的协同政府（Joined-up Government），把各个行政部门的业务相互连接在一起，提高对公民的服务质量。第二，2007 年，按照总理办公室的委托构建了以公共信息的公开利用和政府的信息再利用为目标的"Power of Information"，从此开始了对政府 2.0 的探索。2008 年组建了"Power of Information Taskforce"。

英国有关政府 2.0 的政策有：第一，2009 年，为了促进政府各部门的工作交流，在内阁（Cabinet Office）任命了"数据沟通理事"（Director of Digital Engagement）。通过语义标记（Semantic Mark-up）构建公共交通、环境、规划相关的通知传送系统，以方便数据再利用。第二，为了提高政府数据的可利用性，构建了"Data.gov.uk"专门对认真的开发者进行考核。为方便在以后几年里信息的再利用制定了"公共信息室"政策。

英国实施政府 2.0 的期望效应有以下几个方面：第一，2007 年发表了"对信息力量的检讨"，并组成了"信息力量的工作组"，在全体政府层面促进政府 2.0 的实行。该工作组通过开展览会，收到的提案超过 200 个，构建了新数据包。第二，在英国不仅有政府的引导，在非政府领域也积极进行着 Web2.0 的开发工作。FixMyStreet.com、TheyworkForYou.com、Pat-

---

[1] N. Gruen, "Engage: Getting on with Government 2.0", Report of the Government 2.0 Taskforce, 2009, pp.11–13.

tentOpinion. com 等网站的运营为个人或非营利组织提供了各种信息案例。

英国政府 2.0 是按照"开放信息""开放型反馈""开放型对话""开放型革新"四大原则进行的,通过政府的积极促进和公民的参与构建能满足需求者的专业数据包的信息系统。非营利组织也自发参与其中,使公民更容易与政府沟通,也更容易使用公共信息。

4. 德国

德国联邦政府的开放型政府所追求的目标是参与、透明性、协作、协助。开放型数据包含了市民［透明性和电子参与(E-participation)］、经济［过程链(Process Chains)］、新的事业模型和行政(组织的潜在性)。德国联邦的开放型政府具备的因素有:数据的所有权及数据安全、使用条件、接触性、可追溯性、审计条件、社会网平台及对现在内部技术的开放性接口等。德国的行政部门为了协作,构建了自己的平台,并与非政府领域的社会网络紧密连接在一起。[1]

德国联邦、州、地方政府的信息和数据网站促进了开放型政府的构建和公共行政目标的实现。2010 年,德累斯顿协议(Dresden Agreement)上提到通过便利又标准的、便于使用的方式为各种使用者提供开放型的政府数据平台。此平台连接了联邦政府、州政府、地方政府的数据平台,并且支持其他的数据平台。这种平台可以满足各级政府的需求,也可以满足使用者对数据质量的期望。并且通过提高对行政数据和信息的接触性,扩大电子政府的使用。[2]

2012 年,德国政府进行与开放型数据有关的大规模研究,并组建开放型政府(Open Government)数据网。在德国进行有关构建开放型政府的游说活动并不简单。德国政府部门之间的隔阂比较严重,而且领导层老龄化、办公形式的传统化、对待公民时高傲的态度都成了构建开放型政府的障碍。但是,在过去几年里,联邦政府内务部的一些工作者在与其他行为者紧密协作的过程中得到了肯定评价。一方面,像 Open Knowledge Foundation 这样的行为者早就构建了开放型数据网(Open Data Visualization Web-

---

[1] S. Holtz, "Open Government in the German Federal Administration", 2010, Retrieved from http: //www. epractice. eu/files/presentation_ OG_ 2010_ init_ Final. pdf (cited, 2014 – 11 – 19).

[2] J. Klessmann, P. Denker, I. Schieferdecker and S. E. Schulz, "Open Government Data Germany", Federal Ministry of the Interior, 2012, p. 1.

site），为内务部和财务部提供了平台。这是为政府开发基础设施，通过与地方社会和公共组织建立协作伙伴关系来帮助构建开放型政府，但是到目前为止还有很多不足。2012年秋天，财务部公开了自己的数据网，但数据量仍未达到专家们的要求，缺少可比较的数据和其他可追究责任的职能。①

虽然联邦政府主导电子政府业务，但是构建连接联邦政府各部门、联邦政府和州政府、各大城市的电子政府仍然缺乏法律依据。因此，市民和政府之间很难进行深层次的沟通，并且仍然缺乏使用者之间能交流经验的系统和统筹不同政府部门的系统。②

2015年，德国通过联邦政府的ICT战略（Digital Germany，2015）为促使各级政府部门构建数据战略进行了相关业务规划，并构建了ICT政策框架。以联邦政府为主导的政府业务现代化和ICT战略包含了构建能够统筹联邦政府、州政府和市政府的电子政府所需要的各种课题和项目。德国为了统筹管理政府信息，努力构建标准化的电子政府平台。③

---

① 根据http：//opengovgermany.com/2013/02/04/german-government-screwsup-open-data/（cited，2014-06-22）内容整理。

② S. Singh，"*E-Government State-of-the-Art Survey*"，Stuttgart，Germany：Springer，2015，p. 63.

③ M. J. Barrnechea and T. Jenkins，T.，"*E-Government or Out of Government*"，Open Text Corporation，2014，p. 121.

第四章
政府 3.0 的韩国战略

为了理解政府 3.0 的发展背景,我们在前面探讨了从传统行政理论、新公共管理到后新公共管理的政府运营模式。之后又分析了政府 3.0 的发展动因和与政府 3.0 类似的其他国家的政府运营模式;详细分析了政府 3.0 的理论。在第四章将分析韩国政府 3.0 的发展过程和具体内容。具体包括韩国政府的国政目标和政府 3.0 的提出背景、政府 3.0 里各个目标的动因和它们的具体课题。

一 国政目标与政府 3.0 的发展过程

(一) 韩国的发展历程

1945 年韩国结束了日本的殖民统治,解放以后的 60 年里快速实现了脱贫、产业化、民主化,这样的国家发展历程在全世界也是罕见的。解放初期,韩国得到了外国的援助,并通过公民的勤勉、互助、合作实现了产业化,之后实现了相当水平的政治民主化。从人均收入 80 美元的贫穷国家发展成人均收入 1 万美元的中等发达国家,跨越了中等收入陷阱(Middle

Income Trap)①。2010年实现了人均收入2万美元,国家竞争力排世界第20位。成为全世界第九个贸易规模达到1万亿美元的国家,2012年成为进入全球"20—50俱乐部"(人均收入2万美元,人口5000万)的第七个经济强国。

但是在产业化和民主化发展的过程中,全球竞争越来越激烈,低增长持续蔓延,导致低就业率、经济不平等、两极化加深等问题,因此需要新的经济发展动力。另外,气候环境变化、能源枯竭、粮食紧缺、低生育率和老龄化、民办教育的深化等问题越来越多,这些社会问题用以前的单个部门管理方式很难解决,需要组织(小组、科室、部门)之间的协作。

另外,政府和民间的关系从单向关系逐渐变为双向关系。移动电话、社交网络等技术的发展提高了公民对政策制定的参与度和对透明型政府的需求,因此政府和公民社会的角色也需要相应地转变。同时,在解决多种政策问题和提供优质服务时,对ICT技术的需求也促进了多种学科和技术的融合。

作为平台提供者的政府有必要转变成为每个公民和企业提供多种行政服务来满足他们的需求的角色。技术的发展使人与人、人与物,甚至物与物之间用互联网连接,人们的想法也从"拥有"资源转变成"利用"资源。并且IT资源的共享或回收再利用等技术的传播使得政府有能力通过平台提供技术、服务、产品。

政府也需要快速适应ICT和网络等技术环境的发展并相应地调整管理模式。福利、安全等与生活质量有关的行政需求也越来越高,因此政府很难单独应对快速变化的需求。政府不仅要履行现在的职能,而且还有义务为公民负责。但是在现实中政府部门之间的隔阂还比较严重,并且到处蔓延着追求安逸和利己主义的组织氛围,因此履行行政业务的效率非常低、效果并不理想,甚至行政服务水平也不高。

如果想成为被公民信赖的政府,必须要从过去的以单个部门为中心处理业务的方式转变为精细分析行政需求和政策问题,并通过多个组织(小

---

① Middle Income Trap 是2006年世界银行在《亚洲经济发展报告》里第一次提出的,是指人均GDP在1000—12000美元的中等收入国家的经济增长速度开始减缓,导致很难发展成为高收入国家。在"二战"以后的一百多个发展中国家里,没有经历中等收入陷阱的国家(除了产油国以外),最具代表性的就是韩国和日本。

组、部门、中央政府和地方政府、公共部门和私营部门）之间的协作来革新的管理模式；重视与公民的沟通，把公民的集体智慧反映到政策制定上；开放和共享公共部门的信息，提高对公民的行政服务水平；结合全球环境的变化和韩国的特殊需求管理政府。政府3.0就是在这种环境和观点中提出的。

（二）韩国政府的国政展望和政府3.0的形成

1. 韩国政府的国政目标和国政课题

韩国提出，既要把过去产业化和民主化过程中积极的一面继续发扬下去，又要减少过去国家发展目标中的负面因素。同时也意识到部门间的"隔阂减少"和削弱个人和组织（小组、部门）之间的沟通与协作，在解决全球性难题时形成巨大的障碍。因此，需要提出新的政府管理模式（见表4-1）。

表4-1　　　　　　　　国家发展模式的转变

领域	现在	未来
以国政为中心	国家	每一个公民
经济发展模型	追赶发达国家	引领世界市场
	以投入为中心，量的增长（经济增长率）	以生产率为中心，质的增长（就业率）
	出口·制造业，以大企业为中心的不均衡发展	内需·服务业，以中小企业为中心的均衡发展
	不按照原则执行的资本主义	按照原则执行的资本主义
社会发展模式	单向因果关系（发展→福利）	循环关系（发展↔福利）
	物质资本主义（社会基础设施）	重视社会资本（信赖共同体）
	安全冷淡症	安全第一
政府管理模式	政府主导，民间顺应	民间协作，沟通
	以政策执行为中心	以政策评价为中心

资料来源：The Presidential Transition Committee（总统领职引受委员会，2013）。

按照国家发展模式的变化,韩国政府提出了五大国政目标(以工作岗位为中心的创造经济、定制型就业福利、创意型教育和有文化的生活、安全和统一的社会、为幸福统一时代构建基础设施),23个具体战略和140个国政课题。其中,第22个战略就是"通过开放、共享、沟通、协作构建政府3.0"(见图4-1)。

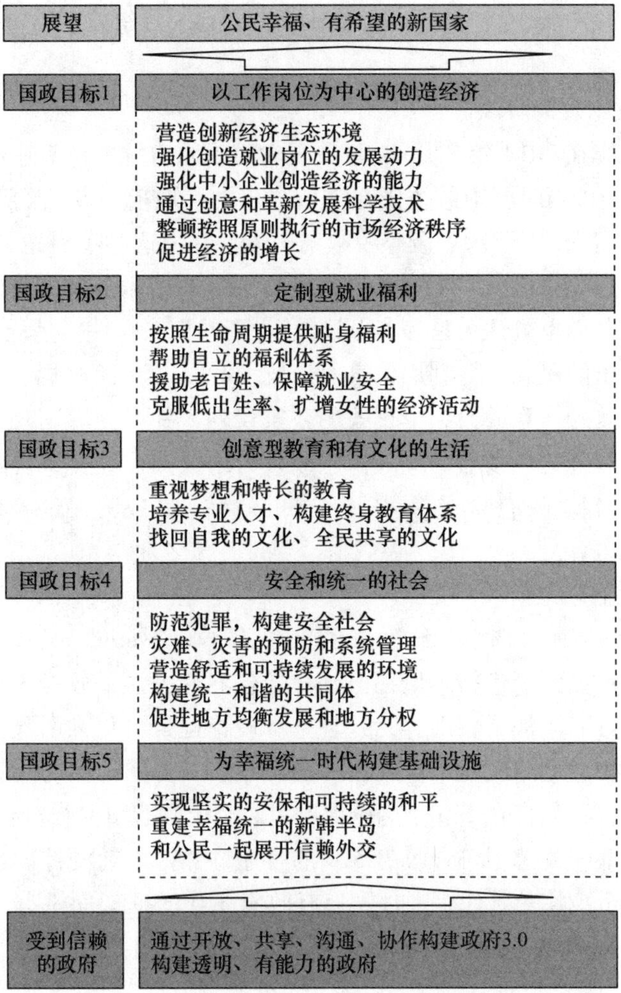

展望	公民幸福、有希望的新国家
国政目标1	以工作岗位为中心的创造经济
	营造创新经济生态环境 强化创造就业岗位的发展动力 强化中小企业创造经济的能力 通过创意和革新发展科学技术 整顿按照原则执行的市场经济秩序 促进经济的增长
国政目标2	定制型就业福利
	按照生命周期提供贴身福利 帮助自立的福利体系 援助老百姓、保障就业安全 克服低出生率、扩增女性的经济活动
国政目标3	创意型教育和有文化的生活
	重视梦想和特长的教育 培养专业人才、构建终身教育体系 找回自我的文化、全民共享的文化
国政目标4	安全和统一的社会
	防范犯罪,构建安全社会 灾难、灾害的预防和系统管理 营造舒适和可持续发展的环境 构建统一和谐的共同体 促进地方均衡发展和地方分权
国政目标5	为幸福统一时代构建基础设施
	实现坚实的安保和可持续的和平 重建幸福统一的新韩半岛 和公民一起展开信赖外交
受到信赖的政府	通过开放、共享、沟通、协作构建政府3.0 构建透明、有能力的政府

图4-1 韩国政府的国政展望和国政课题图

2. 韩国政府 3.0 的形成过程[①]

韩国政府 3.0 成为正式的政府管理模式是从政治修辞开始的自上而下的决策过程。2012 年 7 月 11 日，韩国政府提出了政府 3.0 的构想，2012 年 12 月，总统领职引受委员会[②]确定了政府 3.0 为国政课题，并在 2013 年 6 月 19 日，正式发表确立政府 3.0 的展望和计划。2014 年 2 月 27 日，各机关发表了政府 3.0 的实行计划，2014 年 7 月 25 日组建了政府 3.0 促进委员会。

（1）政党政策阶段

韩国总统在 2012 年 7 月 11 日参观大田市政府统一电算中心时第一次提出政府 3.0。当时韩国总统候选人所提出的"政府改革公约"是构建创造型政府、实现政府 3.0、调整税收结构等，并把这些项目跟 IT 技术连接在一起的构想。很多人以为这是想利用 IT 技术提高政府的行政能力。因此政府 3.0 的名称也被认为是和 Web2.0、电子政府 2.0 一样是从 ICT 技术发展过程中提出的概念，并利用信息通信技术发展成为 IT 强国。之后的总统大选期间，政府 3.0 成为一个正式的政策议题，并成为韩国政府具有代表性的政府改革公约。政府 3.0 的构想被认为通过知识经营系统的构建可以取得像减少财政、福利等重复项目一样的效果，并成为促进未来社会发展的强大推动力。

（2）政府政策阶段

2012 年 12 月"选举公约"成了政府议题（Government Alagenda）。这些政府议题也受到了包括舆论在内的社会各界的关注，政府 3.0 也在国政价值和内容方面添加了新内容，并且基本理论框架也更加明显。之后，总统领职引受委员会把政府 3.0 放在国政目标中"受到信赖的政府"的两个具体战略中，并包含在 140 个国政课题里。总统领职引受委员会工作期间，政府的各大部门挑选了符合政府 3.0 的事业，并把之前的计划也按照政府 3.0 模式进行了修改。但是这时候只有政府 3.0 的框架而没有明确的设计图。在政府组织改革还没有结束的状况下，调整相关业务和工作也是受

[①] Bang Min-seok, "The Conceptual Exploration and Law Strategic Tasks on Government 3.0", *Journal of Korean Association for Regional Information Society*, Vol. 16, No. 3, 2010, pp. 137–160.

[②] 总统领职引受委员会是根据有关总统职务交接法律，为了总统当选人顺利交接业务所组成的委员会。可以维持到总统就任以后 30 天，所有工作结束以后 30 天以内要把委员会的工作内容和速算使用内容以白皮书的形式公开。

限的。

(3) 国政议题的正式化阶段

2013年2月25日,韩国政府提出"我要构建一个干净的、透明的、有能力的政府来得到公民的信赖",以此来明确表明对实现政府3.0的强烈的意志。并且在长官级(部长级)的国政会议、首席秘书长会议上,以及各部门的业务报告[①]中强调了政府3.0。但是在新政府建立初期,因为《政府组织法》的修改和人事听证会的推迟,相关政策的制定和实施放慢了速度。同时,很多人认为创造经济和政府3.0的概念有点抽象,提出与其目标相比没有具体内容。因此,政府开始对政府3.0进行填补。当时主管政府3.0的安全行政部在2013年4月5日的总统业务报告上,把国政运营体系的改革和整顿公务员的秩序等内容添加到政府3.0的计划草案里。5月28日,有关政府部门一起协商制定的政府3.0促进基本计划正式确定下来,并在6月19日举办的"政府3.0展望宣布式"上正式公开(相关机关合同,2013)。这些成为国政议题以后各部门、地方自治团体和公共机关开始学习政府3.0的具体内容和实现方式。

3. 韩国政府3.0的体系

(1) 韩国政府3.0和展望

韩国的政府3.0在全世界史无前例。如果说政府1.0是政府提供服务和信息的单向信息传递方式,政府2.0是政府和公民之间双向的国政运营方式的话,政府3.0则是通过为每一个公民提供专门服务来实现公民幸福。

其实,韩国政府提出的政府3.0可以说是一种政府所追求的价值或政治修辞。但是政府3.0的核心目标(效能型政府、透明型政府、服务型政府)充分反映了现代行政(学)的发展趋势,是符合时代变化的政府管理模式。

政府管理模式的原理很难实现阶段性的发展,这是因为政府1.0、政府2.0、政府3.0的政府管理原理内容非常丰富,并非只包括信息通信技术。作为政府管理的原理,政府3.0的实现需要同时具备多种必要充分条件(例如行政资源或政策手段的发展)才能促进政府2.0到政府3.0的发展。

韩国政府推动的政府3.0是一种行政改革和政府运营的模式转变,目

---

① 韩国的各个政府机关在每年的1—2月向总统亲自报告当年的核心政策和制度。

标在于追求实现透明型政府、效能型政府、服务型政府。随着官僚制问题的增加和以市场为中心的新公共管理过于强调竞争,政府陷入了利己主义,限制了信息流通(因此,需要透明的政府)。当遇到跨部门的难题或政策问题时很难解决(因此,需要效能型政府)。新公共管理为了实现经济的效率和效果而提出的绩效评估机制,强调以顾客为主的行政服务而很难实现公共价值(因此,需要定制的专业化服务)。

政府3.0的发展目标是建设每一个公民都幸福的国家。现在韩国试图通过实现政府3.0建设公民信赖的政府服务方式来实现这个目标。而实现政府3.0需要建设服务型政府、透明型政府和效能型政府,需要从以前传统的组织工作方式转变为开放、共享、沟通、协作型工作方式。现在韩国为了实现政府3.0的目标正在研究透明型政府、效能型政府、服务型政府的课题,同时每个机关也在140个国政课题中设置与政府3.0有关的重点课题。总的来讲,韩国在实现政府3.0中已经设定了发展目标、具体任务和各个子目标,并且逐渐改变相应的工作方式以促进政府3.0目标的实现(见图4-2)。

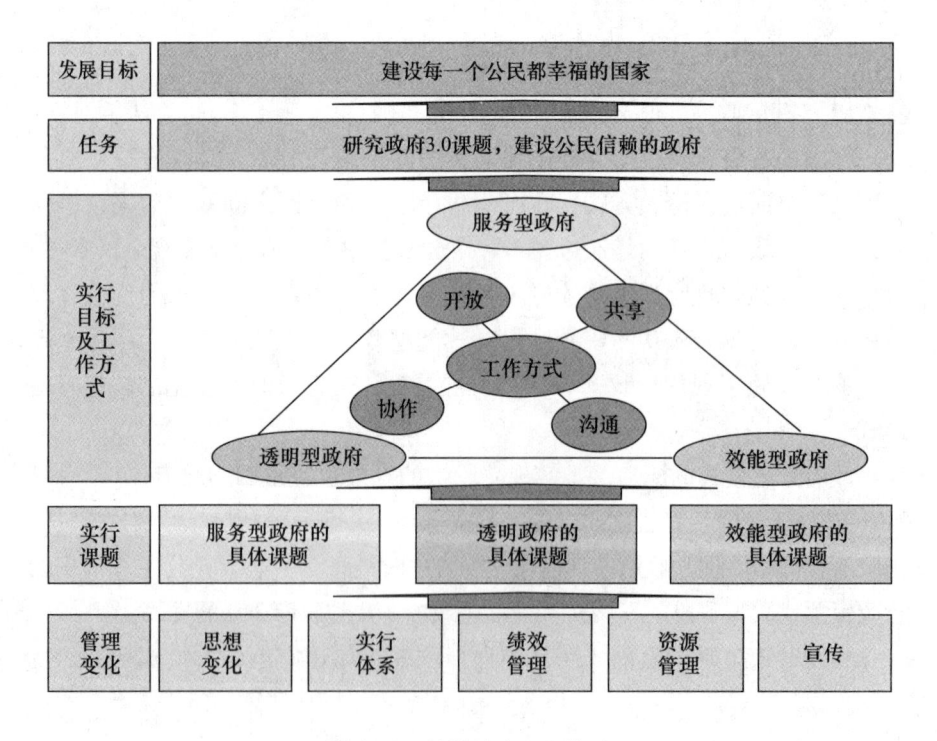

图4-2 韩国政府3.0体系

第四章 政府3.0的韩国战略

2013年,韩国政府提出政府3.0的核心目标是建设透明型政府、效能型政府、服务型政府,并按照这个顺序提出了十大重点课题。但是2014年4月16日发生"岁月号"惨案后,政府3.0的核心目标变成了构建服务型政府、效能型政府、透明型政府,核心课题也缩减到8个。① 在这里重点探讨2013年提出的政府3.0课题的内容。

根据政府3.0综合实行计划,分析政府3.0的目标(见图4-3)和各大课题。第一,构建服务型政府的目标是因为现在的行政服务以供给者为中心,是事后的、被动的服务,而且具有片面的、碎片化的特征,因此很难了解公民需要什么样的服务,且缺乏统合的服务。所以提出构建服务型政府的目标要提供以下几点服务:①以需求者为中心的服务;②主动的能动型服务;③统合的服务。可以说服务型政府所追求的目标是主动提供每一个公民需要的定制型服务。政府3.0促进委员会提出的具体课题有:①政府主动提供服务及消除灰色地带;②为公民提供定制型统合服务;③通

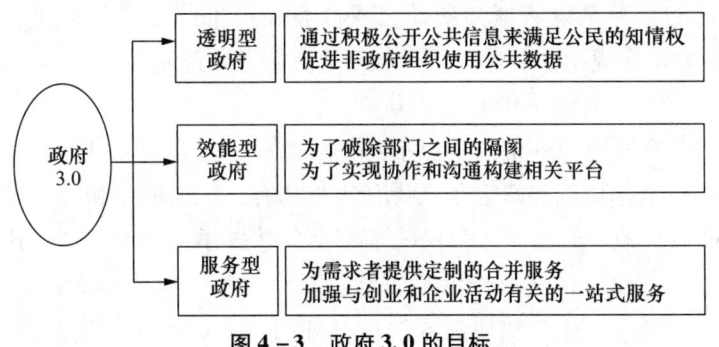

图4-3 政府3.0的目标

---

① 2013年8月,政府3.0促进实行计划里提出的重点课题一共有十个。其中透明型政府的课题有:通过积极公开公共信息来满足公民的知情权;促进非政府组织使用公共数据;加强政府和非政府组织的协作。效能型政府的课题有:为了破除部门之间的隔阂,完善政府管理模式;为了实现协作和沟通构建相关平台;利用大数据促进科学的行政。服务型政府的课题有:为需求者提供定制的合并服务;加强创业和企业活动有关的一站式服务;为受信息限制的阶层提高服务的可达性;利用新的信息技术提供定制型服务。2014年4月发生世越号惨剧以后,为了更有效地促进政府3.0,由政府和非政府领域的专业人士组成的政府3.0促进委员会(Government 3.0 Promotion Committee)在7月正式成立。政府3.0促进委员会负责制定政府3.0的基本发展方向、战略,并收集各方面的意见以及研究法律和制度上需要改善的事项,订立实施政府3.0的促进计划,审议实施情况等业务。之后政府3.0的重点课题修改为八个。服务型政府的课题有:政府主动提供服务及消除灰色地带;为公民提供定制型统合服务;通过民间的参与来提高政府的政策制定能力。效能型政府的课题有:构建以云计算为基础的智能型政府;通过协作和沟通来提高政府的政策制定能力;利用大数据来促进科学的行政;民间利用公共数据基础的创新。透明型政府的课题有:全面重组信息公开制度。

过民间参与提高政府制定政策的能力。

第二，因为部门之间的隔阂，很难统筹政府部门的管理，并且部门之间制定政策时很难从全局出发制定综合性的政策，因此，提出构建效能型政府的目标以促进：①部门之间的协作；②统合部门之间的信息共享和系统的连接；③利用大数据等技术实现科学的行政[1]。换言之，追求效能胜任型政府的目标是通过协作和科学的行政来解决政府的难题，并实现服务型政府。政府3.0促进委员会提出的具体课题有：①构建以云计算为基础的智能型政府；②通过协作和沟通来提高政府的政策制定能力；③利用大数据来促进科学行政。

第三，构建透明型政府是因为现在公共信息的可达性太差、利用公共数据的非政府领域太少、公民参与国政的机会太少。因此，想通过构建透明型政府实现：①扩大信息公开来提高政府的透明度和信赖度；②利用公共数据创造就业岗位；③政府和非政府部门之间的协作。换言之，构建透明型政府的目标是以数据为基础实现社会经济价值创造的最优化。政府3.0促进委员会提出的具体课题有全面重组信息公开制度。

(2) 政府3.0的工作方式

政府3.0所追求的价值有以下特征：第一，以开放、共享、沟通、协作为基本价值，强调部门之间、政府和非政府组织之间的协作。第二，把政府业务的焦点放在每一个公民的幸福上，并提供定制型服务。比起以供给者为中心的政府1.0和提供片面的、碎片化服务的政府2.0，政府3.0想要统筹管理每一个公民所需要的信息和服务，以此来提供定制型服务。第三，不是以国家为中心的发展战略，而是营造出能够充分发挥民间创意和活力的生态环境。这需要政府收集并管理庞大的公共信息，积极公开共享这些信息来实现制定政策的透明性。通过加强政府和公民之间的沟通来开发多种多样的服务，提高公民对政府的信赖程度。第四，破除部门之间的隔阂，实现统合型政府管理模式，改善部门之间的协作和沟通，并且利用大数据实现科学的行政。第五，通过构建平台型政府把政府的直接管理转换为间接管理，同时引导非政府组织参与。[2]

在政府3.0的管理模式中，政府的工作方式和提供的公共服务有以下

---

[1] 科学的行政指的是通过ICT技术和数据分析技术来共享信息；建设能覆盖所有政府机关的协作体系，以此构建预测分析系统，制定各种政策，并使用在执行和评估当中。

[2] MOSPA, "*Government 3.0 Total Action Plan*", MOSPA, 2013a (cited, 2013 - 08 - 14).

几个特征：①扩大公共信息的公开和共享，促进政府和公民之间的沟通和协作。②以每一个公民的幸福为宗旨提供定制型服务。③营造能够增进民间的创意和活力的生态环境。④向往没有部门隔阂的统合型政府。⑤政府不用直接干预，而是引导非政府组织能动参与平台型政府（见图4-4）。①

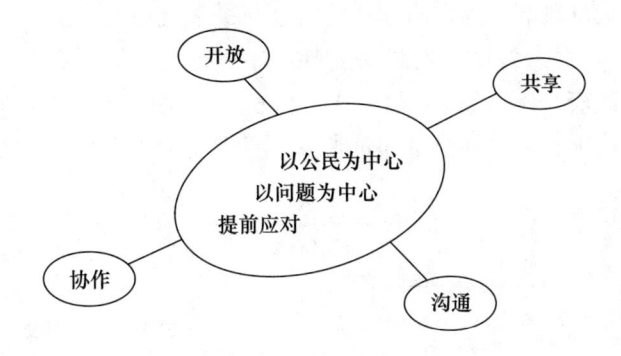

图4-4 政府3.0的工作方式

开放、共享、沟通、协作是实现政府3.0的主要工作方式，这与政府机关的协作有着密切的联系。其中，开放指的是组织或者政府和民间机构之间共享信息的方式；共享指的是组织内部或者公共机关内部的组织之间共同分享信息；沟通指的是公共领域和民间机关之间用多种方式进行交流；协作指的是多数组织之间或者公共机关和民间机构之间的合作（见表4-2）。

表4-2　　　　　　　政府3.0的工作方式的变化

	区分	现行（As-Is）	未来（To-Be）
观点	提供服务	以政府为中心	以公民和现场为中心
	国政运营方式	以机关为中心	以问题为中心
	解决问题的方式	事发后解决	提前应对
价值	开放	有限地公开信息	积极地公开信息
	共享	政府机关独占信息	各机关之间共享信息
	沟通	公民能参与的领域非常有限	全面扩大公民参与的领域
	协作	政府机关之间存在隔阂	促进政府机关之间的协作

---

① MOSPA,"*Government 3.0 Guide*", 2014b, p. 13.

从表4-2中可以看出,开放、共享、沟通、协作的工作方式主要强调实践;针对问题查找解决方式;主动应对;积极公开信息;机关之间共享信息;公民参与;促进协作。

(3) 政府3.0的促进体系

韩国安全行政部作为政府3.0的责任机关制定了《促进政府3.0的基本计划》,并下发给各个政府机关。韩国中央政府的各个部门、地方自治团体(地方政府)、公共机关和一线实行机关也各自制定了政府3.0的实行计划,并安排了负责办公室和负责人(见图4-5)。[①]

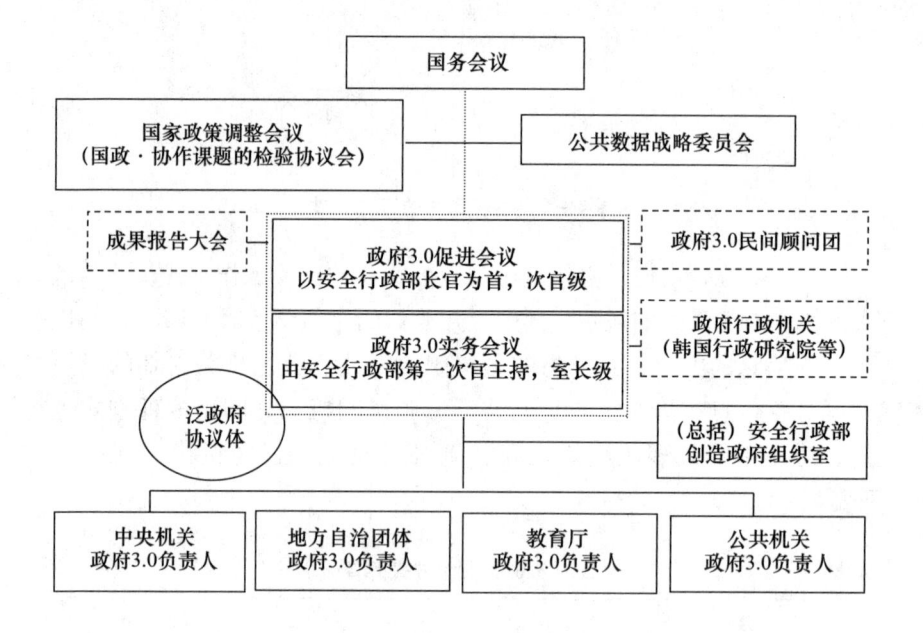

图4-5 政府3.0的协议体系

资料来源:MOSPA (2014b)。

为了确保计划的实效性和有效推进,韩国政府组成了以安全行政部长官为首、中央部门的次官级(副部级)以及各地方自治团体的副团体长参与的政府3.0促进委员会。同时,组建了由安全行政部第一次官(副部级)主持,中央各个部门和地方自治团体的责任人(室长级)参与的政府3.0实务会议。如果需要多数机关协议时,需把议题提交到国家政策调整

[①] MOSPA, *White Paper on 2013 Government 3.0*, 2014d, p.7.

会议上，以便迅速促进政府 3.0 的发展。同时，重点课题的主要成果需要通过在国务会议①上做报告来强化促进。

此外，还组织了由学者、研究机关、相关领域的专家组成的民间顾问团，并与韩国行政研究院、韩国信息化振兴院、韩国地方行政研究院等专业研究机构一起主持主要课题。为了评估主要课题的实行情况，每两周开一次促进成果会议检验成果情况，并且在安全行政内部每周开一两次由第一次官（副部级）主持的实务会议。各个机关也定期检查推进情况、宣传以及教育情况。在中央机关的行政管理能力评价、地方自治团体的市道联合评价、公共机关经营评价里增加了政府 3.0 的评价指标。②

同时，构建法律和相关体系来营造顺利推进政府 3.0 的环境。针对推进政府 3.0 的机关公务员和职工实行政府 3.0 的教育，同时通过网络和各种宣传资料来宣传政府 3.0 的价值。为了共享政府 3.0 的经验和成果，政府又组织优秀案例（Best Practices）竞赛活动。③

2014 年 4 月 16 日，"世越号事故"发生之后政府意识到需要修改政府 3.0 的内容。2014 年 7 月 25 日，组织了政府 3.0 促进委员会④（见图 4－6）。根据《有关政府 3.0 促进委员会的设置及运营的规定》，政府 3.0 促进委员会成立的目的是有效促进政府 3.0 目标的实现，转变政府管理模式，为公民提供定制的服务，创造新的就业岗位。在韩国国务总理下设政府 3.0 促进委员会（Government 3.0 Promotion Committee），并规定相关业务的组织和运营（第一条）。

根据《有关政府 3.0 促进委员会的设置及运营的规定》，政府 3.0 促进委员会审议政府 3.0 的基本方向、战略，并收集各方意见以完善相关的法律和制度。同时审议政府 3.0 促进计划的设计、实施以及对成果的评估

---

① 国务会议是主要审议韩国政府管辖权下重要政策的最高政策审议机关。包括规定了国家的基本规划、政府的一般政策和对外政策的宪法第 89 条 1—17 号列举的审议项目，必须先在国务会议上进行审议以后，总统才能执行。这一点有别于议会内阁制的内阁会议和其他总统制国家的长官会议，是韩国特有的宪法机关。
② MOSPA, *White Paper on 2013 Government* 3.0, 2014d, pp. 7－8.
③ Ibid., p. 8.
④ 政府 3.0 促进委员会是国务总理下属的机关，由包括民间委员长在内的 8 名民间委员和 6 名次官（副部长）级政府委员组成，为了有效运营又设置了专门委员会。政府 3.0 促进委员会由民间专家制定政策，以政府支持的方式改变了制定政策和提供服务的方式。同时通过改变公务员的工作方式和行政文化，以为公民提供定制型服务为目的制定了政府 3.0 的实施计划。政府 3.0 促进委员会设计和实施了长期覆盖整个政府机关的跨部门政策，并主持能够站在公民的立场上提供服务的具体课题。

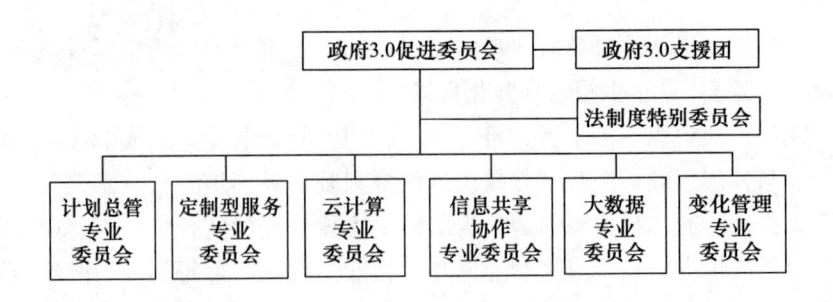

图 4-6 政府 3.0 促进委员会的组织

资料来源：http://gov30.go.kr/Committee/Committee01_03.jsp（cited, 2017-01-26）。

等业务（第二条）。政府 3.0 促进委员会成员由国务总理室第一国务次长、企划财政部第二次官、未来创造科学部①第二次官、行政自治部第一次官、保健福祉部次官以及有关政府 3.0 的专家中考虑性别后由国务总理委托任命，组成人员应在 20 人以内（第三条）。为了有效地履行政府 3.0 的业务，政府 3.0 促进委员会可以下设专业委员会和特别委员会（第七条）。在履行政府 3.0 的业务中，为了提供咨询服务，可以由运营相关专业研究机构的院长组成咨询技术支援团（第八条）。政府 3.0 促进委员会为了履行委员会的业务可以运营政府 3.0 支援团②（第九条）。

二 韩国政府 3.0 的目标动因

（一）透明型政府的动因

透明型政府和后新公共管理概念兴起与很多国家追求开放型政府运营

---

① 未来创造科学部（Ministry of Science, ICT and Future Planning, MSIP）（简称未来部）是韩国的中央行政机关之一。它主要负责以下几个方面的工作：a. 科学技术政策的制定、管理、协调、评估；b. 科学技术的研究开发、协作、振兴；c. 培养科学技术人才；d. 研究、开发、生产核能；e. 制定国家信息化发展计划、保护信息、引导正确的信息文化；f. 电视通信技术的融合、振兴和传播；g. 信息通信产业、邮政。

② 这是为了支援政府 3.0 促进委员会和履行相关工作任务的组织。团长由行政自治部的创造政府组织室长兼任，从各个机关派遣的公务员负责政府 3.0 促进委员会的日常工作。

模式有着密切关系。美国、加拿大、英国、澳大利亚、日本、新加坡等国家领导人认为，要建立开放型政府，公共部门需要更加开放地去应对逐渐增加的公共需求。[①]

Lathrop 和 Ruma（2010）提出的开放型政府是"与包括市民在内的任何人一起参与革新，共享曾经封闭保护的资源、广泛协作，提高政府运营过程的透明度，并且由新整合的网络组织而非孤立的组织负责管理"[②]。开放型政府的原则有：①增加政府工作的接近性；②支持市民参与；③行政管理过程中运用综合的专业标准；④应用新的技术以提高开放性和责任性。[③]

开放型政府的核心因素是透明度、信息的可获取性，[④] 而美国提出的开放型政府的主要因素有透明度、参与、协作。[⑤] 对于开放型政府，美国强调协作和市民参与，而 OECD 比起市民和民间组织的协作更强调服务和信息的可获取性。但是最终目的都是使信息通过多种渠道流入"政府"，同时也从"政府"自由流向群众。[⑥]

[①] Kim Yun‑kwon, "A Study on the Driving Forces and Constraints of Government 3.0", Paper Presented at the Joint Planning Session of KIPA‑KAPA, 2015, p. 25.

[②] D. Lathrop and L. R. T. Ruma, *Open Government*: *Collaboration*, *Transparency*, *and Participation in Practice*, O'Reilly Media Inc; J. Gant and N. Turner‑Lee, *Government Transparency*: *Six Strategies for More Open and Participatory Government*, The ASPEN Institute, 2011, p. 17.

[③] Open Government Partnership, *Open Government Declaration*, 2011, Retrieved from http://www.opengovpartnership.org/sites/www.opengovpartnership.org/files/page_files/OGP_Declaration.pdf (cited, 2015‑10‑15); J. Phillips and S. Tremaine, "Government 2.0" inK. McNutt, 2012, *Social Media & Government* 2.0, Johnson‑Shoyama Graduate School of Public Policy, 2012, p. 18. 再引用。

[④] OECD, *Modernising Government*: *Open Government*, 2005, Retrieved 12 January, 2012, from http://www.oecd.org/gov/pem/34455306.pdf (cited, 2015‑10‑15).

[⑤] B. Obama, *Memorandum for the Heads of Executive Departments and Agencies*: *Transparency and Open Government* 2005, Retrieved 12 January, 2012, from: http://www.whitehouse.gov/open/documents/open‑government‑directive (cited, 2015‑10‑16).

[⑥] A. J. Meijer, B. J. Koops, W. Pieterson, S. OvermanandS. Tije, "Government 2.0: Key Challenges to Its Realization", *Electronic Journal of e‑Government*, Vol. 10, No. 1, 2012, pp. 59‑69; T. Nam, "Suggesting Frameworks of Citizen‑sourcing via Government 2.0", *Government Information Quarterly*, Vol. 29, No. 1, 2012, pp. 12‑20; C. M. Lönn, "An m‑Government Solution for Complaint and Problem Management: Designing a Solution for Government 2.0", *DSV Report Series* No. 14‑009, 2014, p. 42.

在这样的背景下，韩国的透明型政府和美国[①]、英国、澳大利亚等国家实行的开放型政府与欧洲的 Digital Europe2030 有着相似的发展背景和内容。虽然韩国没有公开表明要实施开放型政府，但是韩国的电子政务水平位居世界前列。电子政务的发展加大了透明型政府的可行性并成为政府3.0的具体目标之一。

那么，政府3.0中的透明型政府的定义是什么呢？如前所述，开放型政府[②]和透明型政府的概念非常相似。很多国家提倡的开放型政府主要包含政府的透明度、责任感、协作、公民的参与等内容，因此可以用这些共同内容推导出透明型政府的概念。[③]

[①] 美国政府的政策透明度经历了三次演进过程。第一次是保障国民对政府政策的知情权，同时阻止政府的专制行为。第二次是为了提高政府透明度而制定具体的政策。如1946年的行政程序法（APA），1966年的信息自由法（FOIA），1996年的电子信息自由法（EFOIA），2002年的电子政府法等。这些法律法规分别由联邦政府、州政府和地方政府制定，规定了政府信息公开的最基本的要求。这些具体政策的制定都是单向型的。而第三次是最近美国联邦政府制定的一系列的协作型透明政策，不仅包括奥巴马政府实施的最新政策，还包括了电子政务。国民的知情权的实现和提高政府透明度的具体政策的实施都需要通过计算机网络技术来促进政府和利益相关者之间的互动。通过这种方式政府和国民可以实现双向的、以使用者为中心的沟通方式，及时得到所需要的信息（A. Fung, M. Graham and D. Weil, *Full Disclosure*: *The Perils and Promise of Transparency*, New York, NY: Cambridge University Press, 2007, p. 25; J. Gant and N. Turner–Lee, *Government Transparency*: *Six Strategies for More Open and Participatory Government*, The ASPEN Institute, 2011, p. 16）。

[②] Chun 等（2010）用政府2.0解释开放型政府的概念，并指出政府2.0是全球公共部门的发展趋势（Schellong, 2008）。政府2.0的主要内容是支持公民访问和使用所需要的公共部门的信息。在这个过程中，行政部门要按照开放的原则，最大限度地提高公共部门信息的利用率（OECD, 2008）。开放型政府和公共信息的开放原则能提高政府的透明度和责任感，但是同时需要Web2.0和相关社会文化的发展（Osimio, 2008; 转引自 Philips 和 Tremaine, 2012）。政府2.0的实现还需要响应性、接近性（Gavelinetal, 2009），以及透明度、公民参与、协作等因素（Chun et al., 2010; Osimo, 2008）。（S. A. Chun, S. Shulman, R. Sandoval, R. & E. Hovy, "Government 2.0: Making Connections between Citizens, Data and Government", *Information Polity*, Vol. 15, No. 1, 2010, pp. 1–9; A. Schellong, "Improving Access to Government Information and Services", In Rizvi, Gowher & de Jong, Jorrit（ed.）, *The State of Access*: *Success and Failure of Democracies to Create Eequal Opportunities*, 2008, Brookings Institution Press; OECD, "Recommendation of the Council for Enhanced Access and More Effective Use of Public Sector Information", Organization for Economic Co–operation and Development（cited, 2015–10–15）; D. Osimo, "Web 2.0 in Government: Why and How?" *JRC Scientific and Technical Reports*; J. Phillips and S. Tremaine, "Government 2.0", in K. McNutt, 2012, *Social Media & Government* 2.0, Johnson–Shoyama Graduate School of Public Policy, 2012, pp. 18–19; K. Gavelin, S. Burall and R. Wilson, "Open Government: Beyond Static Measures. A Paper Produced by Involve for the OECD", 2009, Retrieved（15 Mars, 2014）from http://www.oecd.org/gov/46560184.pdf.）

[③] Retrieved from http://www.ssa.gov/open/story–2014–06–01–open–government–plan3.html（cited, 2014–10–09）.

透明度是通用的概念,它意味着组织或者机关将组织内部决策的过程、步骤、内容、成果公开的程度。[1] Grimmelikhuijsen（2012）把透明度定义为"组织或者行为者允许外部人监督自己组织内部的业务或成果的一种接近信息的可行性"[2]。Chun 等（2010）则认为透明度是指政府运作和决策过程中提供信息的最大限度。[3] 但是只保证透明度是不够的,还要保证服务和信息的接近性。[4] 因此透明度与对知情权的广泛认知、保证可以接近所有公共机关的信息、公共机关的信息公开和分开管理秘密文件的组织战略有关,并且还与提前公开信息、公开方式、收集相关信息的规定有着密切的联系。Oracle（2012）[5] 的研究显示,和透明度有关的领域有基层技术结构、信息的接触和提供、服务成果、预算和财政信息、公文的接触等。

提出透明型政府之前,韩国实现了知识信息社会（Knowledge‑information Society）的转变,以及移动电话和社交网络服务的推广,但是公共信息的接近性仍然有限,政府和公民的沟通也是单向的。为了解决这个问题,主张透明型政府的学者提出在政府和民间的伙伴关系上公开公共信息,保障公民参与政策制定的过程。

实现透明型政府需要认识到公共信息的制约、公民使用公共数据不充分、公民参与国家治理的机会有限等问题,应采取措施包括:①扩大信息公开的范围来提高政府的透明度和公民对政府的信赖度;②利用公共信息来创造工作岗位;③促进公民和政府机关的伙伴关系。换句话说,透明型政府的目标是通过构建数据化社会来创造社会经济价值。为了实现这个目

---

[1] D. Curtin and A. J. Meijer, "Does Transparency Strengthen Legitimacy?", *Information Polity*, Vol. 11, No. 2, 2006, pp. 109 – 123.

[2] Kim Yun‑kwon, *A Study on the Collaborative Administration of Government Organization Management*, Korea Institute of Public Administration, 2014, p. 63.

[3] S. A. Chun, S. Shulman, R. Sandoval, R. & E. Hovy, "Government 2.0: Making Connections between Citizens, Data and Government", *Information Polity*, Vol. 15, No. 1, 2010; T. Nam, "Suggesting Frameworks of Citizen‑sourcing via Government 2.0", *Government Information Quarterly*, Vol. 29, No. 1, 2012, pp. 12 – 20.

[4] K. Gavelin, S. Burall and R. Wilson, *Open Government: Beyond Static Measures. A Paper Produced by Involve for the OECD*, 2009, Retrieved (15Mars, 2014) from http://www.oecd.org/gov/46560184.pdf.

[5] Oracle, *Transparency in the Public Sector: Its Importance and How Oracle Supports Govern‑ment Efforts*, An Oracle Withe Paper May 2012.

标，首先要重建信息公开制度，其次需要改革公共数据系统以便公民使用。[1]

（二）效能型政府的动因

政府 3.0 的核心目标之一是构建效能型政府（Competent or Enabling Government）。其实在其他国家的政府运营模式中也能找到类似透明型政府和服务型政府的内容，但是效能型政府的内容除了韩国以外，在其他国家的政策或者文献中很难找到具体的案例。但效能型政府并不是韩国的独创内容，它是将全世界行政学发展过程中提出过的论点与韩国的政治和行政领域的特殊性结合起来的产物。[2]

在文献里与能力或效能型政府有关的用语有 Enabling State[3]，Capacity，Competency，Enabling Society 等。Botsman 和 Latham（2001）提出了能力型国家（Enabling State）的三个因素：①政府是支援社会的主要资源之一；②对社会问题下定义、在传递和管理上起核心作用的并不是官僚而是共同体；③政府基金和官僚不是共同体的主体而是扶助者。[4] Wierenga 等学者提出的效能型政府的特征有：①共同体的成员可以动用所有的资源（政府、企业、共同体）一起解决社会问题；②社会变化的核心是有热情、

---

[1] MOSPA，*Government 3.0Total Action Plan*，MOSPA（cited，2013 - 08 - 14）a；Kim Yun - kwon，*A Study on the Collaborative Administration of Government Organization Management*，Korea Institute of Public Administration，2014，pp. 79 - 80.

[2] Kim Yun - kwon，"A Study on the Driving Forces and Constraints of Government 3.0"，*Paper Presented at the Joint Planning Session of KIPA - KAPA*，2015，p. 20.

[3] 各个国家根据自己的历史文化和经济政治实力界定政府的角色和干预范围，因此对政府的力量和能力也会持有不同的定义。Schmidt 根据国家的介入程度分为三个类型，其中美国和英国属于自由国家（Liberalstate）、法国属于加强国家（Enhancingstate）、德国属于能力型国家（Enab - lingstate）。这里指的能力型国家是以国家为主导，国家和市场（民营）经济一起发展的领域比较广泛的国家类型。根据 Schmidt 的分类，韩国比较接近加强国家类型。（V. A. Schmidt，"US- and European Market Economies and Welfare System：The Differences in State Strategies，Political Institutional Capacity，and Discourse. Critique Internationale"，No. 27，2005，p. 29；Kim Yun - kwon，*A Study on the Collaborative Administration of Government Organization Management*，Korea Institute of Public Administration，2014，pp. 74 - 75）.

[4] P. Botsman and M. Latham（eds.），2001，*The Enabling State：People before Bureaucracy*，Pluto Press，Annandale，NSW；A. Wierenga，J. Wyn，S. Gloverand M. Meade，"Application of Enabling State Principles：In the Delivery of Youth Service"，*Australian Youth Research Centre and Centre for Adolescent Health*，2003，p. 13，再引用。

有共同发展目标的共同体成员，而不是社会结构；③当人和人之间的关系通过相互接触和网络连接改变为同等的横向的关系时，社会就会发生变化；④在区域和全球范围内寻找解决问题的方案。[1]

政府3.0主张的效能型政府和上述概念之间既有共同点，也有各自的特性。共同点是国家和政府在执行行政服务的过程中摆脱以前的工作方式，开始重视政府外部行为者的角色和能力，并且强调和它们的协作。而韩国的政府3.0和上述概念不同的，是政府3.0强调政府机关之间的信息共享、系统的连接和统一、利用大数据等科学的行政手段。[2]

那么，韩国为什么关注"效能型政府"呢？其中一个原因是全球的行政环境正在发生巨变，由此产生多样的、复杂的难题和政策问题，用以前的职能细分化和竞争方式很难解决。在这样的背景下，政府需要消除组织之间的隔阂，通过协作解决跨部门的综合性难题。另一个原因是在国内外的难题剧增的情况下，公民和政界需要超越政府的能力解决行政需求和政策问题，换言之，政府是为了解决急剧增加的多样化的公民需求，所以提出比现有政府能力更高一级的政府3.0模式。

政府3.0里所包含效能型政府目标是通过改革现在的政府运营模式来消除部门之间的隔阂，统筹管理政府资源，进行有根据的综合决策。效能型政府提倡的是：①积极协作；②机关之间的信息共享和统一连接系统；③利用大数据进行科学行政。效能型政府要实现的最终目标是通过协作和科学的行政管理来解决综合性的难题，建设服务型政府。这首先需要实现以下三个具体目标：①以云计算为基础建设智能政府；②通过协作和沟通提高政府的政策制定和执行能力；③利用大数据实现科学的行政管理。[3] 以上的具体目标与ICT和网络技术的发展有着密切的联系。从以下几点可以证明效能型政府符合现在的政府发展趋势。

第一，全球性的难题一般都是单个政府机关很难解决的纵向和横向交织的问题。到目前为止，政府机关都按照各自的职责安排纵向地履行职能

---

[1] A. Wierenga, J. Wyn, S. Glover and M. Meade, "Application of Enabling State Principles: In the Delivery of Youth Service", *Australian Youth Research Centre and Centre for Adolescent Health*, 2003, p. 14.

[2] Kim Yun‑kwon, "A Study on the Driving Forces and Constraints of Government 3.0", Paper Presented at the Joint Planning Session of KIPA‑KAPA, 2015, p. 21.

[3] MOSPA, *Government 3.0 Total Action Plan* (cited, 2013‑08‑14), 2013a; Kim Yun‑kwon, *A Study on the Collaborative Administration of Government Organization Management*, Korea Institute of Public Administration, 2014, p. 79.

而很少与其他机关进行横向的合作和协作，根本原因在于部门之间存在隐形隔阂。当然这种隔阂是在传统官僚组织构成中形成的不可避免的问题，有着积极的一面，但是这样的组织结构很难及时应对变化多端的社会问题，因此消除组织之间的隔阂是非常重要且必要的改革方式。

第二，组织之间通过协作可以迅速决策，加强和协作对方的联系，简化信息沟通渠道，提高工作绩效和成果，减少工作费用。同时，协作技术（Collaboration Technology）促使人和人之间随时联系和交流，共享信息，连接专家和他们所需的数据，共享信息和专业知识，提高最终使用者的满意度和经验。[1] 协作可以使组织克服现实问题，并且帮助组织获得可持续发展和共享学习的机会。[2]

第三，支持协作和沟通的政府运营系统的改善和消除隔阂的原理一样。新公共管理的目标在于解决传统行政管理缺乏灵活性和低效率的问题，提高政府组织的效率和成果，并且有助于转变以顾客为中心的工作方式和提高责任感。但是新公共管理过分强调了企业价值而弱化了公共性，强化了竞争而导致组织和组织成员之间的利己主义，由此阻碍了组织之间的沟通、合作、协调、协作等。从开发和管理系统的角度上看，各个组织竞相开发各自系统、组织工作，导致不同机关之间很难连接或统一系统。为了解决这些问题，改善政府运营系统来支持沟通协作是非常必要的措施。

第四，利用大数据实现科学行政从而科学合理地管理政府业务；进行议事决策和执行；解决国内外的难题和各种行政需求。科学合理的政府管理模式可以通过大数据和云计算等以证据为基础的决策实现。大数据是对海量资料进行获取、处理、分析、可视化处理的技术。现在我们可以利用的资料非常庞大，获取速度非常快，资料的格式种类繁多，因此用现在的知识管理方式很难进行保存、管理和分析。云计算是利用互联网传递服务的计算资源（硬件，软件）的利用方式。[3] 利用云计算可以迅速进行沟通，建设协作系统以提供有效的工作环境，换言之，通过云计算共享和共同制

---

[1] P. Petrilli and M. Wright, "Using Collaboration Technology: A Primer How it Works and why you Needit", Bell, 2011, pp. 4 – 5.

[2] L. J. Hudson, "The Enabling State: Collaborating for Success", 2009, Retrieved from www.fco.gov.uk/publication（cited, 2015 – 10 – 15）.

[3] S. Segkhoonthod, "Adopting Cloud Computing as an e – Government Platform", Asean CSA Summit, 2013, Thailand Chapter, 2013, p. 3; Kim Yun – kwon, *A Study on the Collaborative Administration of Government Organization Management*, Korea Institute of Public Administration, 2014, p. 429.

作工作资料，共享各自的议事日程，可以超越时间和空间的限制进行有效沟通。同时，利用云计算可以减少资料和信息管理费用；随时随地工作以提高工作效率；通过协作提高服务水平。以证据为基础的决策是通过云计算等方法获取民间和公共部门的大数据并利用多种分析方法连接和组合信息，同时利用集体智慧和全球治理选定政策议题，通过 SWOT 分析提出客观适时的方案，引导科学合理的政府运营的决策方式形成。

（三）服务型政府的动因

建设服务型政府（Service - oriented Government）的理论基础在于福利国家的争论。研究公共服务理论和福利国家理论可以得知，从公共服务或者公共福利改革的层面上来看，公共服务的供给机制变得越来越多样化，政府和公民在公共服务系统中形成基本的关系。[1] 为公民提供公共服务的政府因为各种原因不再是唯一的供给主体。在复杂多变的现代社会中，公民的需求变得越来越复杂和多样化，专门由政府提供的公共服务逐渐转移为由市场和民间组织提供。

而提供公共服务的政府的作用也发生了变化。Denhardt 等提出，传统的公共行政理论强调公务员为顾客和选民负责，政府只设计和执行政治上决定单个目标的政策。而在新公共管理理论中，强调公务员为顾客负责，政府则主要是集中资源激活市场机制。新公共服务（NPS）理论强调公务员对公民负责，政府则主要协调公民和集体之间的利益关系来创造公共价值。[2]

以市民为中心的服务把整个政府看作公共部门与市民或者企业之间的关系，通过电子系统提供以现场为中心的公共服务，并且把对象看作公民而非顾客，同时这些公民是具有创造和参与公共服务的能动性的公民而不是被动的受惠者。[3] 在这里连接服务（Joined - up Service）是为了重新分

---

[1] Q. Tian, "The Transformation of China's Public Service System: Towards Citizen - Oriented Public Service System", Legal and Political Studies Graduate School of Law Tohoku University, 2013, p. 232; Kim Yun - kwon, "A Study on the Driving Forces and Constraints of Government 3.0", *Paper Presented at the Joint Planning Session of KIPA - KAPA*, 2015, p. 15.

[2] J. V. Denhardt and R. B. Denhardt, "*The New Public Service: Serving, Not Steering*", M. E. Sharpe, Inc., 2007, p. 28.

[3] CS Transform, "Citizen Service Transformation: A Manifesto for Change in the Delivery of Public Services", CS Transform White Papers, 2010, p. 3.

配和补充资源，以突破传统组织的界限，提高公共服务供给的效率。例如，解决在传统组织中存在的缺乏组织之间的沟通、协调，难以提供跨部门服务等问题，提高服务水平。[1] 综合来看，福利国家的争论、公共服务模型、连接服务的发展都和政府3.0的目标之一——服务型政府有着密切的联系。

Yuan等学者提出，服务型政府的概念里最突出的是"服务"。[2] 服务是服务型政府和其他政府模型之间最明显的差异。其他政府模型的主要目标设定在能带来核心权力和权利的权限上，而服务型政府最重要的是服务以及保持市民的满意度，包括提供维持自由秩序、制定法律法规等多种服务。而管制是提供服务的子范畴，为公民提供服务是服务型政府的核心内容和政府的存在基础。

目前政府职责的中心逐渐转移到了满足公民的行政需求上，但是随着全球环境的剧变，公民的行政需求和政策变得越来越复杂，单靠一个政府机关很难执行这种职责。这需要政府把行政资源（组织、人力资源、预算、技术、法律法规等）利用相关的政策手段和能力及时分配到所需的地方，但是在实际操作中经常会遇到各种困难。

目前ICT技术和网络技术的发展正在为解决这些问题提供核心支持。[3] 把ICT和网络技术积极地运用到政府运行当中，减少政府业务的重复和预算浪费，同时扩大服务的提供范围，为公民有预见性、有效率地提供所需要的服务。以往政府在单向提供服务时，确认服务对象和传递服务都受到各种限制，效率低，服务种类也简单。但是利用云计算和大数据可以在很大程度上解决这些问题，有助于选定服务对象和提供定制服务。

政府3.0把服务型政府确定为目标的动因是透明型政府引导，以效能型政府为基础，为每一个公民提供多种多样的定制行政服务，同时解决政策难题。以前的政府运营模式专注于经济效率的提高和为顾客提供行政服务，导致很难满足每一个公民的服务需求。建设服务型政府的目的是共享

---

[1] R. Lekhi, "Public Service Innovation", A Research Report for the Work Foundation's Knowledge Economy Programme, 2007, pp. 27 - 28.

[2] Yuan, Gang, Yan Shu - tao and Liu Qiang, "A Study on the Rising of Service - oriented Government", Journal of US - China Public Administration, Vol. 6, No. 7, 2009, p. 9.

[3] P. Dunleavy, "The Future of Joined - up Public Services", The 2020 Public Services Trust, 2010, p. 6.

多数机构的信息与工作内容,简化沟通渠道,提高效率,为每一个公民提供最优服务,同时解决提供服务的低效率和预算浪费问题。

如果说政府1.0是单向型提供服务,政府2.0是双向型提供服务,那么政府3.0是向着为每一个公民提供定制型服务的方向发展。在这个脉络下,政府3.0要实现的最终目的不仅是最大限度提高为公民提供行政服务的数量,而且要实现行政服务的质变。①

在现实中以供给者为中心的服务、事后的被动的服务、片面性和分散的服务等很难分析出需求者需要的服务种类,也很难统筹提供服务。为了解决这些问题,政府3.0把以需求者为中心的服务、预见性的能动服务以及统筹提供服务设定为服务型政府的核心课题。建设服务型政府的具体课题有:①主动提供服务和消除行政死角;②提供定制型综合服务;③利用民间组织的参与来改革提供服务体系。②

三 韩国政府3.0的目标课题

(一) 构建透明型政府的课题

构建透明型政府的重点课题有:①积极公开公共信息以满足公民的知情权;②促进非政府组织积极利用公共数据;③加强政府和非政府组织的协作。

1. 积极公开公共信息以满足公民的知情权

(1) 宗旨

积极公开信息是指对于与公民生活密切相关的信息,在公民要求公开之前把政府持有的信息进行主动公开,以确保公民知情权,提高政府透明

---

① Kim Yun-kwon, *A Study on the Collaborative Administration of Government Organization Management*, Korea Institute of Public Administration, 2014, p. 72.
② MOSPA, *Government 3.0 Total Action Plan* (cited, 2013-08-14), 2013a; Kim Yun-kwon, *A Study on the Collaborative Administration of Government Organization Management*, Korea Institute of Public Administration, 2014, p. 79.

度和责任感的重要制度。提前公开信息制度虽然从 2004 年起就开始在韩国实施,但是因为政府机关的责任意识比较低、缺乏关心、缺乏提前公开信息制度等原因,没有取得实质性的进展。①

根据《有关公共机关的信息公开的规定》(以下简称《信息公开法》)第七条和实施细则的第四条规定,国家机关、地方自治团体、公共机关要公开影响公民生活的信息。在其他法律法规上明确指出要公开的信息也要提前公开。为了构建透明型政府,韩国从 2013 年开始,根据这些规定进行了很多相关的努力以扩大政府提前公开信息的范围,之后各个政府机关的提前信息公开大幅度增加,公民需要的多种信息得到及时公开,与信息公开相关的系统也得到了完善(见表 4-3)。②

表 4-3　　　　　　　　　　公共信息公开的类型

提前公开信息	公开原文	公开公民提出要求的信息
公共机关把重要政策和项目、预算执行等有关信息自发地提供给公民的提前公开信息制度	公共机关把持有的电子信息中能公开的信息不通过公开邀请步骤直接公开原文的制度	对公民要求公开的公共机关持有的信息,相关机关判断能否公开后再公开的制度

资料来源:MOSPA(2014b)。

(2)具体课题的实施计划和内容

要实现积极公开公共信息以满足公民知情权还需要实施以下具体课题:①完善《信息公开法》等制度;②扩大公共信息提前公开的范围;③构建公开原文系统;④为加强信息公开改善网页;⑤完善公开信息的目录(见表 4-4)。

(3)有关积极公开公共信息以满足公民知情权的具体课题的分析

积极公开信息来满足公民知情权,意味着从过去选择性地公开公共信息,以及以供给制为中心的信息公开模式逐步转变为以公民为中心、积极地提供公共信息的模式。而且针对公民所需要的信息提前进行公开可以提高政府的责任感,缓解政府的业务负担,因此,扩大信息公开的范围不仅能保障公民的权利,还能确保政府的透明度。

---

① MOSPA, *White Paper on 2013 Government 3.0*, 2014d, p. 7.
② Ibid., p. 8.

表 4-4　积极公开公共信息满足公民的知情权的履行计划及内容

具体课题	实施计划和内容
完善《信息公开法》等制度	• 修订《信息公开法》实施令和实施细则 　——扩大信息公开机关、公开原文范围、用语及书籍信息等 • 扩大信息公开机关 　——在实施令中规定，享受国家机关或地方自治团体资金或补助的机关也包括在信息公开的对象里 • 指定了公开原文的机关 　——根据《有关行政机关所属委员会组织运营的规定》管理的委员会、地方自治团体（市道、市郡区）、各级教育厅 • 改善并明确规定信息公开的处理步骤 　——收到公开信息的申请时，决策和内部讨论结束以后必须要通知邀请人
扩大公共信息提前公开的范围	• 开发能提前公开的新业务，扩大并完善公开内容 　——调查各个机关的提前公开现状和计划 　——综合整理各个机关的年度公开计划，制定政府的实施计划 • 制定公开项目的客观标准 　——分析国家、地方自治团体的 BRM①、minwon.go.kr、国家记录院等多个机关的分类方式 　——通过市民团体、有关机关、舆论调查等方式了解相关信息 • 制定政府的《行政信息提前公开目录》 　——综合整理各个机关的提前公开目录，制定政府的信息目录集，并上传到信息公开系统或机关网站上 • 通过宣传信息公开提高公民的意识 　——以现实生活中公民需要的或对公民产生影响的信息公开为重点积极进行宣传活动，提高公民的意识，获得公民的信赖
构建公开原文系统	• 树立信息分类体系，支援具体的检索服务 　——制定公开原文信息（2014 年）时所需要的信息标准分类体系 　——树立信息目录和能够上传大容量原文信息的信息管理体系 • 构建原文信息公开体系和服务系统 　——与中央行政机关、地方自治团体的 On-Nara BPS② 系统连接起来构建原文信息公开系统 　——改善信息公开系统（open.go.kr） 　——咨询信息公开系统的发展方案

① 政府职能分类体系（Business Reference Model）是结构的参照模型。在根据政府的工作职能做成系统分类的模型以后，通过这个模型确认部门之间的业务流程和服务种类，各个机关也可以从中确认各自的职能。而且还可以定期系统地整理政府职能的相关法律法规和信息情况。

② On-Nara BPS 系统是从根本上改造公共机关的处理业务过程、统筹管理政府机关的业务处理步骤的系统。此系统可以系统管理和记录政府机关和地方自治团体所属的公务员的工作。和现在使用的电子文书系统不同的是，它提高了工作效率，能标准化地管理业务和技术，因此更符合政府 3.0 的政策方向。

续表

具体课题	实施计划和内容
构建公开原文系统	• 原文信息公开制度和系统运营教育培训 —— 进行公开原文信息制度和引进与系统有关的提前培训 —— 公开原文信息系统的运营教育培训
为加强信息公开改善网页	• 分析各个机关官网的运营情况，并制定完善方案 —— 在各个机关官网首页的上方菜单上提供信息公开业务 —— 完善提前公开信息的目录，进行分类以提高信息的可达性 • 监督每个机关官网的完善情况 —— 通过定期调查确保在官网上方便查找信息
完善公开信息的目录	• 分析各个机关的公开信息目录 —— 连接信息公开系统（公开） —— 公开具有官网的机关目录（中央政府，地方自治团体，教育厅） • 树立实施整顿计划 —— 改善不能连接信息公开系统的机关 —— 公开不在官网上公开信息目录的机关名单

资料来源：根据 MOSPA（2013）资料整理而得。

第一，完善《信息公开法》等制度，包括扩大信息公开的机关、公开制定原文的机关、完善和明确规定信息公开处理步骤、保障信息公开的申请权、明确规定资料复印本的使用、评估信息公开处理状况等内容。这些具体的实行计划都顺利完成，才能确保信息公开。

第二，扩大公共信息的提前公开需要开发和扩大新的提前公开业务，还要通过提前公开目录的标准化和客观化在需求者立场上制定分类标准。为了进行这些业务，需要提前公开公民所需要的信息，并且还要提升提前信息公开体系的质的发展。

第三，原文公开系统是公共机关把自己持有的电子文件中可以公开的信息不通过公开步骤直接公开原文的系统。这需要构建一个链接，把电子审批系统中生成的文件直接转移到信息公开系统（open. go. kr）上公开。韩国安全行政部（2014b）指出，生成的文件通过信息公开系统及时公开，但是《信息公开法》里明确规定不能公开的事项需要严格管理。

第四，为加强信息公开而改善网页是为了扩大提前公开公共信息的范围，并且通过完善各个机关的官网来加强公民对信息的可达性。安全行政部（2014b）指出，需要改善政府官网的菜单和分类方式，以确保公民容易找到所需要的信息，并且连接各个机关的官网来提高信息检索的便利性，还要随时检查公开信息的问题和遗漏信息的问题。

第五，根据有关法律，公开公共机关持有的、管理的信息目录，以便完善信息目录公开制度。安全行政部指出，这需要明确指定公开业务、公开内容、公开周期、公开方式、负责单位等内容，并且确定提前公开目录提交给安全行政部，在安全行政部的官网上进行公开。而且各个机关提交的提前公开信息目录也要在信息公开网站上公开。对行政处罚内容或者各种监督内容中根据法律法规需要公开的信息以外的个人信息、企业信息等用匿名方式进行处理。[1]

2. 促进非政府组织积极利用公共数据

(1) 宗旨

随着 IT 技术的发展，公民社会和产业界对生活、文化、知识等有关内容的公开要求逐渐增加，对未加工公共数据（Raw Data）的使用要求也在增加。公共数据的开放和利用在促进政府和公民之间的沟通、增加公民获得信息渠道的选择权、提高行政服务的质量等方面发挥积极的作用。非政府机关使用公共数据可以扩展信息的使用领域，可以促进知识信息服务产业的发展，并且为非政府机关提供新的价值。促使非政府机关使用公共数据以提高政府的透明度和信赖度、提高决策的效率、减少政府预算的使用。[2]

开放公共数据的原则是：①以全面开放为目标，积极主动公开信息。在整个政府范围内，不分盈利和非盈利，促进信息的开放和使用，优先开放紧急的、影响力大的信息。②公开公共数据要考虑使用者的需求。要提供能用程序处理的数据模式，以便使用者能够自由地使用信息。③扩大和加强非政府组织和政府组织的协作。通过扩大和加强不同性质组织之间的协作来引导有效的开放和自发的参与。积累非政府组织的使用经验，并积极地听取非政府组织的要求。[3]

(2) 具体课题的实施计划和内容

促使非政府机关使用公共数据的具体课题有以下几项内容：①制定

---

[1] MOSPA, *Government 3.0 Guide*, 2014b, p. 36.
[2] Ibid., pp. 48 – 51.
[3] MOSPA, *Government 3.0 Total Action Plan* (cited, 2013 – 08 – 14), 2013a, p. 36.

《公共数据法》①，安排相关的后续工作；②确立公开公共数据的实施计划；③安排公共数据开放的责任人；④在公共数据的开放方面加强与非政府组织的协作；⑤转换数据的公开模式和标准；⑥在提高和管理数据方面创造新的就业岗位；⑦根据相关法律的实施制定公共网站的运营方案；⑧根据相关法律的实施构建公共数据使用支援中心（见表4-5）。

表4-5　　促使非政府组织使用公共数据的具体实施计划和内容

具体课题	实施计划和内容
制定《公共数据法》，安排相关的后续工作	• 制定具体的法律法规 　——为了及时实施法律制定实施令和实施细则，设定立法程序 • 营造制度、行政、技术环境 　——构建、运营公共数据战略委员会和纠纷调整委员会 　——构建、运营使用公共数据支援中心 • 各个机关规定具体的实施方案以便确保制度的稳定运行 　——（行政自治部）树立基本计划、组建委员会等为数据的公开营造环境 　——（公共机关）树立实施计划、安排信息公开负责人、记录目录等业务 • 进行教育、宣传工作 　——以公共机关为对象进行信息公开对象、程序、效果等相关的教育 　——为了吸引公民的注意力实行成功案例的开发和奖励、开展学术会议
确立公开公共数据的实施计划	• 根据整个政府的总体计划制定各个机关的实施计划和公开程序 　——各个机关树立重点公开内容和要实施的计划项目 　——为了利用数据创造新的工作，构建政府和非政府机关的协作体系 • 选定公开领域，构建重点管理体系 　——发掘优秀协作项目和就业岗位案例 • 履行、评估公共信息的公开计划 　——评估各个机关的履行状况
安排公共数据开放的责任人	• 安排公共数据的管理负责人 　——在各个公共机关安排公共数据的使用和管理的负责人（室局长级），还要统筹公共数据管理 • 公共数据管理负责人的主要职务 　——总体负责和调整公共数据的公开业务 　——总体负责和支援公共数据的管理、提供、利用有关的业务

---

① 全称是《有关公共数据的提供和使用的规定》，本书简称《公共数据法》。

续表

具体课题	实施计划和内容
在公共数据的开放方面加强与非政府组织的协作	• 为了听取各方意见开展国家公开数据研讨会 ——聘任各界专业人士组成研讨会的共同议长团来促进国家层面的公开数据的发展 ——在国家公开数据研讨会的议长团中选拔一些人聘任为公共数据战略委员会的实务委员或专业委员，参与决策过程 • 发掘和宣传公共数据的优秀使用案例 ——通过竞赛选拔公共数据的优秀使用案例，开发使用模型
转换数据的公开模式和标准	• 为了促进非政府组织使用，公共数据转换为开放型、标准型的数据模式 ——各个机关制定数据公开计划，优先选择影响力大的数据转换为开放型（LOD、Open API①）模式的数据 • 制定公共数据的标准 ——制定公共数据的标准，并制定指南
在提高和管理数据方面创造新的就业岗位	• 在维持和管理公共数据的质量方面创造新的就业岗位 ——通过定期改善相关制度和指南，在维持公共数据的质量和体系稳定方面提供新的就业岗位
根据相关法律的实施制定公共网站的运营方案	• 为了提高公共数据的开放性、便捷性和可达性，提供一站式的公共数据网站（data.go.kr） ——链接各机关的数据网站和智能型平台等系统 • 构建统一系统来上传和管理公共数据，运营公开型主控面板（Open-Dashboard） ——构建和定期地升级统一系统来管理公共数据的目录以便容易找到数据的持有机关
根据相关法律的实施构建公共数据使用支援中心	• 组建并运营公共数据的使用支援中心 ——为了在国家层面上全方位地支持公共数据的开放（公共机关）和使用（非政府组织），组建支援中心并确保相关人力资源 ——提高公共数据的研究、开放、相关设施的专业化水平

资料来源：根据 MOSPA（2013a）资料整理而得。

---

① LOD（Linked Open Data）是连接网上数据的新的 Web 3.0 的技术，在美国、英国等国家利用 LOD 平台连接分散的数据。Open API（Application Programming Interface）是公开的 API，是一种开放型的应用程序编程接口。对公共机关提供的信息，非政府组织可以利用 Open API 开发各种 Application。

(3) 有关促使非政府组织使用公共数据的具体课题的分析

公开公共数据课题不仅通过提高非政府组织的创意和活力来创造新的就业岗位和新的价值，而且通过和公民的沟通可以提供定制服务。政府3.0提倡政府给非政府组织提供更多的公开公共数据，因此公共数据的提供可以促进政府和非政府之间的资源共享和协作来创造经济、营造优秀的环境。[1]

第一，制定《公共数据法》后，为了及时地实施法律，应制定相关的实施令和实施细则。这样可以为公共数据的开放和使用营造制度、行政、技术等方面的环境，以便提前获得开放数据的社会和经济效果。在实施令里要具体规定和委托与实施相关的内容，而实施细则里规定负责人的指定和登记时所需要的各种材料和格式，并且在管理指南里明确规定公共数据的登记、标准化等跟管理有关的细则。[2]

第二，制定公共数据开放有关的实施计划有利于在整体政府层面上系统地扩大公共数据。这需要先在各个机关制定和实施开放计划，然后评估各个机关的实施情况。[3] 非政府组织使用公共机关所持有的公共数据是指个人或私营企业为了盈利或非盈利的目的使用公共数据。[4]

第三，安排开放公共数据负责人是总统的指令，是为了根据《公共数据法》有效地增强公共数据的开放力度和数据提供能力。在这里主要安排各个机关的公共数据提供负责人和工作人员来负责以下业务：①总体负责和实施与公共数据有关的政策；②连接和调整公共数据政策和机关负责的其他政策和业务；③负责与公共数据的管理、提供、使用有关的业务；④负责管理公共数据的质量；⑤负责提供其他与公共数据有关的业务。

第四，为开放公共数据而加强政府和非政府之间的协作是韩国政府的核心国政课题。韩国政府强调"增强公共信息的开放和共享力度，促进政府和非政府组织的协作；在公共数据的开放和使用方面应强调非政府组织的作用"[5]。

第五，转换数据的开放和标准模式是历代总统都强调的内容。提供数据时把数据转换成在各种系统里容易使用的格式以便非政府组织使用公共

---

[1] MOSPA, *Government 3.0 Total Action Plan* (cited, 2013-08-14), 2013a, p.35.
[2] Ibid., p.38.
[3] Ibid., p.40.
[4] MOSPA, *Government 3.0 Guide*, 2014b, p.51.
[5] MOSPA, *Government 3.0 Total Action Plan* (cited, 2013-08-14), 2013a, p.42.

数据。①

第六，定期管理数据来创造新的就业岗位也是韩国总统的指令。通过定期管理数据、提高数据的质量，可以提高对公共数据的信赖度，同时也可以创造新的就业岗位和附加值。管理公共数据的质量是典型的中小企业可以承担的业务。因此，管理公共数据既可以创造新的就业岗位，又可以通过数据开放来创造新的就业岗位和附加值。②

第七，随着《公共数据法》的实施，在整个政府层面上运营单一的公共数据网站（Public Data Portal）可以有效地提供公共数据，也可以让使用者容易找到公共数据。③《公共数据法》第十九条规定，根据公共数据战略委员会的审议选定为数据提供对象的公共机关总负责人必须把自己机关的数据网页链接到公共数据网来提供数据。

第八，组织和运营公共数据使用支援中心是为了进行公共数据公开而提供有关的政策研究和调查，并进行以相关工作者为对象的教育和为使用者提供咨询业务。④《公共数据法》第十三条规定，为了公共数据的提供和使用，在韩国信息振兴院之下组建"公共数据使用支援中心"。这个中心为各个政府机关提供有关公共数据的咨询业务，而且还承担整理提供数据目录、管理数据质量、构建相关设施等职能。

3. 加强政府和非政府组织的协作

(1) 宗旨

政府和非政府组织之间的协作是指政府和各领域的专家以及各种利益相关者和普通公民等能够在参与政策的制定、执行、评估等过程中提供意见，一起创造共同价值的过程。政府和非政府组织协作的基本原则见表 4-6。⑤

政府 3.0 所追求的政府和非政府组织之间的协作是通过了解公民多种多样的需求并反映到政策上来提高政府管理的合理性和高效性。换言之，把政府管理模式转变为政府和公民共享信息，形成协作关系，并对制定的

---

① MOSPA, *Government 3.0 Total Action Plan* (cited, 2013-08-14), 2013a, p. 43.
② Ibid., p. 46.
③ Ibid., p. 48.
④ Ibid., p. 49.
⑤ MOSPA, *Government 3.0 Guide*, 2014b, pp. 76-77.

政策一起负责的模式。①

表 4-6　政府和非政府组织之间协作的基本原则

民主参与 (Democratic Participation)	政府、专家、利益相关者、公民可以公平地参与到决策过程中，并影响最终的决定
责任感 (Responsibility)	确定参与者的角色范围和局限，通过政府和非政府组织协作制度的事项要负起道德规范的实质性责任
道德（Ethic）	参与者应该自发地参与协作过程，提意见时需要提供依据
诚意（Sincerity）	为了避免形式上的参与，参与者要充分表明自己的意见，并通过交流意见引起公论
独立性 (Independence)	政府和非政府组织的协作需要由政治和财政上独立的机构承担相关业务，并在国家层面上给这个机关委托协作相关的权限和责任
充分讨论 (Deliberation)	所有参与者需要意识到公民参与的目的是通过争论和交流意见来制定出最优的政策。因此，需要学习，并真诚地参与讨论
回归性 (Non-linearness)	即使是通过政府和非政府组织的协作制定的政策，在发现问题时讨论也要回归原点
透明性（Transparency）	对政府和非政府组织的协作有关的事项及相关资料要进行公开

资料来源：MOSPA（2014b）。

政府和非政府组织的协作不是把复杂而多样的问题全部转交给国家或市场，而是通过国家和公民社会的协作来解决多种多样的公共问题，创造出共同价值的过程。在福利、环境、教育、交通、治安、地区问题等过去政府独自解决的领域里扩大公民的参与，是为了促使公民作为有责任的社会主体和政府一起参与到制定政策的过程中，这符合政府 3.0 所追求的发展方向。②

（2）具体课题的事实计划和内容

加强政府和非政府组织协作的具体课题有以下几项内容：①扩大公民的参与和沟通渠道；②构建网上协作平台；③为了反映社会的不同意见完善《行政程序法》（见表 4-7）。

---

① MOSPA, *White Paper on 2013 Government 3.0*, 2014d, p. 70.
② Ibid.

表 4-7　政府和非政府组织协作的具体实施计划和内容

具体课题	实施计划和内容
扩大公民的参与和沟通渠道	• 把以前的公民提案改编为公民提案中心 ——为了老人、残疾人等弱势群体也可以参与其中，在国企网上提供的单一方式的基础上增加了访问、邮件、传真等多种参与方式 • 监督与日常生活密切相关的政策可以提高参与者的自豪感，还能提高参与者的知识水平 ——针对与日常生活密切相关的政策，各地区组织监督团，定期组织讨论会 ——中央政府组织监督团的专题讨论会 • 开发政府和非政府组织的协作模式，研究制定相关法律规定 ——研究开发符合中央政府部门、地方自治团体等机关特色的网上政策讨论等协作模式 ——研究与政府和非政府组织协作相关的法律规定 • 制定网上政策讨论的指南，并传达给各个机关 ——根据各个机关的特色摸索出官网、社交网络、电子邮件、电话等收集公民意见的多种渠道 ——针对重要的国政课题或大规模的国家项目构建政策讨论体系，并对讨论的进行和相关准备工作制定规定，从而强化政府和非政府组织之间的协作
构建网上协作平台	• 改编运营 e-people 网站的政策讨论页面 ——整顿 e-people 网站的政策讨论系统 ——在每个机关进行 e-people 网站政策讨论系统的使用和教育 ——在整体政府层面上构建政策沟通中心 ——完善 e-people 网站的政策讨论系统的功能 ——提高系统的便利性和安全性 • 在网上构建政府和非政府之间协作的空间（Idea Arena） ——通过地方自治团体和一线公务员了解行政制度和信访制度存在的问题，在制作网页时完善这些问题 ——收集公民有创意的想法，完善平台使用
为了反映社会的不同意见完善《行政程序法》	• 制定《行政程序法》，为官民协作提供法律依据 ——为了促进官民协作，促使行政机关增加公民参与的机会，并添加网上的政策讨论程序 • 完善行政处分程序 ——为了扩大公民的参与，对于行政机关的不利处分，为当事人提供听证申请权

资料来源：根据 MOSPA（2013a）的资料整理而得。

(3) 分析官民协作课题

针对现在的政府管理模式中的社会问题或政策问题,缺乏相应的渠道反映非政府组织或公民创意性地收集公民的意见来进行深层次的探讨和对策摸索。为了给公民提供定制型服务,政府 3.0 强调通过沟通和协作来收集公民的需求,并把它反映到政策和制度的完善上,提高国政运营的效率,实现民主主义。[1]

协作不仅仅发生在中央政府、地方自治团体和公共机关之间,应该把协作的重点放在政府和非政府领域的协作上。政府有义务为公民提供行政服务,这需要提高服务的可行性和适时性。[2]

第一,为了加强官民协作需要改善公民的参与和沟通渠道,实现多样性。这需要完善 e-people 网站的公民沟通窗口,并且利用电话、短信(SMS、MMS)、社交网站等多种渠道来加强和公民的沟通。[3] e-people 网站的政策讨论窗口可以收集公民对政策的意见。政策讨论是以网上讨论为原则,但若进行离线讨论的话则在 e-people 网站上进行现场直播(见图 4-7)。

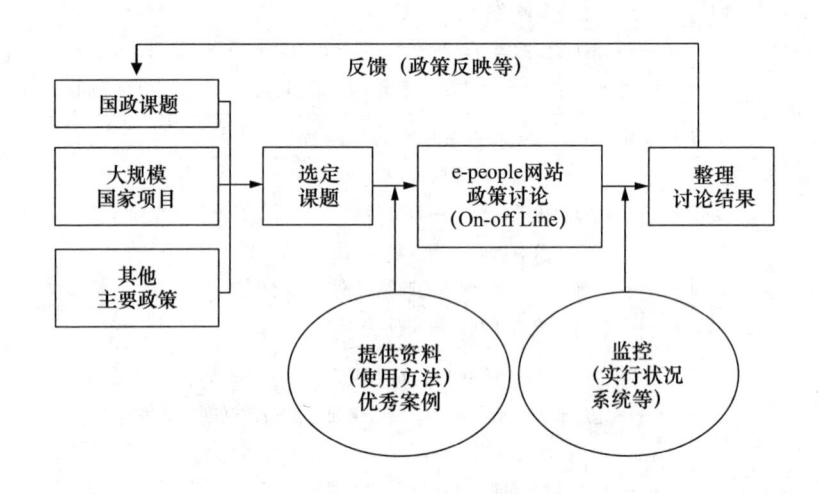

图 4-7　e-people 网站的政策讨论运行方案

资料来源:MOSPA (2013)。

---

[1] MOSPA, *Government 3.0 Total Action Plan* (cited, 2013-08-14), 2013a, p. 174.

[2] Kim Yun-kwon, *A Study on the Collaborative Administration of Government Organization Management*, Korea Institute of Public Administration, 2014, p. 208.

[3] MOSPA, *Government 3.0 Total Action Plan* (cited, 2013-08-14), 2013a, p. 174.

第二,需要在网上构建官民协作的空间。不断完善 e-people 网站的公民研讨会等交流意见职能,并促进它的使用。[①] 这样的官民协作空间是由政府提供的多种利益相关者参与其中,并在这个空间里互相交流意见、数据等的信息平台。通过交流信息,人们会不断提出新的、有创意的意见,可以引导政策或制度的完善。现在不再是政府独自能处理问题的 Government 时代,而是包括政府和私营部门等多种利益相关者一起出主意,互相交流信息来实现共同目的,创造出互动效益的时代。[②]

第三,在政府制定政策的过程中通过公民的参与可以获得集体智慧(Collective Intelligence)。公开政府政策和大型国家项目的有关信息,扩大公民参与,利用集体智慧提高政策的实效性、适时性和收容性。在全体政府层面上通过进行在线和离线讨论、收集意见等官民协作方式制定相关的方案。[③] 为了解决全球难题和满足复杂的行政需求,通过集体智慧解决问题的协作行政应该成为新的政府管理模式。在这个脉络上,构建和使用官民协作空间是政府和公民一起发展的方向。在不确定性和各种危险共存的时代里,能够利用官民协作空间来收集各种行为者的智慧是政府 3.0 所追求的发展方向(见图 4-8)。[④]

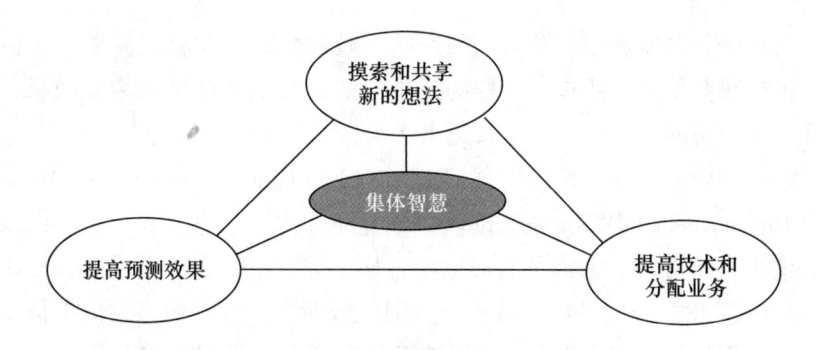

图 4-8 利用集体智慧

资料来源:IBM Institute for Business (2012)。

[①] MOSPA, *Government 3.0 Total Action Plan* (cited, 2013-08-14), 2013a, p.174.

[②] Kim Yun-kwon, *A Study on the Collaborative Administration of Government Organization Management*, Korea Institute of Public Administration, 2014, pp.212-213.

[③] MOSPA, *Government 3.0 Total Action Plan* (cited, 2013-08-14), 2013a, p.174.

[④] Kim Yun-kwon, *A Study on the Collaborative Administration of Government Organization Management*, Korea Institute of Public Administration, 2014, p.213.

集体智慧有利于发现和共享新的想法、改善技术和业务分配、提高预测能力等。如果想利用集体智慧需要具备以下几个条件：①知识（对想要解决的问题有相关的知识）；②多样性（收集多种经验进行反馈）；③改革精神（挑战现有的思考方式并积极行动）。[1]

知识共同体是有着共同关注的事，或者持有同样的技术类型职业的人聚在一起交流意见、共享知识、案例或新的想法的社交群体。目前，社交网络、开放型对话窗口、网络交流平台等技术促进这些共同体的发展。这种社交群体连接不同地理位置和在不同组织工作的人，形成一种纽带。[2]

（二）能力型政府的课题

能力型政府的课题包括以下几个重点课题：①消除部门之间的隔阂；②构建用于协作和沟通的系统；③利用大数据等技术实现科学行政。下面来探讨以上三个重点课题的具体内容。

1. 消除部门之间的隔阂

（1）宗旨

受传统官僚制和新公共管理的影响，政府的各机关都只顾着自己的业务，很少跟其他机关协作。这样的工作方式会降低业务的效率和效果，也会降低对公民的服务质量，从长远来看会影响国家的竞争力。

根据 2016 年国际管理发展研究所（International Institute for Management Development，IMD）发表的《国家竞争力水平》来看，韩国的国家竞争力位居全球第 29，政府的行政效率位居全球第 29，而企业的经营效率则位居全球第 48。中国香港、瑞士、美国位居前三。政府的行政效率低意味着政府工作的效率和成果低。而影响政府工作效率的最直接的原因就是政府机关之间的隔阂问题和组织利己主义。不管是民间组织还是公共组织都存在大大小小的隔阂。以前，组织之间的隔阂是设计组织的基本原则之

---

[1] IBM Institute for Business，"Collective Intelligence: IBM Global Business Services Executive Report"，IBM Institute for Business，2012，p. 2.

[2] IBM Institute for Business，"Collective Intelligence: IBM Global Business Services Executive Report"，IBM Institute for Business，2012，p. 5；Kim Yun‐kwon，*A Study on the Collaborative Administration of Government Organization Management*，Korea Institute of Public Administration，2014，p. 209，再引用。

一,是在根据职能设计组织的过程中自然出现的,起到形成专业性和责任感的作用。但是在开放型的组织环境中如果依旧形成隔阂就会加深组织间的地理（Geographical）隔阂、项目（Project）隔阂、职能（Fuctional）隔阂、技术（Technical）隔阂。如果多种隔阂综合出现,组织成员之间的隔阂就会蔓延至心理（Psychological）隔阂,最终导致封闭型的组织文化或者组织利己主义,降低工作效率和成果（见表4-8）。

表4-8　　　　　　　　　　组织间隔阂类型

地理隔阂	一个机关内部的不同组织在不同的地理位置时有可能在交流信息和进行协作上出现问题
项目隔阂	有着类似的目的和工作方式的组织之间有可能很难共享优秀经验
职能隔阂	组织内部成员的工作任务不明确时容易导致职员的过剩,成员们也会觉得没有机会发挥自己的实力
技术隔阂	技术可以缩减地理上的或者教育水平上的差距,但是如果组织成员之间不共享技术时就会出现技术隔阂

资料来源:Retrieved from http://chrispip.blogspot/2008/11/organizational-silos.html（cited,2014-09-03）。

消除部门之间的隔阂来完善政府的管理模式是构建能力型政府、透明型政府、服务型政府都需要的非常重要的课题。韩国政府所倡导的协作也是在消除部门之间的隔阂之后才能实现。换句话讲,消除部门之间的隔阂是促进协作的重要前提条件,是进行协作的重要的基石（见表4-9）。

表4-9　　　　　　　　　　促进协作的制度方案

组织	为了促进国政课题和协作课题需要改编政府的管理体系,还需要组建以课题为中心的问题解决型临时组织
组织诊断	通过组织诊断来调整部门之间的职能、项目,提高业务执行体系的效率
人事管理	加强机关之间的交流,利用奖励交流人员等措施增进机关之间的了解,促进协作
评估政府业务	在政府业务评估和地方联合评估里添加与政府3.0和协作有关的项目
个人绩效评估	在个人评价里添加政府3.0协作促进业绩,给公务员提供政府3.0和协作有关的奖励
预算	为了促进协作,对协作TF事业提供预算

资料来源:根据MOSPA（2013a）资料进行整理而得。

(2) 具体课题的实施计划和内容

消除部门之间的隔阂有以下几个具体课题：①以国政、协作课题，为中心改编政府组织；②为促进协作诊断政府组织；③中央政府、地方自治团体，以及中央各机关之间扩大交流；④在政府业务评估里添加协作等有关政府 3.0 实施的项目；⑤在个人绩效评估里反映协作等有关政府 3.0 的业务成绩；⑥提供预算来支持部门之间的协作（见表 4 – 10）。

表 4 – 10　　　　　消除部门之间隔阂的具体课题和内容

具体课题	实施计划和内容
以国政、协作课题为中心改编政府组织	• 政府组织改编为以国政、协作课题为中心的组织模式 ——在现在的机构和人员编制里，增补国政课题的执行人员 ——通过统招人员①方式，增加国政课题和协作课题的执行人员 • 为了促进国政课题和协作课题，在整体政府层面实行统招人员制度 – 在每年全体政府机关的人员中安排一定比例人员实行国政课题和协作课题等新政府课题 • 为了促进部门之间的协作，组建以解决问题为目的的临时组织 ——组建临时组织，并安排相关人力和工作环境来解决每个课题
为促进协作诊断政府组织	• 组织诊断和课题选定 ——在国政课题和协作课题中选出部门之间或中央政府和地方自治团体之间存在隔阂、重复的项目或缺乏服务等问题的课题 • 组织诊断和课题类型 ——分类为多部门之间的职能或项目调整课题、执行现场的诊断课题、单一机关的组织职能相关的课题 • 组织诊断和评估内容 ——为了找出问题的核心，按照课题的性质分析机关之间的职能、项目调整或执行体系的效率

---

① 统合定员制是政府统筹管理各个部门工作人员的制度，因此可以避免各个部门之间的隔阂，而且按照全体政府的战略优先顺序重新安排人员的制度（Kim Yun – kwon, *A Study on the Government Size and Fixed Number of Civil Servants*, Korea Institute of Public Administration, 2013b, p. 96.）。

续表

具体课题	实施计划和内容
中央政府、地方自治团体，以及中央各机关之间扩大交流	• 局、课长级的人事交流 ——（局长级）开放现在的高层公务员团[1]，并将新的岗位招聘用人事交流方式进行 ——（课长级）实行职位招聘制，并扩大开放型职位[2]的数量 • 四、五级以下职位[3]实行人事交流制 ——（中央）协作课题10%以上的岗位通过人事交流方式聘用 ——（中央—地方自治团体）在需要协助的领域，各个机关希望通过交流的方式扩大人事交流 • 中央—地方自治团体的课长级职位实行计划交流目标制定 ——（课长级）实行计划交流目标制[4]并逐步扩大到全体机关 • 对五级招聘公务员实行中央—地方自治团体之间的交换工作制[5] ——在一年试用期内要求在中央和地方自治团体工作

---

[1] 高级公务员团制度是在制定和管理政府主要政策时起到核心作用的室长和局长级别（1—3级）的公务员在全体政府层面进行统一管理的制度。实施这个制度是为了实现能位匹配性地安排公务员，扩大开放和竞争，强化绩效和责任，进而建设能力型政府。高级公务员团制度从1978年美国通过公务员改革法开始实行以后相继在英国、澳大利亚、加拿大等经合组织成员国实行。韩国是从2006年7月1日起实施此制度的。

[2] 为了促进竞争，韩国政府对高级公务员团和课长职位实施开放型职位制度和与其他机关公务员一起竞争的职位公开招聘制度。其中职位公开招聘制度是为了有效利用政府内部人员，提高制定和管理政策的效率，对需要招聘的岗位通过机关内部或者在其他机关的公务员中进行公开招聘，选拔符合岗位要求的公务员的任用制度（公务员法第28条第5项）。

[3] 中央行政机关为了加强制定政策职能和有效管理人员，在中央行政机关的支援机关或者支援机关下面安排复数级别的公务员。复数级别制是在室长、局长或者有着相应级别的工作人员下面安排能替代四级公务员的三级公务员，或者在课长下面安排能替代五级公务员的四级公务员的动作方式。

[4] 在人事行政领域实行统合定员制来确保沟通协作，同时为了支持课题将扩大中央政府各部门之间的人员交流和中央与地方自治团体之间的"计划交流目标制"的实施。

[5] 为了促进国家与地区发展和促进中央—地方之间的协作，中央政府把具有专业知识的人才安排到地方，地方自治团体中有实力的人才派遣到中央政府工作，从而促进相互理解和沟通，提高行政管理的综合效应。

续表

具体课题	实施计划和内容
在政府业务评估里添加协作等有关政府3.0实施的项目	• 在政府业务评价里补充有关政府3.0的内容 ——（自行评价）在安全行政部制定指标的行政管理能力评估里补充政府3.0的相关指标 ——（特别评价）评估国政课题在实施过程中机关之间的协作。在实施国政课题中将参与机关的具体课题执行情况反映到评估里 ——（指标开发）为了检验政府3.0的实行情况，开发十大重点课题的评估指标 ——（使用方案）根据适用结果完善绩效指标，并反映到政府业务评估里 • 在地方自治团体的联合评估里补充协作等有关政府3.0的评估内容 ——在地方自治团体的联合评估里补充地方自治团体的政府3.0实行情况，考虑十大重点课题的紧急性和效果，并将地方自治团体能够实行的课题优先反映在评估内容里
在个人绩效评估里反映协作等有关政府3.0的业务成绩	• 在个人绩效评估里添加协作等有关政府3.0的内容 ——在个人绩效评估里添加协作等有关政府3.0的业务实行情况 • 在进行个人绩效评估时对积极参与交流的人提供奖励 ——将在其他机关或在市道的交流经验反映到升职等人事调动上 ——（绩效奖励）对交流中的人员进行绩效评估时考评成绩给"优"[1]
提供预算来支持部门之间的协作	• 组织运营 ——最大限度地利用现在的组织和人力资源，必要时可以新增协作TF小组，并在财政管理检验会议上检验协作业务的执行情况 • 安排预算 ——预算可以分为事业费和TF小组的运用费 • 执行预算 ——在执行协作项目的预算时要充分汲取协作TF小组的意见 • 预算奖励和执行 ——通过对财政管理检验会议选拔优秀的协作TF小组，安排下一年预算时给予奖励

资料来源：根据MOSPA（2013a）的资料整理而得。

---

[1] 评估工作绩效是在公务员工作的政府机关内部根据具体指标系统地、定期地评估能力、价值观、工作业绩等。评估工作绩效是针对工作人员进行的，在这一点上和评估职位价值有所区分，但是在评估工作人员履行职务情况方面又和职位有关联。每一个评估项目都分为五个等级：不及格、及格、一般、优秀、非常优秀。

（3）对消除部门之间隔阂的分析

消除部门之间的隔阂有助于完善政府的管理模式，可以将视为促进多个政府机关之间协作的基石。如果要进行协作，首先要消除部门之间的隔阂，这需要认真执行以下六个具体课题。

第一，把政府组织改编为以国政、协作课题为中心的组织模式，这是在各个政府机关只顾自己业务的前提下提出的。全球性难题和复杂多样的行政需求，单个组织很难完成整个任务，因此，需要把以前僵硬的、只顾机关利益的组织改编为能够灵活解决问题的组织。这需要利用整体政府层面的统招人员方式（统合定员制），根据问题的解决方式和行政需求来安排工作人员。

第二，为了促进协作而进行的组织评估也具有同样的性质。以前每个机关为了执行自己的任务和目标而设计的组织任务（Mission）、发展目标（Vision）、战略、职能、组织结构、工作流程、人力资源设计、组织文化、绩效管理、知识管理、应对变化管理等内容都是根据单个组织的核心职能提前设计的。而促进政府机关之间的协作是通过分类调整政府机关之间的职能和项目的课题、诊断执行现场课题、单一机关的组织、职能相关的课题来执行国政课题和协作课题，这样的工作可以为构建一个解决难题和满足行政需求的能力型政府提供基础。

第三，进行中央和地方自治团体、中央机关之间的交流，可以有效地促进机关之间的协作。公务员一般在一个工作领域工作二三十年，因此，很容易陷入群体思维（Group Thinking）或缺乏专业能力（Trained Incapacity），在这种情况下，很难适应新的行政环境或很难满足公民的行政需求。人事交流不仅可以使公务员尝试不同的工作并积累经验，还能了解其他机关的工作，更好地促进部门之间的协作。局课长级人事交流，四五级[①]以下公务员的定额交流制、中央和地方自治团体的课长级计划交流目标制、五级公开招聘的公务员在中央和地方自治团体交换工作制度化等制度有利于促进机关之间的协作。需要指出的是不仅中央政府和地方自治团体之间需要交流，而且也要积极促进与其他公共机关和非政府组织之间的交流。

[①] 为了加强制定政策职能和有效地管理人力资源，在中央行政机关（包括协议制行政机关）的顾问机关下面可以安排多级别的公务员。在室长、局长或同等级别的顾问机关下面可以安排三级公务员来替代四级公务员（定额安排三四级），在课长或同等级别的顾问机关下面可以安排四级公务员来替代五级公务员（定额安排四五级）。

第四，在进行政府业务评估时，添加协作等政府3.0的实施成绩也有利于促进政府机关之间的协作。如果说制度是给行为者提供制约和机会的社会框架，那么为了积极促进中央行政机关和地方自治团体以及公共机关之间的协作就需要在制度上做相应调整。在新公共管理模式里，公务员只要履行好自己的职能和业务就能得到好的绩效评估成绩，但现在也要评价与其他机关的协作的成效或通过协作得到的成果。而且在政府业务评估指标里需要补充有关协作的内容，并且要适当提高比重。协作的努力和相应的成果不仅要有经济上的补充，还要有非经济上的补充。

第五，在个人绩效评估里添加协作等有关政府3.0的内容成为公务员的动力。组织管理中有实质性效果的奖励方式有升职和报酬，因此在决定升职和报酬的个人绩效评估里反映公务员的协作成效和成果指标就能很好地促进公务员之间的协作。为了减少新公共管理强调的个人绩效评估的弊端而出现后新公共管理的协作，利用个人绩效评估看似比较矛盾，但是新公共管理中的个人绩效评估是在自己组织里面顺利完成业务就能得到很好的评价，而协作作为后新公共管理的核心工作模式强调与其他组织之间的协作。在这个层面上与新公共管理有着明显的区别。设计一个含有协作项目的工作评估和奖励制度有利于促进政府机关自觉地协作。

第六，相应的预算安排方式可以实质性地支持协作。但是现行的预算方案反而会削弱协作。因为让参加协作的机关自行安排预算会降低它们的积极性和持续参与。所以如果企划财政部把包括中央政府、地方自治团体、公共机关和民间组织在内的全体参加机关以协作统筹预算的名义安排到负责协作的机关（国务调整室和行政自治部协作行政课）上就能激励协作。

2. 构建用于协作和沟通的系统

（1）宗旨

如上所述，为了促进协作，需要执行消除机关之间隔阂的具体课题。如果要持续地、系统地支持协作，除了消除机关之间的隔阂还需要用制度来支持信息的共享和公开。现在因为每个机关各自运营自己的信息处理系统，所以很难进行组织之间的信息共享，也很难在整个政府层面上进行统一的公开。

虽然韩国的电子政府达到了全世界最高水平，但是在发展过程中各个部门互相竞争开发了各自的电子系统。因此，出现了4万多个行政技能（BRM），1.8万多个单个系统，8万个服务器设备（Server Device），相应的预算也逐年增加。① 为了克服这样的问题需要进行以下工作：①为了促进协作，和定制型的服务，连接相关的系统来共享信息；②为了促进政府内部的协作，需要系统的支持。在政府内部构建统一的电子沟通系统，确保机关之间自由地沟通和协作。并且还要配备影视会议室、电脑影像会议、智能工作中心②（Smart Work Center）、移动业务系统等相关的设备来克服机关之间的距离问题，提高效率。③

（2）具体课题的实施计划和内容

构建一个支持协作和沟通系统的具体课题需要包含以下几个方面：①连接政府机关之间的信息共享系统；②构建统一的沟通协作系统；③利用数字技术促进协作（见表4-11）。

（3）构建用于协作和沟通系统的课题分析

如果要持续地、系统地促进协作，连接现有的信息系统非常重要，还需要构建一个统一的、数字化的协作模式。

第一，如果要实现信息共享和构建统一的系统，首先要摸索出一个能开发、运营、管理的信息共享系统方案。现在的系统是每个政府机关各自组建运营信息系统，所以会出现信息重复和连接性审查的问题，因此，需要连接各个信息系统，构建一个统一的信息系统。

第二，扩大行政信息的共享范围可以说是促进协作的前提条件。各个机关积累自己的行政信息，很难把这些信息用在以知识为基础的管理上，也不利于为公民提供行政服务。搜集行政信息的最终目的就是为公民服务，所以政府机关不仅要在机关之间共享信息，而且还需要对私营部门或社会进行公开，以为创造经济的发展做贡献。

---

① Government 3.0 Promotion Committee, "Trustful Government, People Happy Nation: Government 3.0 Development Plan", Government 3.0 Promotion Committee（cited, 2014-09-17）, 2014b.

② 智能工作中心指的是工作空间。这种工作空间不是由指定的企业或机关拥有或安排，而是在需要工作空间时支付费用后使用。在这样的智能工作中心工作可以节约时间，还能解决交通拥堵问题，对于公司来说还能降低租金和停车费等经费。所以有些公共机关和企业利用智能工作中心的案例正在逐步增加。

③ MOSPA, Government 3.0 Total Action Plan（cited, 2013-08-14）, 2013a.

表4-11　构建一个支持协作和沟通系统的具体课题和内容

具体课题		实施计划和内容
连接政府机关之间的信息共享系统	共享信息和连接系统	组建信息共享协议会，协调机关之间的意见，检查实施情况
		共享信息，连接并构建统一的系统
		持续开发新的课题
	扩大共享信息的内容	为了构建信息流通中心，完善系统扩充设备
		为了扩大共享信息的内容，持续开发共享信息的内容和对象机关
构建统一的沟通协作系统	构建统一的沟通系统	为了加强机关内部和机关之间的沟通，组建电子沟通渠道
		为了支持机关内部和机关之间的沟通，组建网上协作空间
		构建智能型工作环境以便能随时随地工作
		构建相应的运营环境来监督协作执行情况等相关业务
	在全体政府层面构建知识经营系统①	在行政机关促进以各种知识为基础的知识行政
		在整体政府层面上制定有关知识经营的基本计划
		在整体政府层面上制定与知识经营系统有关的信息战略计划（ISP）
		在整体政府层面上构建知识系统
	构建移动工作环境	构建一个能用移动设备（手机、iPad等）工作的电子政府
		构建整个政府机关都能用移动设备处理行政业务的系统
	利用云计算处理业务	将政府统一计算中心的系统转换为云计算系统
		将政府统一计算中心重组为国家云计算管理中心
利用数字技术促进协作	使用影像会议	普及影像会议文化
		建设影像会议室，并相互连接系统
		改善电脑影像会议设施，并普及使用
	使用智能工作中心	构建智能工作中心
		使用智能工作中心

资料来源：根据MOSPA（2013a）的资料重新整理而得。

第三，构建政府统一的沟通系统是为了应对全球环境巨变下出现的问题和行政需求统筹沟通渠道，并在网上制作协作空间使公务员不受时间和

---

① 构建覆盖全体政府的知识管理系统，用于自动保存和减缩执行政策时需要的政策和工作内容。执行政策时通过创新型文化的扩散完善政策质量和行政服务。设计构件知识经营系统的目标、战略、执行体系、具体课题和日程安排等基本计划。

空间的限制自由地进行协作。这需要公务员能使用知识管理系统或记录物品的管理系统[1]，还要营造职能业务环境。

第四，在全体政府层面上构建一个知识经营系统是为了通过知识经营来提高政策的质量。知识经营是组织为了创造、储存、转移、适用知识而开发的一系列的业务程序。知识经营可以提高组织的学习和适用知识的能力。安全行政部曾提到过如果要在全体政府层面上组建知识经营系统就要完成以下几个方面的工作：①在行政机关促进知识行政；②在全体政府层面上树立知识经营基本计划；③在全体政府层面上树立有关知识经营系统的信息战略计划（ISP）；④在全体政府层面上构建知识经营系统。[2]

第五，建设支持移动设备的电子政府是在转变为智能工作模式的业务环境下的重要发展方向。进行机关之间的协作时需要克服空间和时间制约。因此，逐步从指定的时间和场所认真工作的"Work Hard 时代"进入了能够随时随地工作的"Work Smart 时代"。Work Smart 不是指时间、空间、工作都能灵活地控制，而是指不再受到空间的限制，不在办公室的时候也能通过移动设备办理业务。

第六，利用云计算技术促进协作是在硬件上非常重要的发展。如果用云系统来代替 U 盘或移动硬盘可以随时随地接收信息，那么在进行协作时能成为非常重要的系统。安全行政部曾提到，如果要组建云计算系统就要完成以下两个工作：①将政府统一计算中心的系统转换为云计算系统；②将政府统一计算中心重组为国家云计算管理中心（National Cloud Master Center）。

第七，为了促进协作需要普及影像会议。要注意的是影像会议本身不是以促进协作为目的的，而是在不得已（受地点或时间等限制）的情况下使用影像会议。韩国安全行政部曾提到，如果要普及影像会议就要完成以下几个方面的工作：①普及影像会议文化；②建设影像会议室，并相互连接系统；③改善电脑影像会议设施，并普及使用。

---

[1] 知识管理系统（Knowledge Management System）是以包括组织成员对知识的态度、评估组织的专业能力和补偿机制、共享知识文化在内的组织基础设施以及包括通信网络、硬件设备和各种软件等信息技术在内的基础设施作为基本条件。《关于公共记录物法的实行令》中规定了记录官和特殊记录官为了用电子文件管理记录物而构建和运营的记录管理系统。国家记录院为了使记录工作人员根据记录物管理法和相关标准规定的方式和步骤执行记录物管理业务，开发了标准化的记录管理系统。

[2] MOSPA, *Government 3.0 Total Action Plan* （cited, 2013 - 08 - 14），2013a, pp. 250 - 251.

第八，使用智能工作中心是克服工作地点限制的有效途径。这是通过摆脱现有的定型化工作环境，使公务员不受时间和地点的限制，自由地履行业务的系统。韩国的政府部门分散在政府首尔大楼、政府世宗大楼、政府果川大楼、政府大田大楼四个地方。因此需要构建职能工作中心来提高工作效率，也有利于机关之间的协作。

3. 利用大数据等技术实现科学行政

(1) 宗旨

信息环境从单一的以政府机关为主的信息系统逐渐转换为连接共享机关之间的信息系统、以数据为中心的社会运行模式。公共数据和官民数据的融合也发展了以开放、共享、创造为基础的知识社会。在这种变化中备受瞩目的就是大数据技术的发展和通过不同机关之间的协作营造出可以分析数据的环境。随着大数据分析技术的发展，以前很难分析的数据也可以轻易地分析并用到实处。因此，逐渐形成从过去的每个政府机关各自收集分析数据转变为通过开放、共享、连接、协作来创造新附加值的社会环境。[1]

怎样利用大数据影响国家的竞争力？通过分析数据可以发掘新的价值，还能在公共领域树立未来的国家战略、提前预防社会问题、为需求者提供定制型服务等提供有效信息。因此，政府为公共领域大数据的研究和开发、培养人力资源提供支持，也帮助私营部门的大数据产业发展。[2]

(2) 具体课题的实施计划和内容

如果要利用大数据实现科学行政，需要实施以下几个课题：①利用大数据实施示范项目；②组建大数据共享设施；③修订相关法律法规（见表 4-12）。

(3) 利用大数据实现科学行政的课题分析

要利用大数据来实现科学行政，需要进行三个方面工作：①通过不同政府机关之间的数据共享促进大数据的使用。这需要把过去垂直的、碎片化的数据使用方式转变为平衡的数据共享方式，并且营造出协作的组织文化。通过分领域分析大数据及时进行决策和执行。②在安全、经济等战略

---

[1] MOSPA, *Government 3.0 Total Action Plan* (cited, 2013-08-14), 2013a, p. 279.
[2] MOSPA, *White Paper on 2013 Government* 3.0, 2014d, p. 146.

领域逐步普及大数据的使用。先进行示范项目,再逐步扩散到其他能够使用的课题上。设计大数据共享设备时确保充分的空间和良好的性能以便逐步扩展使用领域。③通过连接促进项目、R&D、培养人力资源等工作来提高协作的有效性。这需要先把网上数据的支持分析技术(Web Data Analysis)与大数据处理和储存所需的基础技术统一协调起来。然后集中力量投资技术开发、培养人力资源、组建大数据分析使用中心。①

表 4-12　利用大数据实现科学行政课题的实施计划和内容

具体课题	实施计划和内容
利用大数据实施示范项目(21个)	·使用大数据自动生成统计数据 ·构建地理犯罪时空数据系统,使用大数据改善治安服务 ·使用大数据构建海洋安全防灾服务体系 ·构建医疗信息统合系统 ·通过分析空间大数据提供定制型服务 ·使用大数据加强海洋水产扶持政策 ·构建(开放型)公民参与型交通安全体系 ·提前预测并应对自然灾害 ·使用大数据加强公民整合和扶持政策 ·通过配合福利需求和供给提供定制型服务 ·利用大数据构建环境信息服务体系 ·分析缴税数据防治偷税漏税问题,增加国家财政收入 ·通过分析基因等医疗数据增强公民的健康 ·支持个体工商户的创业 ·分析预测就业岗位现状来支持雇佣政策的制定 ·分析各种经济数据来支持经济政策的制定 ·通过禁止淫秽品来营造健康的互联网环境 ·构建网络系统的灾难管理和应对体系 ·通过预测需求来管理农副产品的生产 ·构建国家气候应对体系 ·通过分析卫星数据来应对灾难

---

① MOSPA, *Government 3.0 Total Action Plan* (cited, 2013-08-14), 2013a, p.280.

续表

具体课题	实施计划和内容
组建大数据共享设施	• 组建多少机关都能使用的大数据共享设施 ——为了支持各机关的数据需求，连接各个机关的公共数据，并组建共享分析设施来实现先进行政体系 • 组建大数据分析使用中心 ——负责分析处理大数据的技术开发，制定数据连接使用的技术标准，提供咨询 • 组建国家未来战略中心 ——（第一阶段）制定有关在未来创造科学部里增设国家未来战略中心的方案 ——（第二阶段）构建并鉴定未来战略系统 ——（第三阶段）组建运营国家未来战略中心
修订相关法律法规	• 制定有关大数据使用的法律依据 ——通过修订《电子政府法》来为政策制定和电子政府服务的提供寻求行政信息的收集和共享有关的法律依据 • 研究大数据为基础的行政体系和法律制度的构建 ——研究有效利用大数据的数据管理体系，并为大数据的普及化制定法律依据

资料来源：根据 MOSPA（2013a）资料整理而得。

第一，为了制定政策和提供需求者定制型服务，利用大数据技术选定21个与公民需求相关和使用率比较高的示范项目，并逐年推进。[①] 各个机关选定大数据资料之后制定与大数据有关的政策来确保及时计划、执行和监督有关的大数据政策。即每个政府机关需要设计一个与计划、执行、评估等有关大数据的循环使用体系。[②]

第二，为了构建大数据共享设施，需要通过机关之间的数据连接、共享和使用，在树立未来战略和提供公共服务等方面支持政府革新。当初，韩国政府试图应科学地分析国家知识信息之后组建国家未来中心，以便能支持国

[①] MOSPA, *Government 3.0 Total Action Plan* (cited, 2013-08-14), 2013a, p. 282.
[②] Government 3.0 Promotion Committee, "Trustful Government, People Happy Nation: Government 3.0 Development Plan", Government 3.0 Promotion Committee (cited, 2014-09-17), 2014b, p. 125.

家的各种问题并树立未来战略,但是没能实现这个方案。2014年9月,未来创造科学部和韩国信息化振兴院想树立以大数据为基础的未来战略,把"数据战略中心"改编为"未来战略中心"。新组建的未来战略中心负责进行大数据的收集和设备分析,并支持预测未来和设计战略时的协作工作。

第三,需要修订《电子政府法》[1] 以为大数据的普及和使用提供法律依据。这需要在数据使用范围、数据的调整、程序、支援等方面制定具体的规定,[2] 而且在修订《电子政府法》的同时要检查与公共信息有关的其他法律和与保护隐私(Privacy)有关的法律中有没有跟大数据政策冲突的内容。[3]

(三) 服务型政府的课题

构建服务型政府的重点课题有以下四个方面的内容:①为需求者整合提供定制型服务;②加强对创业和企业活动的"一站式"扶持;③提高信息弱势群体的服务可达性;④利用新的信息技术创造新的定制型服务。

1. 为需求者整合提供定制型服务

(1) 宗旨

今天,行政环境逐渐多样化,而且每一个公民所处的生命周期(Life Cycle)[4](见图4-9)和环境类型所需要的服务类型也变得越来越多。在这种复杂多变的环境下,政府需要根据公民的具体需求调整政策、项目、服务甚至整个系统。这是因为政府意识到以前的以供给者为中心的行政便利式服务方式已经很难满足每一个公民的行政需求。[5]

---

[1] 《电子政府法》规定有关行政业务的电子处理时的基本原则、程序、实施方法等内容来有效地运营电子政府,提高行政业务的效率、透明度和民主性,最终实现公民生活质量的进一步提高。随着为需求者提供定制型服务、促进不同机关之间的协作、普及大数据的使用等有关政府3.0的工作逐步推进,韩国政府为了进一步提高行政业务的质量制定了《电子政府法实施令》,并在2014年7月22日通过了国务会议。

[2] MOSPA, *Government 3.0 Total Action Plan* (cited, 2013-08-14), 2013a, p.293.

[3] MOSPA, *Government 3.0 Guide*, 2014b, p.125.

[4] 按照生命周期,定制型服务是在婴儿时期(打预防针等),幼儿时期(支援幼稚园费等),小学、初中、高中时期(综合提供升学信息),大学生时期(提供就业信息),中年时期(提供创业信息),老年时期(领取养老金)等根据不同年龄段提供相应服务的制度。

[5] MOSPA, *White Paper on 2013 Government 3.0*, 2014d, pp.156-157.

图4-9 生命周期服务

为每一个公民提供定制型的服务,①可以避免需求者因为不了解复杂的制度和扶持政策而被排除在制度之外的问题;②可以缓解因为分散职能在不同机关或部门而出现的混乱和不方便问题;③随着多元化社会的发展,以供给制为中心的"一刀切"的服务很难满足公民的需求,提供定制型服务可以提高服务的满意度;④即便是同一个人,在不同的生命周期中所需要的服务也不同,因此,提供服务时需要考虑这方面的因素(见表4-13)。①

表4-13 公共服务的提供趋势

区分	现在(As-Is)	未来(To-Be)
观点	以供给者为中心	以需求者为中心
对象	一般公民(General)	根据个人类型(Special)提供
提供方式	事后的、被动的	事前的、能动的
接触方式	需要访问好几个政府机关	一站式服务或不需要访问政府机关
整合性	片面的、碎片化的	整合型
服务范围	很少考虑边缘地带	在边缘地带也能获得服务

资料来源:MOSPA(2014b)。

提供定制型服务②的目的有以下几个方面:①通过开放、共享、沟通、协作站在需求者的角度根据每一个公民的特征和要求重新设计政府的各种

---

① MOSPA, *Government 3.0 Guide*, 2014b, p.145.
② 为需求者提供定制型服务意味着根据每一个人的要求重新设计服务,而不是从供给者的角度出发提供服务。而整合提供服务是指把以前分机关和业务提供的行政服务整合成几个大类型的服务以后提供给公民。整合服务方式可以分为先合并几个机关以后由一个机关提供服务的方式和不合并机关只提供整合服务的方式。提供生命周期型定制型服务是因为同一个人在不同的生命周期所需要的服务也会不同,因此根据所处的生命周期把行政服务分几个不同类型的服务(例如:生育、育儿、多文化家庭、残疾人、老人等)(MOSPA, *Government 3.0 Guide*, 2014b, pp.144-145)。

政策和服务来提高公民的幸福感；②根据人的生命周期类型提高服务质量；③把服务的提供体系转变为事前的、能动的方式。①

（2）具体课题的事实计划和内容

为需求者提供定制型服务有三个具体的课题：①根据生命周期类型提供一站式福利服务；②通过完善 minwon. go. kr 网站提供日常生活中所需要的服务和信息；③通过连接整合系统来消除公民的麻烦事（见表4-14）。

表4-14　为需求者提供定制型服务的实施计划和内容

具体课题	实施计划和内容
根据生命周期类型提供一站式福利服务	• 为实现定制型服务制定公共服务目录管理方案 　——为了制作公共服务目录资料分析相关信息 • 提供定制型服务，制定个人信息的使用依据 　——实行公共服务的目录管理和电子化，提供公共服务的目录 • 检查每个机关的实行状况，发掘优秀案例 　——履行业务时查找问题，并积极反馈意见 • 为了提供定制型服务，积极进行电子政府支援工作 　——支持电子政府，并与韩国信息化振兴院架构合作体系
通过完善 minwon. go. kr 网站提供日常生活中所需要的服务和信息	• 整合提供生活信访业务的示范服务 　——以违规、罚款等信息为重点提供示范服务 • 整合公民容易感受到的生活信访信息，并逐步扩大提供范围 　——针对和公民的生活密切相关的信访业务进行整合，并提供服务 • 制作智能手机阅览信息系统 　——开发智能手机专用服务 • 构建能提供整合信访服务的设备 　——根据信访信息的类型与外部机关构建连接系统
通过连接整合系统来消除公民的麻烦事	• 连接整合多种服务 　——通过修订法律法规、连接系统、整合信访服务等方式消除公民的麻烦事 • 促进重要信息资料的共享 　——为了实现定制型的服务，整理出最基本的信息邀请项目

资料来源：根据 MOSPA（2013a）资料整理而得。

---

① MOSPA，*Government 3.0 Guide*，2014b，p.144.

(3) 为需求者整合提供定制型服务的具体课题分析

以前提供给公民的服务都是以片面的、碎片化的课题形式进行的。因此在整体政府层面上很难对分散在各个机关的服务进行统筹。为了改善这种现象，把政府 3.0 的开放、共享、沟通、协作等价值反映到政府业务上，通过共享政府 3.0 的发展目标等方式，逐步转变公务员的认识。同时，还需要通过跟私营部门进行协作、共享信息等政府 3.0 的方式完善工作方式，持续提供定制型服务来解决公民日常生活中的问题。[①]

第一，如果要根据人的生命周期划分服务类型并提供一站式服务的话，设计出来的服务要有利于执行相关制度或政策的负责机关和公务员。提供服务的一线机关（Street Level）给居民介绍定制型服务和接受申请的系统应该设计得方便一点，才能很好地促进业务。这需要收集普通公民、企业、专家、服务供给主体（一线工作机关的公务员）等各方面的意见，并反映到制度设计上（见图 4-10）。

| 准备需求者中心的定制型服务 | ⇨ | 选定定制型服务课题 | ⇨ | 制定定制型服务的实施计划 | ⇨ | 提供定制型服务 | ⇨ | 评估和监督 | ⇨ | 执行牵头课题 |

图 4-10　为需求者提供定制型服务的促进阶段

资料来源：MOSPA（2014b）。

第二，通过 minwon. go. kr 网站提供信访信息是公民提高信访业务要求的结果。以前的信访业务主要以不同机关给公民发放信访文件的形式为主，随着电子政府的发展，公民提高了对通过单一窗口接收各种信访文件的要求。电子版信访业务是 2002 年构建电子政府的核心课题之一，组建了 minwon. go. kr 网站[②]。开通网站之初，能通过网络处理的信访业务非常有限，大部分业务需要准备各种资料逐个访问相关行政机关。为了消除普通

---

① MOSPA, *White Paper on 2013 Government* 3.0, 2014d, p. 157.
② 这是韩国政府运营的网络服务系统。通过此系统就不用专门去洞事务所（居民委员会）或区厅（区政府），在网站上就能下载居民身份证件或者其他的证明材料，为公民带来了便利。韩国的电子政务水平位居世界第一。从 2017 年 4 月开始，此系统除了提供一般的行政服务外，还提供政府的各种政策和信息。

公民和企业的不便，需要逐步完善电子信访业务。① 通过完善 min-won. go. kr 来扩大日常生活中所需要的信访服务，可以大大提高利用效率，减少时间和费用，还能提供定制型的服务，减少使用纸质的文件，降低碳排放量。②

第三，即便需要整合服务，因为法律和主管单位的不同，连接系统和整合服务非常难。同时，大法院、国税厅等机关持有的重要信息很难在政府机关之间共通，因此，一线工作机关的公务员很难全面地介绍服务。所以，为了整合服务，需要做修订法律、连接系统等工作来破除政府机关之间的隔阂；为促进信息资料的共享，需要强化行政信息共同使用中心和信息持有机关之间的协作。③

2. 加强对创业和企业活动的"一站式"扶持

（1）宗旨

因为扶持企业活动的政府业务分散在多个部门，所以企业如果想办理业务就需要访问多个部门，这会浪费很多时间和费用。因此，最大限度地公开企业所需要的信息，再构建对企业的"一站式"扶持体系，不仅要利用 ICT 技术提供网上的"一站式"窗口，还需要组建几个"一站式"企业扶持站点来提高服务的质量。④

为了扶持企业活动，首先把各个中央政府机关、地方自治团体、项目执行机关的相关业务管理系统连接起来收集企业信息和扶持信息，整合成一个数据库统一管理，再通过雇佣劳动部、专利厅等机关，通过私营企业的信息管理部门之间的协作来收集中小企业扶持政策惠及的企业数、登记的专利数、销售额等信息。这样可以避免特定领域或企业得到过多扶持的现象，还能通过监督管理受惠企业的经营情况来制定企业的不同发展阶段的扶持政策。⑤

（2）具体课题的实施计划和内容

为了加强扶持创业和企业活动的"一站式"服务，需要实现以下四个课题：①构架中小企业扶持事业的整合管理系统；②组建企业活动专

---

① MOSPA, *White Paper on* 2013 *Government* 3.0, 2014d, p. 183.
② MOSPA, *Government* 3.0 *Total Action Plan*（cited, 2013 – 08 – 14），2013a, p. 308.
③ Ibid., p. 310.
④ MOSPA, *Government* 3.0 *Guide*, 2014b, p. 161.
⑤ MOSPA, *White Paper on* 2013 *Government* 3.0, 2014d, pp. 189 – 190.

门扶持机构和完善与扶持创业和企业活动有关的制度等;③在 min-won. go. kr 网站共享、连接企业扶持信息;④在地方自治团体设置许可专用窗口(见表4–15)。

表4–15 加强扶持创业和企业活动的"一站式"服务课题的实施计划和内容

具体课题	实施计划和内容
构架中小企业扶持事业的整合管理系统	• 架构统筹管理系统,制订信息化战略计划 ——中央政府机关整理提供有关中小企业扶持项目的历年资料和企业信息资料 • 提供地方自治团体的中小企业扶持项目资料和企业信息 ——构建地方自治团体的项目管理系统,确保按照每个项目的扶持信息和原始资料纳入其中 • 构建并运营有关管理历年信息、绩效评估等综合鉴定统筹管理系统
组建企业活动专门扶持机构等扶持创业和企业活动有关制度的完善	• 根据企业的生命周期提供定制型服务 ——制造业的生命周期分为:创业→成立公司→设立工厂→经营等阶段,要进行区别扶持 ——在 ICT 领域,根据企业的生命周期分为创业、企业经营、企业发展等阶段分别提供信息和服务 • 安全行政部负责运营企业活动扶持专业组 ——中小企业巡视官和安全行政部之间构建协作促进体系 • 通过机关之间的协作来改善企业的信访业务 ——通过各部门之间的信息共享和协作来发掘可供改善的信访业务,合并类似的业务,调整信访业务的处理时间,取消不必要的文件,共同使用行政信息 • 各部门管理中小企业扶持政策 ——产业通商部运营"解决困扰企业的问题、管理扶持团" ——在中小企业厅运营"中小企业规制改革工作" ——未来创造科学部运营"网络规制完善评估团"等
在 minwon. go. kr 网站共享、连接企业扶持信息	• 构建符合每个企业需求的定制型的一站式统筹扶持系统 ——以 minwon. go. kr 为基础,连接未来创造科学部的企业扶持项目和中小企业厅 bizinfo. go. kr 等跟扶持企业有关的资料来统筹提供与扶持政策有关的信息

续表

具体课题	实施计划和内容
在地方自治团体设置许可专用窗口	• 根据地方自治团体设置许可专用窗口 —— 根据地方自治团体的特征提供几个专用窗口模式 —— 通过把许可权下放给地方自治团体、放宽规制等方式提高许可专用窗口的专业职能

资料来源：根据 MOSPA（2013a）整理而得。

（3）加强扶持创业和企业活动的"一站式"服务课题分析

加强对创业和企业活动的扶持和提供"一站式"服务，是希望通过构建定制型的"一站式"企业扶持系统（Government for Business）来提高扶持项目的效率。在现实中与扶持创业和企业运营有关的服务都是以机关或者部门为单位提供的，导致企业的交易成本（Transactional Cost）巨大。因此，通过中小企业扶持项目统筹管理系统可以避免重复扶持等问题，也可以提高政府扶持政策的效率。

第一，中小企业扶持项目统筹管理系统[①]把中央政府机关和地方自治团体正在促进的中小企业扶持项目的信息，以及对企业的历年扶持资料和现状等信息整合在一起提供给主管中小企业扶持项目的执行机关。这样做一方面可以避免对特定企业的集中扶持现象；另一方面可以通过分析扶持前后企业的运营状况来提高扶持政策的实施效果。[②] 为了构建和运营统筹管理系统，需要收集各机关持有的历年资料，但是，因为资金扶持政策或信用担保扶持项目等有关资料里包含了企业的信用信息，所以收集和使用这些资料的时候必须要具备相关资料使用方面的法律依据。而且，要想稳定地运营统筹管理系统和连接最新的资料，就要在整体政府层面上组织协作框架，并且由专门机关来负责统筹管理系统的运营。[③]

第二，组建企业活动扶持专门机构、完善与创业、企业相关的制度，

[①] 韩国政府希望分三个阶段架构统筹管理系统。2013 年，先开展制定信息化战略计划（ISP），集中中央政府机关的资金，连接 R&D 领域的 104 个项目等工作。2014 年，连接中央政府机关的出口销路、人力资源等 45 个项目和地方自治团体的中小企业扶持项目。2015 年，连接中小企业厅的 bizinfo. go. kr 网站，为中小企业提供统一网络在线申请、根据企业特征提供定制型政策信息等服务。

[②] MOSPA，*White Paper on 2013 Government 3.0*，2014d，p. 189.

[③] Ibid.，pp. 194 – 195.

是因为随着企业所处环境的变化出现了各种困扰企业的问题，其中有些是因为经济环境变化引起的，而有些是以前的制度不再适合现在的环境，因此，通过完善制度可以发现企业的需求和制度存在的问题，营造出有利于企业发展的环境和文化，同时，可以诊断和解决困扰企业的问题，使企业更具活力。韩国安全行政部曾提到过根据企业的生命周期可以将其分为：创业（冒险创业、R&D 信息）→企业运营（新技术信息、咨询、海外投资）→企业发展（冒险资金、公开企业）等类型的服务。通过分类提供服务可以使中小企业在一个地方获得出口有关的咨询服务，也能获得金融、保险、担保金、宣传、技术、设计、人力资源等一系列的服务。[①]

第三，以 minwon.go.kr 网站为基础连接共享资料是因为跟企业活动有关的大部分政府业务分散在好几个组织里。如果要统筹提供定制型的一站式服务，就需要跨部门的协作和信息共享。安全行政部曾提到，提供一站式服务是指制作单一的接触窗口（Single Window）。这需要进行以下两个方面的工作：①全部获取企业所需要的信息，并组建能处理提交材料等各种业务的办公室或网站；②组建一个能解决困扰企业问题或涉及多个政府机关业务的办公室或网站。设计办公室或网站时要考虑怎样才能使企业访问一个地方就能解决问题或获取想要的信息。[②]

第四，在地方自治团体设置许可专用窗口时需要考虑以下几个问题：①集中办理许可业务来减少其他业务带来的负担；②针对在许可专用窗口工作的公务员提供多种奖励（升职等）；③为了缓解在下放许可业务时可能会出现个别机关不满或推卸责任等问题，需要明确规定业务分担；④为了确保许可专用窗口的稳定运营，中央政府需要定期进行监督和支持。[③]

3. 提高信息弱势群体的服务可达性

（1）宗旨

随着信息化进入人们日常生活的所有领域，信息弱势群体[④]的边缘化问题也越来越严重。虽然信息弱势群体的信息接触、信息能力、信息使用

---

① MOSPA, *Government 3.0 Guide*, 2014b, p.167.
② Ibid., p.165.
③ Ibid., p.172.
④ 现行法律没有明确规定信息弱势群体的概念，它一般指比起普通公民通过信息通信设备对数据化的信息接触机会较少，缺乏使用能力的阶层。但是为了生产信息的最大化和知识信息社会的综合实现，需要扩大信息弱势群体的概念和范围（MOSPA, 2014b）。

等方面的水平逐步提高,但是信息使用能力和使用类型与其他人使用差距依然很大。

为了在公民的立场实现以公民为中心的行政,并且从公民的立场事前把握公民的苦衷和困难来提供一站式服务,韩国安全行政部要和保健福祉部、未来创造科学部、国民权益委员会进行协作来提高信息弱势群体的服务可达性。①

根据信息的使用和可达性,可以把信息弱势群体分为三种类型:①信息边缘型是信息可达性和信息使用都比较低的群体;②信息需求型是有信息使用能力,并且想通过信息的使用来提高生活质量,创造新的价值,但是很难获取自己需要的信息的群体;③信息漠然型是接触信息的机会比较多,但是由于没有意识到信息的重要性或者缺乏使用信息的能力等原因导致信息使用率比较低的群体(见图4-11)。②

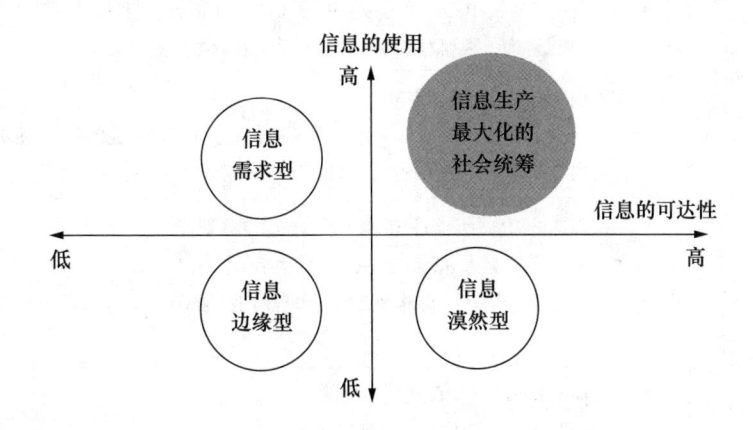

图4-11 信息弱势群体的类型

资料来源:MOSPA (2014b)。

根据信息弱势群体的类型和特征制定消除信息差距政策(Information Divide Solution Policy)可以达到信息生产最大化和实现信息社会的目标。如果信息差距比较大的话,知识信息社会的发展和社会统一会受到制约。所以不能简单地消除信息差距,而是要先适应信息社会。针对信息弱势群体的政策先从解决信息接触的差距问题入手,逐步扩大到消除信息使用的

---

① MOSPA, *White Paper on 2013 Government 3.0*, 2014d, pp. 213-214.
② MOSPA, *Government 3.0 Guide*, 2014b, p. 184.

差距问题。政策对象也从信息边缘型弱势群体逐步扩大到信息漠然型弱势群体。同时,为了解决有些群体具有的多种弱势问题,需要促进政府机关之间的连接和协作。①

(2) 具体课题的实施计划和内容

提高信息弱势群体的服务可达性要实现以下几个方面的内容:①将居民中心②重组为福利中心机关;②利用邮局提供信访、福利服务;③为盲人和聋哑人提供专门服务;④整合政府的呼叫中心(Call Center),提高对公民的服务质量;⑤为居住在国内的外国人提供专门服务;⑥对残疾人、老年人等弱势群体加强信息通信服务(见表4-16)。

表4-16 提高信息弱势群体的服务可达性课题的实施计划和内容

具体课题	实施计划和内容
将居民中心重组为福利中心机关	• 制定有关把居民中心重组为福利中心(Hub)等改编福利传递体系的方案 —— 深入咨询,根据对象综合提供福利信息,提供上门服务 • 增加福利职位的公务员数 —— 招聘新的福利公务员(包括重新安排行政职位的公务员),逐步增加民间的专业人才(访问护士、综合案例管理师、专业咨询师、文化福利师)
利用邮局提供信访、福利服务	• 利用邮递员加强社会福利传递体系和行政支援职能 —— 反映孤寡老人和行动不便的人的生活情况 —— 反映是否居住、森林火灾和灾害危险地带的观察、排放污染环境物品等问题 • 给行动不便的人免费配送信访文件 —— 从地方自治团体和地方邮局之间的协作扩大到安全行政部和邮政事业本部之间的协作体系 • 通过居民中心之间的协作来提供信访、福利服务 —— 连接各个居民中心,关心照顾弱势群体

---

① MOSPA, *Government 3.0 Guide*, 2014b, p. 186.
② 居民中心这个词是从2007年开始使用的,在此之前叫"洞事务所"。居民中心是基层行政机关,不仅能为公民近距离地提供行政服务,还能节省时间。对于像老年人那样使用互联网不方便的群体来说,在居民中心办理业务非常方便,但因为每个"洞事务所"都有自己的居民中心,所以行政费用比较高。

续表

具体课题	实施计划和内容
为盲人和聋哑人提供专门服务	• 在公共机关扩大投入视频手语和翻译服务 —— 特别是扩大对能直接接收聋哑人信访业务的一线行政机关（市郡区、邑面洞）的投入 • 加强对政策需求者提供服务的110呼叫中心的影像手语服务的宣传 —— 根据每个热点话题的特征进行宣传活动；制作和传送影像手语宣传视频；在社交网站进行网上活动 • 构建盲文服务的合作体系以便为盲人提供服务 —— 构建接收盲文和回信系统以便能为盲人服务；为聋哑人提供视频手语翻译服务
整合政府的呼叫中心，提高对公民的服务质量	• 合并首都圈的政府呼叫中心，并转移到果川政府大楼 —— 将教育部、法务部、国土交通部、外交部等机关转移到果川政府大楼 • 制定有关合并政府的呼叫中心的中长期计划 —— 构建一个不仅能连接中央政府机关，还能连接地方自治团体的一站式呼叫服务体系
为居住在国内的外国人提供专门服务	• 提供外语服务；为移居女性提供专门服务 —— 扩大 minwon.go.kr 网站的外语服务，为居住在韩国的外国人提供外语公文格式
为残疾人、老年人等弱势群体加强信息通信服务	• 为残疾人和老年人提供信息通信产品 —— 对了使残疾人和老年人跟普通公民一样使用信息通信产品并享受信息服务，制定标准化的网络接入方式，并通过教育增强意识，普及信息通信产品

资料来源：根据 MOSPA（2013a）资料整理而得。

（3）提高信息弱势群体的服务可达性的课题分析

在自由主义市场经济体制下，个人或私营部门的自主性和责任性非常重要。政府的角色是制定和维护能保障公民自主性和责任性的公正规则。但是因为缘于个人或社会的很多不确定性因素，社会上出现很多弱势群体，他们在日常生活中很难自立，政府有义务照顾他们，为他们提供服务。

政府3.0的管理模式强调给残疾人和老年人等弱势群体提供更多的服务，给信息弱势群体营造更多的信息接触环境来引导社会整合。在提供更多服务方面，需要提供并管理系统的整合型服务来提高弱势群体的福利体感温度。营造信息接触的环境方面需要不应区分残疾程度、年龄差别等，任何人都能共享和使用信息环境。

第一，为把居民中心重组为福利中心提供深层咨询，并根据咨询对象提供福利信息，而且还提供上门服务（见表4-17）。福利中心管理各种福利案例，并提供定制型服务。

表4-17　　　　　　　　　　居民中心的重组模型

区分	增强职能型	整合型	据点型	部分据点型
概要	在现有的居民中心增加福利相关人员来增强福利中心职能	合并两三个居民中心负责运营社会保障业务	两到三个居民中心的福利业务人员单独分裂出来组建一个福利中心，专门负责社会保障业务	在市和区组建几个机构，根据整合案例加强福利中心职能
主要职能	提供综合咨询、介绍服务 一站式接受申请办理业务 提供上门服务 社区保护体系	除了增强职能业务以外还负责管理整合案例	除了增强职能业务以外还负责管理整合案例	负责管理整合案例

资料来源：MOSPA（2014d）。

第二，利用邮局提供信访、福利业务，是通过与居民接触频率比较高的机关之间的协作来消除福利边缘地带。如果要解决弱势群体的信访业务，提高他们利用福利的便利性和效果，利用邮局、居民中心等居民近距离接触的机关是一个不错的方案。因为邮局对自己负责的地区非常了解，还能提供上门服务，所以可以通过邮局为弱势群体提供信访服务实现共同的价值。[1]

第三，如果要加强对盲人和聋哑人的服务，首先可以通过残疾人专用窗口提供专门服务来消除沟通障碍，提高他们的权益。表4-16里列出的实施计划可以提高一线工作机关公务员的工作效率。同时，可以用最少的预算获得最佳效果。[2]

---

[1] MOSPA, *Government* 3.0 *Total Action Plan*（cited, 2013-08-14）, 2013a, pp. 384-386.
[2] Ibid., pp. 387-389.

第四章 政府3.0的韩国战略

第四，整合呼叫中心是为了在政府组建一个一站式沟通系统。这样可以提高行政咨询的便利性，也可以在政府和公民之间构建一个沟通渠道。政府还可以通过综合管理服务质量的提升来提高公民的服务体感温度。同时，在政府机关之间积极共享咨询内容，了解公民的苦衷和需求，提供更好的服务。①

第五，加强外国人的信访服务是为了给在国内居住的外国人②提供一个方便处理信访业务的环境。随着在国内居住的外国人数和出国的公民数量的剧增，公共机关提供外语服务成为急需的工作。因此，为了使多文化家庭和外国人在韩国生活稳定，促进社会安定，需要加强对结婚移民者等在韩国居住的外国人的信访业务。③

第六，为残疾人和老年人等弱势群体提供信息通信服务是通过给他们营造信息可接触环境来引导社会整合。政府可以通过多由于健康或者经济原因而很难接触和使用信息的弱势群体提供信息通信补助设备来消除信息差距。④

4. 利用新的信息技术创造定制型服务

（1）宗旨

ICT 新技术是指 RFID（Radio Frequency Indentification）、USN（Ubiquitous Sensor Network）、大数据、增强现实（Augmented Reality）、云计算、M2M（Machine to Machine）、IPTV（Internet Protocol Television）等最近开始使用的新技术。这些新技术可以使用在与公民生活有着密切相关的安全、治安、行政、福利等公共服务上，使公民和企业随时随地获取各种行政服务（《电子政府法》第18条，第1项）。⑤

在安全、健康、医疗、防止灾难、福利等与公民生活密切相关的领域利用 ICT 的服务开发正在进行，但是为了在全国提供定制型的服务，需要

---

① MOSPA, *Government 3.0 Total Action Plan*（cited, 2013 – 08 – 14），2013a, pp. 390 – 391.
② 2015年4月，在韩国居住的外国人一共有1845976名，已登记的外国人有1111815名。其中，外国国籍的韩裔有303767名，短期滞留签证的外国人有430394名。按国籍，中国人有943422名（占51.1%），美国人有145465名（占7.9%），越南人有133263名（占7.2%），泰国人有88739名（占4.8%），菲律宾人有54251名（占2.9%）。
③ MOSPA, *Government 3.0 Total Action Plan*（cited, 2013 – 08 – 14），2013a, pp. 392 – 393.
④ Ibid., p. 396.
⑤ MOSPA, *Government 3.0 Guide*, 2014b, pp. 198 – 199.

建设基础设施和开发稳定的技术。在提供定制型服务和解决各种社会问题方面，利用 ICT 提供以需求者为中心的定制型一站式服务的需求越来越多。特别是在面对低生育率、高龄化的人口结构和环境变化、对生活质量需求越来越高的情况下，需要利用高科技 ICT 来开发并普及新的行政服务（U – service①）。②

（2）具体课题的实施计划和内容

利用新的信息通信技术来创造定制型服务的具体课题有以下几个方面：①利用高科技信息技术扩大新型行政服务；②通过手机提供行政服务；③完善 U – 119 举报服务；④通过手机提供全国的登山路和林荫道信息；⑤利用信息技术提供治安服务；⑥利用信息技术提供水情服务；⑦通过手机提供农业防灾信息；⑧制作国家灾难信息 APP；⑨提供国立公园的气候信息以确保障安全的登山环境；⑩通过手机提供刑事司法服务；⑪制作手机版的公证信息提供系统；⑫为确保安全的海外旅行提供手机版的一站式服务；⑬提供道路交通问题的举报服务；⑭提供安全回家智能服务（见表 4 – 18）。

表 4 – 18　利用信息通信技术创造定制型服务需要实施的计划和内容

具体课题	实施计划和内容
利用高科技信息技术扩大新型行政服务	• 以最新信息技术为基础的智能型行政服务（U – service）的开发和普及 —— 以生活便利、环境管理、SOC 应对灾难、民生治安、定制型福利、工作效率等领域为主制定中长期行政服务发展计划
通过手机提供行政服务	• 为通过手机提供行政服务构建基础设施 —— 扩充手机版的电子政府，确保手机服务内容的扩大 • 构建所有政府机关都能使用的手机版的行政服务系统 —— 开发和构建所有政府机关都能使用的手机服务系统（比如 e – people③）

① U – service 是收集城市的行政、交通、福利、环境、防灾等业务信息后统筹提供的服务。U – service 是通过感应器（RFID/USN）提供的服务，它意味着信息、融合技术、通信基础设施的融合。比如在物品上粘上感应器收集信息后再进行加工处理后使用，U – service 属于使用信息的阶段。

② MOSPA, *Government* 3.0 *Guide*, 2014b, p. 199.

③ e – people 是从 2000 年开始在中央行政机关投入使用的有关管理人事、报酬、绩效评估、教育培训、工作相关业务的系统。使用初期主要用于个人的工作管理，主要包括年假、出差、超时工作等申请、处理与工作有关的审批和晋升、调任等人事任免，以及查询工资等。

续表

具体课题	实施计划和内容
完善 U-119 举报服务	• 实现不受任何制约的 119 举报服务 　——通过多种媒体提供 119 举报服务，并组建支持（Back up）中心 　——开发和普及能够自动打开智能手机 GPS（Global Positioning System）系统的 APP
通过手机提供全国的登山路和林荫道信息	• 省级登山信息网站和扩大智能手机的 APP 服务 　——对全国的登山路进行实地考察，创建系统的数据信息 　——通过官民协作实时提供登山信息，促进 IT 技术在森林领域的发展
利用信息技术提供治安服务	• 利用信息技术加强治安服务，提高侦察能力 　——连接 119 位置信息，为警察提供犯罪嫌疑人的位置，帮助逮捕 　——利用地理位置提供服务，通过手机给居民提供案发现场、监控器的位置、事故频发地点等信息，确保安全出行
利用信息技术提供水情服务	• 提供洪水信息，构建手机版预警系统 　——不仅要把与公民生活密切相关的洪水信息提供给河流周边的设施，还要扩大到亲水空间
通过手机提供农业防灾信息	• 通过有线、无线电话实时提供农业灾害信息 　——构建连接各个机关的有关农业灾害信息库的信息共享网络系统
制作国家灾难信息 APP	• 通过连接手机 APP 共享灾难信息 　——把分散在中央和地方自治团体的灾难安全信息 APP 连接在一起，构建整合管理体系，保障信息提供渠道的单一化，提供定制型的安全服务
提供国立公园的气候信息，确保安全的登山环境	• 实时连接气象信息并通过手机提供登山有关的信息 　——为公民实时提供国立公园的气候信息
通过手机提供刑事司法服务	• 通过手机提供一站式的刑事司法信息服务 　——通过手机提供刑事司法查询服务 　——持续扩大提供手机版的刑事司法服务
制作手机版的公证信息提供系统	• 通过手机提供公证相关的信息 　——开发 APP，实时地提供周边公证处的位置等相关信息 　——用社交网站宣传公证制度，随时提供与公证有关的咨询
为确保安全的海外旅行提供手机版的一站式服务	• 通过手机提供海外安全旅游信息和服务 　——使用者通过手机 APP 轻松登记基本信息，在海外遇到事故时提供服务

续表

具体课题	实施计划和内容
提供道路交通问题的举报服务	• 遇到道路交通问题时通过手机提供一站式服务 ——高速公路、地方自治团体公路的破损等问题可以通过 APP 来举报处理
提供安全回家智能服务	• 通过智能手机提供保护对象的移动信息 ——利用智能手机把保护对象的移动信息传送到保护人，防止事故发生

资料来源：根据 MOSPA（2013a）资料整理而得。

(3) 利用新的信息技术创造出定制型服务的课题分析

利用新的信息技术创造出定制型服务，有利于通过 IT 技术解决国政问题和提供定制型服务的政府 3.0 的实现。政府可以利用高新技术消除公民生活上的不便，并及时察觉和应对灾难来保护公民。因此，政府可以利用智能手机、平板电脑等移动机器上的 APP 随时随地为公民提供定制型服务。①

第一，利用高新技术扩大新的行政服务是试图通过连接新技术和行政业务来提高行政效率，也为公民提供便利。利用 RFID、火灾感应系统、GPS 等手机普遍适用的技术来提供电子政府服务，可以提高灾难预警能力、确保安全、增进福利、消除生活不便等。② 技术开发初期很难获得私营企业投资的信息技术，提前在公共领域做试验可以引起市场的关注，也有利于经济的发展。

信息社会和 ICT 模式的发展见图 4 – 12。

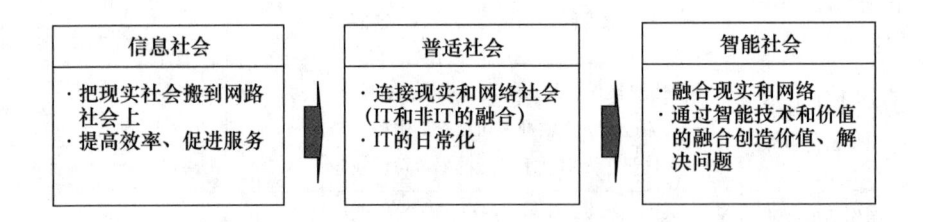

信息社会	普适社会	智能社会
·把现实社会搬到网路社会上 ·提高效率、促进服务	·连接现实和网络社会（IT 和非 IT 的融合） ·IT 的日常化	·融合现实和网络 ·通过智能技术和价值的融合创造价值、解决问题

图 4 – 12　信息社会和 ICT 模式的发展

资料来源：MOSPA（2014b）。

---

① MOSPA, *Government* 3.0 *Total Action Plan*（cited, 2013 – 08 – 14），2013a, p. 432.
② Ibid., p. 434.

以普适（Ubiquitous）技术为基础的公共服务是在预防灾难、安全、福利、绿色环境、一般行政业务等与公民生活密切相关的公共服务上，使用ICT来提高公民的生活质量的方法。通过它可以在多个领域开发以普适技术为基础的公共服务标准模型，还可以普及优秀模型来防止预算的重复投入[1]。

第二，通过普及手机版行政服务来便利公民。如今，政府的行政服务模式逐渐发展为通过智能手机、平板电脑等移动设备随时随地为公民提供所需行政服务的模式[2]。这样可以公民在出差等过程中处理业务，从而提高业务效率。同时，还能促进政府、私营企业、普通公民之间的相互交流，通过为一些很难享受行政服务的地区提供服务来消除行政服务的边缘化问题。

第三，完善 U-119 举报服务，不仅可以通过现在的电话来举报，而且还能通过影像、SMS（Short Messaging Service）、MMS（Multi-media Message Service）、智能手机 APP 等多渠道举报。这样可以更好地利用 119 服务。把 17 个市、道的综合管理室和 119 紧急接收支持中心（Back-up Center）连接在一起，以便发生紧急情况时可以迅速应对处理事故。[3]

第四，利用 IT 技术把全国登山路和林荫道的情况通过手机提供给公民是为了提高公民的满意度，并且通过实时提供信息确保登山环境的安全。同时，搜集有关信息并构建服务体系，招聘 GIS 专家，为他们提供新的就业岗位。与地方自治团体和其他政府机关共享有关登山路和森林的信息，促进 IT 技术在森林领域的发展。[4]

第五，利用信息技术维持治安可以实现预防犯罪效果最大化，也能让公民感受到安全的生活环境。这需要构建一个利用手机把确切的地理位置迅速传送给现场工作人员的紧急出动系统，帮助他们在犯罪现场抓捕犯罪嫌疑人。而且可以通过这个系统把侦察现场收集到的相片、影像等资料及时传送到警察的内部网上来获取证据。[5]

第六，通过手机传送洪涝信息，加强公民的安全防范。这需要把河流周边的道路、铁路、桥梁和周边的公园、露营场、停车场等设施的情况实时传送给公民。发送的信息不仅要包括降雨量、河流的水位、流速等信

---

[1] MOSPA, *White Paper on 2013 Government 3.0*, 2014d, p.244.
[2] MOSPA, *Government 3.0 Total Action Plan*（cited, 2013-08-14）, 2013a, p.439.
[3] Ibid., pp.444-449.
[4] Ibid., pp.450-452.
[5] Ibid., p.453.

息，还要包括河流周边的娱乐设施、自行车道路等信息。①

第七，通过手机版的安全守护农业服务，把农业灾害情况及时提供给农户，帮助他们及时预防灾害。这个服务还把地区性的灾害信息与各个农作物的灾害情况和预防方法提供给农户，提前预防灾害扩散。同时，还能预防和及时应对因气候变化引起的农业灾害。而且，通过分析信息可以调整农业机构来提高生产。②

第八，制作手机版的灾难信息 APP 是通过提供灾难安全信息来实现定制型的安全服务。目前，中央政府和各个地方自治团体运营的 APP 有消防防灾厅的"灾难通知"和"119 举报"、国土交通部的"智能救护队"、首尔市的"首尔安全使者"等 14 个机关，共有 9 个 APP。因此，可以把各个部门重复和类似的灾难信息 APP 整合在一起，构建一个统一的信息传送渠道来提供定制型的安全服务。③

第九，把气候信息和国立公园信息连在一起提供给公民，可以预防安全事故。通过智能手机系统中的国立公园信息可以为公民提供安全的休闲环境，也可以提前预防安全事故。这个服务可以为喜欢在国立公园登山的公民提供定制型的信息，也可以摸索出多种的信息利用方案。以使用者为中心提供的安全信息有利于反映安全的登山环境，也有利于预防安全事故。

第十，通过手机提供刑事司法信息来提高刑事司法服务的便利性和透明度。这是通过制作手机版的刑事司法网站来为公民提供一站式的刑事司法信息服务，并迅速公开案件的处理信息来提高刑事司法程序的透明度。刑事司法信息是由警察、检察院、法院、法务部四个机关联合制作的。通过公开案件处理信息可以消除民众的不便，还能节约手续费、交通费等支出。同时，通过公开案件的处理信息来提高刑事司法程序的公证透明度，也能获得公民的信任。④

第十一，构建手机版的公证信息提供系统来普及公证的司法预防功能。通过手机提供公证信息，宣传公证制度，可以减少法律纠纷，提高公证制度的司法预防功能，还能使公民容易接触公证业务。⑤

---

① MOSPA, *Government 3.0 Total Action Plan* (cited, 2013 – 08 – 14), 2013a, p. 436.
② Ibid., pp. 459 – 461.
③ Ibid., pp. 462 – 464.
④ Ibid., pp. 468 – 470.
⑤ Ibid., pp. 471 – 473.

第十二，为安全的海外旅游提供手机版的一站式服务是为了确保公民在海外旅游时的安全。这需要完善现有的海外安全旅游 APP，以便公民在海外遇到事故时可以及时提供帮助。同时，把 APP 和驻外国领事馆连接起来，提供领事服务信息。使用者在海外旅游或居住时只需简单登记自己的信息，当遇到意外情况时就能确保领事单位机构的及时应对。[1]

第十三，提供道路问题举报服务是通过手机来收集道路信息，减少交通事故。这样可以迅速处理道路上出现的问题，减少使用者的不便，还能收集到公民对道路有创意的想法，有利于政策的制定。如果要接收举报并及时处理，就要在韩国道路公司的 51 个分公司和 18 个国土管理事务所里增设机动维修队，促使它们迅速处理问题，并公开处理结果。同时，通过公民参与讨论，可以提前了解道路问题，预防事故，提高公民的满意度。[2]

第十四，提供和加强安全回家智能服务的目的是利用最新 IT 技术来保障公民晚上回家时的安全。这个服务是通过智能手机、空间信息、GPS 等最新 IT 技术和公共信息融合为公民提供安全的社会环境。给女性、儿童、青少年、老人等群体提供安全信息，提高公民的幸福感和行政满意度。[3]

---

[1] MOSPA, *Government* 3.0 *Total Action Plan*（cited, 2013 - 08 - 14），2013a, pp. 474 - 476.

[2] Ibid., pp. 477 - 479.

[3] Ibid., pp. 480 - 482.

第五章

政府3.0的案例分析

政府3.0的三大核心目标是建立透明型政府、效能型政府、服务型政府,为实现各个目标,均以设立相关的重点课题和具体课题作为支撑。根据课题的特征,短期内的课题有望取得成功,但是大部分课题属于中长期课题,所以现在对其成果进行预判难免会有失偏颇。即便如此,通过对2013年以来韩国中央政府、地方自治团体,及其他公共机关积极开展的针对政府3.0的十大课题的梳理,我们也能选出若干备受瞩目的案例,依此对政府3.0的阶段性成果加以全面了解与分析。

一 透明型政府案例分析

构建透明型政府的重点课题包括:①积极公开公共信息以保障公民的知情权;②促进非政府组织积极利用公共数据;③加强政府与非政府组织的协作。下面着重分析重点课题的案例内容、实施情况和成果。

(一)积极公开公共信息以保障公民知情权的案例

1. 韩国是世界上第一个公开原文的国家[1]

(1)观点

公共部门利用电子文件形式收集和管理的信息中能公开的信息,即便

---

[1] Ministry of the Interior, *Government 3.0 Best Performance*, 2016a, p. 40.

未被要求公开也会通过信息公开系统进行公开。

（2）实施内容

• 以前政府只公开文件目录，公民通过申请才能查看原文。

• 公民申请公开数据后，需经部门负责人判断是否能公开后才准许公开，所以需要花10—20天的时间（每年公开30余万次）（见图5-1）。

• 研究生A在准备有关古建筑的论文时，需要查看文化体育观光部相关资料，他得知通过信息公开系统随时可查看有关资料。

• 借助政府提供的原文资料，他可以顺利获取数据，进而提高论文的可信度。

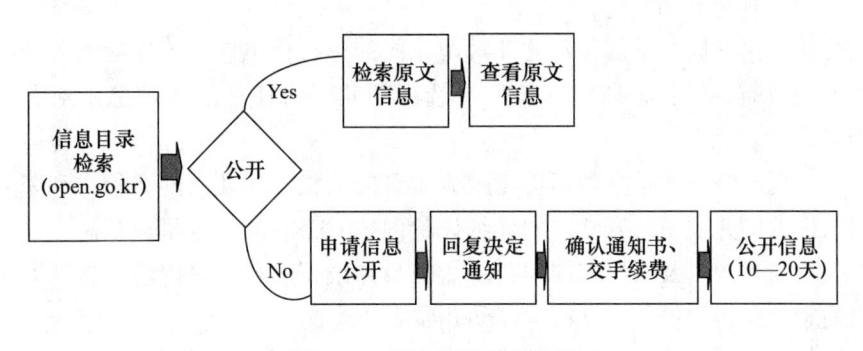

图5-1　原文公开处理步骤

（3）实施过程及成果

• 行政自治部主动公开部门信息目录和原文资料。

• 即使没有人申请公开信息，只要确定为可公开的所有信息都将通过信息公开系统（open.go.kr）实时公开（每年公开700万种资料）。

• 中央机关、市道（2014年3月）→市郡区、教育厅（2015年5月）→公共机关（2016年3月）。

• 可以获取中央机关国家级的重要议事决策和市道、韩国教育三级框架：中央—市道—市郡区、教育厅等与居民生活有关的决策、工作信息等内容。

• 查看公开的批准文件，可以明确政府机关的相关责任人对哪些事宜具有决定权，由此可以提升决策者的责任意识和公民对其的信赖感，极大地保障公民的知情权。

2. 公开有关全国幼儿园设施和安全评价的信息

（1）观点

- 为了提供定制化信息，需要充分听取并采纳专家、家长等利益相关者的意见。
- 评价认定分数公开的内容要提前通知幼儿园，给它们纠正错误信息的机会，提高信息的可信度。
- 在网上公开对幼儿园的评价信息，提高信息的可触性，使幼儿园间可以相互比较。

（2）实施内容

- 韩国保健福祉部每年公开对幼儿园的评价信息。由于以前只公开幼儿园是否通过评价，所以家长们在选择幼儿园时往往陷入信息不对称的困境。
- 现在公开的信息包括提高服务质量的动机、幼儿园的竞争力和未获得认证的幼儿园所公开参与的详细评价内容。公开的信息里包括总分、各个领域的分数以及对出现的问题所做的具体改正的要求等内容。这样既可以使家长获得知情权，又能提高幼儿园服务质量。
- 在"爱儿童保育"网站公开了韩国28658所幼儿园的评价结果，其中包括总分、各领域的分数、综合评价书等每一个幼儿园的详细信息，据此家长们便能按照地区、类型、年份进行详细比较。
- 负责机关：韩国保健福祉部。

（3）实施过程和成果（见表5-1）

表5-1　全国幼儿园的设施、安全等评价信息公开过程和成果

区分	内容
实施过程和内容	• 实施过程 ——《婴幼儿保育法》（修订日期为2011年8月4日，实施日期为2013年8月5日） ——制度实施之前听取利益相关者的意见 ——专家、学者等召开学术会议，对家长和教师进行问卷调查（2013年5—7月） ——把评价结果传递给评价对象即幼儿园，进行确认（大致28000所，2013年8月21—30日） ※ 评价结果等要公开的内容提前通知给幼儿园，给予其修正错误的机会，介绍制度实施的内容

续表

区分	内容
实施过程和内容	● 公开评价结果（Portal Open，2013年9月6日） ——在"爱儿童保育"网站公开评价结果（infor. childcare. go. kr） ※（初期）只公开幼儿园的认证结果和得到90分以上的信息→（2013年9月6日以后）公开总分、综合评价书等详细结果，以及各个地区和每年的平均分等信息 ● 之前教育部和保健福祉部各自运营"幼儿园通知"网站和"爱儿童信息公示网站"。从2014年11月开始，把这两个网站整合为一个"托儿所、幼儿园统一信息公示网站"（www.childinfo.go.kr），提供婴幼儿、教师、幼儿园的运营时间、教育、费用、接送车辆等11类信息
成果	● 家长不仅可以了解每一个幼儿园的分数和详细内容，而且可根据信息进行比较，方便以后选择幼儿园 ——提供总分、各领域的分数、综合评价书等幼儿园的认定信息和具体信息，还提供地区、类型、年份的平均分 ● 修正以前对幼儿园的违法行为进行非公开处理的做法，把非法领取补助费、车辆和伙食安全等问题通过特别检查公开结果，提高运营的透明度，提升幼儿园的服务质量，给父母更多的选择权

资料来源：MOSPA（2014b）；MOSPA（2014d）。

（二）促进非政府组织积极利用公共数据的案例

1. 使用公共数据的开放式应用编程接口

（1）观点

● 公共数据利用率高的私营企业优先提供 Open – API[①]。

● 给私营企业提供多种 Open – API，使其拥有更多的选择权。

● 为了使用 Open – API，提供私营领域的支持体系。

（2）实施内容

第一，制作手机版的（公共政策）公共数据网站（行政安全部：中央行政机关）。

● 确保在公共数据网站上所获得的信息在手机端也能获取。

[①] 开放式应用编程接口（Open Application Programming Interface，Open – API）是指一般人都可以使用的开放式的 API，谷歌地图就是典型的例子。这个 API 普遍应用在电子地图和其他服务上，它的特点是谁都可以使用。

综合检索、原文和宏观（Meta）数据目录的检索、Open–API 目录的提供和检索、介绍公共数据的公开情况和现状、专家提供的专业信息、政府机关和下属机构发行的白皮书目录等。

提供多种公民和企业都能使用的公共数据。

• 公共数据网站的 Open–API 服务是把公共数据的 API（应用编程接口）开放，使公共数据能够应用于其他应用程序或程序语言。

第二，（交通）机场大巴（Airport Bus）。

• 为机场大巴提供停车站、移动位置、车费、路线图等。

• 提供有关首尔市的机场大巴、市区公交车路线、广域公交车路线、循环公交车路线、在京畿道运行的公交车、京畿道广域公交车路线、仁川市区公交车运行路线等在首都圈运行的公交车信息。

第三，（法律）法律咨询网站（www.allbaro.or.kr）。

• 这是由 28 个不同领域的律师提供的免费法律咨询网站。使用者可以选择需要咨询的领域，对相关领域的律师进行咨询。

• 律师提供一对一免费的法律咨询服务。

（3）公共数据网站提供 Open–API 的案例

[（劳动就业）公开就业信息 Open API] 通过 Open–API 公开就业信息。

• 雇佣机构的业务负责人在"国家就业网"（gojobs.mospa.go.kr）上传公共就业目录、公共就业信息的详细内容以及雇佣机构和雇佣岗位目录等信息。

（公共政策）国家记录品信息 Open API。

• 可以检索国家记录院提供的相关文书、照片、录音资料、视频资料、国务会议记录、政府发行书籍、总统的电子文书等国家记录品（contents.archives.go.kr）和 collection/topic，提供知识内容检索功能（资料的搜集）。

（气象）地区气象预报和生活气象信息。

• 通过此服务能让民众获得气象状况、短期预报、地区气候等信息，并且可将各种气象信息运用在日常生活和保健上，以制定生活气象指数（不适指数、体感温度等），还能利用产业气象指数了解特定地区的气候状况。

拒绝公共数据申请案例：

• 申请了全国高速公路和地方国道信息的 Excel 文件，但是负责机关让申请人找统计局。

- 申请经历职业中断的女性①扶持中心的现状和联系电话文件,但是负责人要求按照信息公开申请的方式申请资料。
- 申请经常发生性暴力犯罪时间段的地域信息,而且申请以能修改的状态提供。但是因为在网站上公布而遭到拒绝。

资料来源:MOSPA(2014b)。

(三)加强政府与非政府组织的协作的案例——及时提供解决道路问题的服务

1. 观点

- 站在公民立场,对行政管理主体加以区分,设计相应服务。
- 为了实现公民参与型道路行政,整合类似的 APP,并加大人力投入(机动维修队)。
- 以市民为主导解决地区问题,以政府支持的方式促进共治。

2. 概要

- 高速公路、国道等主要道路上所发生的问题未能及时处理,所以很难构建相应的系统,并且在政策的修订过程中很难得到道路运营状况的反馈。
- 不分管辖机关,只要用智能手机举报道路破损等信息,国土交通部(负责国道)、韩国道路公司(负责高速)、地方自治团体(负责道路)等机关就会通过协作来解决问题。这样的课题解决了公民出行的诸多不便,还能提高道路服务的质量。
- 相关机构:国土交通部、韩国道路公司、各地方自治团体。

3. 主要内容和成果

- 以前发现道路出现问题时,需要通过 300 多个道路管理厅的 APP 或电话来举报,而且举报程序极为复杂,还很难确认结果。

---

① 职业中断女性(Women Who Have Experienced Career Disruption)是指因结婚、养育子女、家务事等原因辞职的女性。现在韩国大概有 200 万名。

• 通过使用新的道路服务，公民可以随时随地举报，并且可在24小时以内处理。

• 及时解决道路问题，把国道、高速公路、地方自治团体的道路等所有道路上发生的破损、坠落物等问题通过 APP 举报，由机动维修队在24小时以内处理完毕，并把处理结果传送给举报人的一站式服务。

• 这种服务可以利用智能手机的 GPS 技术先进行时间、地点上的定位，然后再拍摄照片、视频，并通过 APP 和打电话的方式向管理厅进行举报。接到举报电话后，机动维修队会立刻着手处理问题，并且把处理结果转达给举报人（见图5-2）。

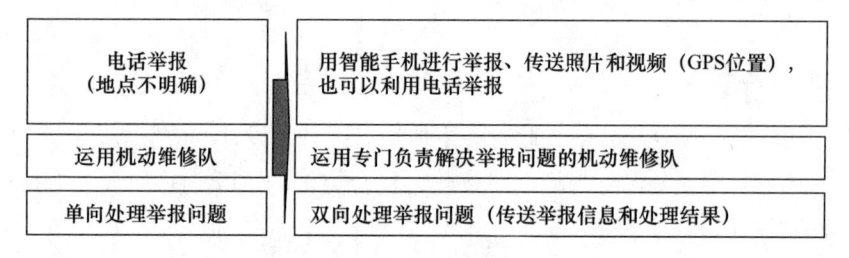

电话举报（地点不明确）	用智能手机进行举报、传送照片和视频（GPS位置），也可以利用电话举报
运用机动维修队	运用专门负责解决举报问题的机动维修队
单向处理举报问题	双向处理举报问题（传送举报信息和处理结果）

图5-2　及时解决道路问题服务的完善方向

资料来源：MOSPA（2014b）；MOSPA（2014）。

• 这种服务可以及时处理道路问题，减少交通不便，而且接到举报后可以及时对道路进行管理维修，以此来减少对道路管理的费用。

• 国土交通部从2014年初开始示范运营，并完善了系统。为了以后更方便举报，正在和制作导航机器的私营企业一起探索完善与举报有关信息的联结方案。

• 以后这项服务的范围将进一步拓展到道路工程信息、交通（事故）信息、铲雪工作状况等道路管理厅的综合道路信息之中，与公民一起营造更为安全的道路环境。

二　效能型政府案例分析

构建效能型政府的重点课题包括：①消除部门之间隔阂，促进协作；②构建用于协作、沟通的系统；③利用大数据实现科学行政。下面将对这三个课题的具体案例进行分析。

(一) 消除部门之间隔阂的案例

1. 共同应对化学品灾难事故

(1) 观点

• 以问题为导向,把分散在不同部门的化学事故预防、应对措施整合起来,构建一个最初的横向型协作组织。

• 不是一个简单的共同工作方式,而是组建一个预算、设备、信息都能共享的综合协作体系。

• 以现场行为为参考,组建一个在现场及时应对化学灾难的体系(见图5-3)。

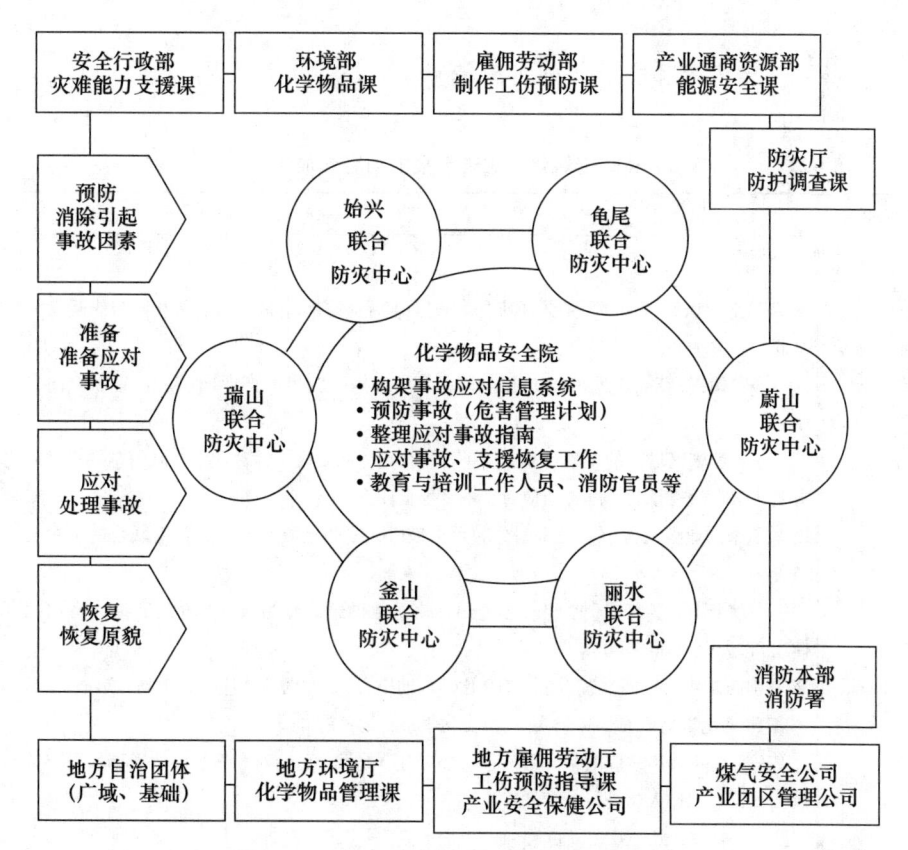

图5-3 政府机关的化学灾难安全管理体系

（2）概要

- 2012 年 9 月 27 日，庆尚北道龟尾市的产业园区发生氢氟酸（Hydrofluoric Acid）泄漏，造成人员致命性伤害（5 人死亡、18 人受伤），同时 3943 只家畜遭殃。
- 事发后虽然有关机关和地方自治团体的负责人都及时赶至现场，但是因为作为总指挥的政府机关与地方自治团体之间存在隔阂，导致现场处理和修复工作开展的难度较大。
- 政府的各个相关机关对这个化学物品工厂进行了十多次的现场检验，不仅加重了企业负担，而且因为有关的职能、设备、系统都分散在不同部门，导致事故发生后人力和设备很难迅速投入。
- 相关机构：环境部（《化学物品管理法》）、雇佣劳动部（《产业安全保健法》）、产业通商资源部（《压缩气体安全管理法》）、消防防灾厅（《危险物品安全管理法》）、地方自治团体、韩国煤气安全公司、化学物品安全院等。

（3）主要内容和成果（见表 5-2）

表 5-2　　　　　共同应对化学灾难事故的内容和成果

区分	内容
实施过程和内容	• 环境部、雇佣劳动部、消防防灾厅、产业通商资源部等部门在全国共同组织运营六个联合防灾中心 ——在始兴、瑞山、益山、龟尾、蔚山、丽水六个城市的产业园区内设置联合防灾中心 ——对管辖区域内的化学物品工厂进行联合指导和安检，并对化学物品信息共享，对有关化学事故有预防、准备、应对、恢复等责任 ※ 以六个产业园区为中心把全国分为六大地区，按照区域的地理位置由联合防灾中心负责 ——每个中心各有五个小组（环境组、化学救助组、雇佣组、产业组、地方自治团体组），大概由 40 人构成 ※ 在消防防灾厅下面设置六个"119 化学救助中心"，专门负责应对化学物质事故 • 组建"化学物质安全院"，专门负责化学事故的预防和应对 ——负责构建事故应对信息系统、整理应对事故目录、应对和恢复事故现场、预防事故工作、对工作人员进行教育和培训

续表

区分	内容
实施过程和内容	• 运营联合防灾中心的具体内容 ——（组织）授予机关编号，可以以中心的名义发布公文 ——（人事）实行特殊业务补贴、特殊加分，对长期工作者优先考虑安排到本人希望工作的岗位上等优惠政策 ——（预算）确保中心的共同运营预算 ——（信息系统）化学事故应对信息系统（Chemical Accidents Response Information System, CARIS）的连接和共享 ——（办公地点）在韩国产业园区里组建 ——（运营规则）运营委员会、实务协议会、管辖区域及业务范围等内容以共同纲领方式制定
成果	• 设置联合防灾中心是为了消除机关之间的隔阂，共同使用人力、设备、预算和系统的组织。把联合防灾中心也纳入到政府业务评价对象里，实现符合政府3.0的协作系统 • 在中央政府层面上组织运营委员会，定期检查中心的职能和工作。同时，由各个机关和地方自治团体派遣到六个中心的公务员组成实务协议会，在会上讨论决定具体的综合指导、安检方案、预防事故、应对方案等内容 • 整顿现有的人力和职能，创造出能替代200多名工作人员的新人力的效果 • 通过联合指导和检查减少企业的负担（1/3以下），确保工厂的安全 • 提高企业的安全意识，为安全的投资环境和扩大就业岗位做贡献 ——2013年9月末，11个公司投资了4000亿韩币，有关企业还补充招聘了专门负责环境安全的工作人员 • 根据相关机构的职能，第一次组建了应对化学事故的协作组织，消除了公民的不安，为国家安全发展做出贡献

资料来源：MOSPA（2014b）；MOSPA（2014d）。

2. 通过对境外逃税信息的共享实现税收的公正

（1）观点

• 海关总署和国税厅为了管制最近在全世界频发的境外逃税[①]问题，

[①] 节税是指在税法认可的范围内合法减少税收的方法，而逃税是违反税法的行为，会受到处罚。避税是节税和逃税的中间概念，是一种利用税法的漏洞减轻税收负担的行为。境外逃税是指利用境外的避税天堂来进行逃税的行为。据不完全统计，全球境外逃税的规模，已达到20万亿美元，但是因为很难查找避税天堂和这些地方的保密行为，所以很难确切估计境外逃税规模。同时，很难发现和处罚境外逃税的另外一个原因就是这些国家独有的权限很难使用现行的司法手段去发现和处罚。

积极共享信息,有利于消除机关之间的隔阂。

- 海关总署是负责对出入境的物品和外汇贸易进行监管的机关。最近,在海外逃税或通过国际交易逃税的情况越来越多,而且,境外逃税经常跟海关总署查处的非法外汇交易一起发生。
- 海关总署和国税厅积极共享各自拥有的信息,有利于纠察境外逃税案件。

(2) 概要

- 社会高层人士在国际避税天堂(Tax Heaven)设立了以减少缴税或逃税为目的的没有实体的皮包公司(Paper Company),该消息被公开后受到了群众指责。
- 动用非法手段的境外逃税行为使大多数公民感受到了剥夺感,而且还损毁了社会的缴税文化。
- 以前,因为海关总署和国税厅之间的隔阂,很难共享逃税和非法外汇交易等信息(见图 5-4)。但是现在,这两个机关的协作为解决逃税和非法外汇交易问题做出了贡献。

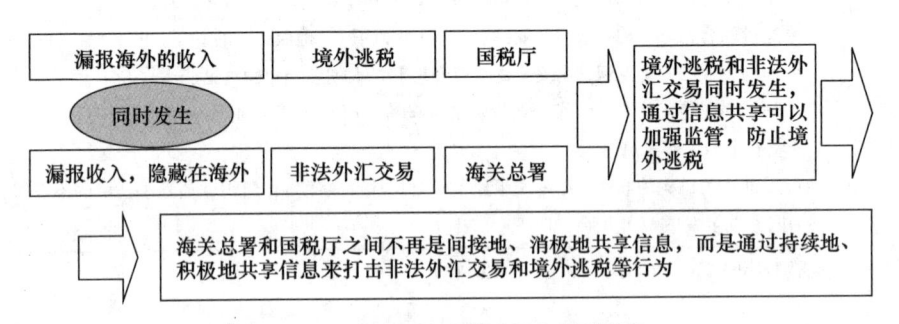

图 5-4 国税厅和海关总署之间的协作

(3) 实施过程和成果

- 没有额外投入人力和预算,只通过信息共享来提高行政效率和税收公平,是政府机关之间协作的具有代表性的案例(获得总统奖最优秀奖)。
- 在境外逃税和非法外汇交易同时发生的情况下,有关政府机关可以通过信息共享来打击逃税行为。
- 共享逃税嫌疑信息剧增(7400%),每年可使税收增收大约 900 亿韩元。
- 通过缴税基础信息的共享,每年可使税收增加大约 1000 亿韩元。

● 除此之外,通过与保健福祉部共享信息,纠察出 11 个问题企业。这些企业在申报医疗器材时能享受到健康保险支援的人工关节、心脏手术用的材料等医疗器材,这些企业不仅私自提高了价格,还非法获得了保险。海关总署和国税厅对这 11 个企业收缴了 485 亿韩元,防止了国家财产流失(2013 年)。

● 通过海关总署和国税厅努力地消除隔阂,在政府投入额外的人力和预算的情况下,达到了年均增税 2500 亿韩元的效果(见图 5-5)。

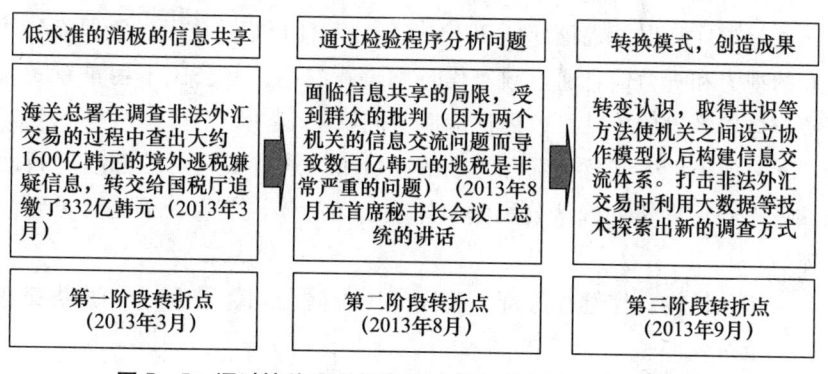

低水准的消极的信息共享	通过检验程序分析问题	转换模式,创造成果
海关总署在调查非法外汇交易的过程中查出大约 1600 亿韩元的境外逃税嫌疑信息,转交给国税厅追缴了 332 亿韩元(2013 年 3 月)	面临信息共享的局限,受到群众的批判(因为两个机关的信息交流问题而导致数百亿韩元的逃税是非常严重的问题)。2013 年 8 月在首席秘书长会议上总统的讲话	转变认识,取得共识等方法使机关之间设立协作模型以后构建信息交流体系。打击非法外汇交易时利用大数据等技术探索出新的调查方式
第一阶段转折点(2013 年 3 月)	第二阶段转折点(2013 年 8 月)	第三阶段转折点(2013 年 9 月)

图 5-5 通过境外逃税信息的贡献来实现公正的税收环境

资料来源:MOSPA 报道材料(2013-12-05);Korea Customs Service(2014)。

(二)构建用于协作和沟通的系统的案例

1. 共享体检信息,考驾照时免除体检程序

(1)观点

● 利用安全行政部的"行政信息共享中心"[①] 减少组织运行开支。

● 选择性地共享信息(只共享体检信息和视力信息),降低个人信息泄露的危险。

---

① 利用行政信息共享中心,申请人可以不用再提交身份证等 153 种资料。迄今为止,韩国所有的行政机关、141 个公共机关、21 个金融机关、191 个教育机关都在使用行政信息共享中心。共享行政信息意味着行政机关、公共机关、金融机关、教育机关以电子文件的形式共享信息处理文件,不仅可以为公民提供便利的行政服务,而且还能提高政府的工作效率,是电子政务的核心服务。

● 对公民健康保险公司来说，通过信息共享没有直接的利益，还可以减少公民的不便，所以做出了信息共享的决定。

（2）概要

● 重新申请驾照或10年以后更新驾照，做适应能力测试时，需要前往驾照考场做体检（做视力、听力检查）或提交医院开具的体检结果，所以比较麻烦。

体检费为4000—5000韩元，检查时间为20—30分钟。通过信息共享可以减少公民时间和经济上的负担。

● 警察厅和保健福祉部从2013年8月1日开始把公民健康保险公司所拥有的视力和听力信息通过政府信息网进行共享，使公民不用重新做体检或提交体检结果单子就可以做适应能力测试。

● 只要申请人同意，驾照考场的职员可以通过安全行政部的"行政信息共享中心"阅览并确认公民健康保险公司的体检信息，不需要再做额外的体检。

● 相关机构：保健福祉部、公民健康保险公司、警察厅、道路交通公司、安全行政部。

（3）主要内容和成果（见表5-3）。

表5-3　共享体检信息以后在考驾照时免除体检程序的成果

实施过程和内容	● 保健福祉部召开内部会议讨论体检资料的扩大利用方案（健康促进科，2012年11月） ● 召开部门之间的信息共享实务会议（保健福祉科、安全行政部、警察厅），讨论信息共享的必要性、潜在问题，并制定了具体的工作方案、连接方法等（2012年12月至2013年2月） ● 讨论并制定了具体的实施方案（保健福祉部、安全行政部、警察厅、公民健康保险公司），如信息共享范围、修订有关使用个人信息同意书的法律规定及分工等内容（2013年3—7月） ● 间接开发系统并运行示范，修订《道路交通法实施细则》并支持开发系统（1亿韩元，安全行政部、公民健康保险公司），提议修订法律（保健福祉部、警察厅）（2013年4—7月） ● 相关机构进行协商（保健福祉部、安全行政部、警察厅、公民健康保险公司、道路交通公司）（2013年7月23日） ● 共同使用体检结果（修订《道路交通法实施细则》）（2013年8月1日） ● 通过五个机关的协助简单方便地颁发驾照

续表

成果	——安全行政部（开发系统、完善制度），警察厅（修订相关法律法规），保健福祉部（信息认证和支援），国民健康保险公司（提供考驾照人的视力、听力信息），道路交通公司（使用系统） • 在两年以内有体检记录的申请人和需要重新参加普通能力测试的人只要提交半年以内拍摄的正面照和证件照就可以快速方便地获取驾照 • 省略体检可以更加方便，节省时间成本和经济成本 ——持有驾照的人达到2800多万人（占全体公民的56%），每年约300万人（新申请的约140万人，更新的有160万人）得到实惠 ——节省161亿韩元（包括每个人的体检费4000韩元，节约时间20—30分钟） 以前：申请室（提交申请）→ 体检室（检查视力、听力（手续费4000韩元））→ 申请室（接收，发现） 现在：申请室（提交申请⇒接收，发现（同意使用体检结果））

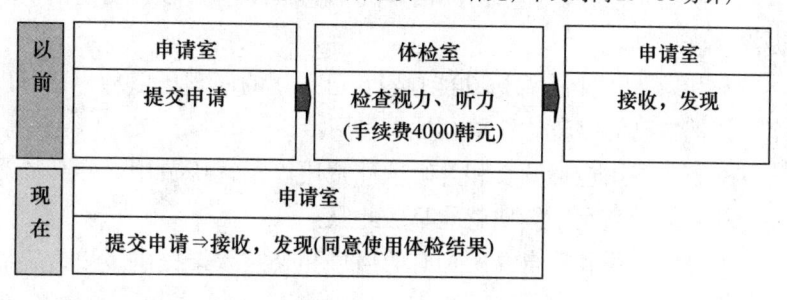

资料来源：MOSPA（2014b）。

2. 公共停车场

（1）观点

• 构建与停车位有关的信息共享平台，打造合理的停车文化。公共停车场工作是为了解决停车难和非法停车等问题而开始实施的项目。

• 此项目不只提供停车位信息来共享停车空间，同时，把重点放在利用公共平台分享公共资源、创造美好社会上。

• 它是通过政府、地方自治团体（地方政府）和制作 APP 的民营企业之间构建共享停车位信息平台以解决停车问题的。

（2）概要

• 制作停车位软件的新兴公司利用多种技术进行竞争，其中最早进入市场的企业得到政府的支持后，以公共停车场的共享经济模式提供社会服务，为解决停车位问题做了贡献。

• 此服务从政府得到公共数据，在与地方政府签订居民优先停车的停车管理合同的基础上，提供停车信息。此服务利用公共数据提供广泛的停车信息，解决停车难问题。

●通过这项服务，使用者可以节约停车时间，并且比一般的停车场价格低廉。

（3）实施过程和成果（见表5-4）

●公共停车场 APP 是利用停车场信息 API 和公共数据网站上的公共数据进行系统整理后制作的数据库。

●数据库的信息反映在地图 APP 上，使用者可以用智能手机上的 APP 迅速查询停车场的位置和价格信息。

●使用者可以查询附近停车场的信息，所以能客观地比较距离和价格。

●使用者也可以提供新的停车场信息，而且当信息发生错误时还可以提出修改意见。

●利用 APP 上的筛选功能检索自己关注的停车场信息，还可以通过共享功能把自己的停车位让给其他人使用。

●服务费用包括开发和升级软件费用以及宣传费用。停车场运营人只要给软件运营商交手续费就能享受此服务。

●民营公司利用自己所拥有的信息和公共数据提供了更为广泛的信息服务。

表5-4　　　　　　　　公共停车场协作模式

关键主体： 政府 地方自治团体 民间 APPs	主要活动： 提供停车信息 中介共享停车场 主要资源： 公共数据 地理位置系统 与导航 APP 公司签署合同	价值主张： 使用公共数据、提供更多的停车信息 解决停车问题 节约停车时间 价格低廉	客户关系： 协作关系 渠道： 手机 APP 眼睛（"脸书"等社交网站）	客户群体： 需要停车信息的人 愿意共享停车位的人 希望解决停车位的地方自治团体
成本结构： 研发费用（研发和升级） 宣传费用				收入结构： 介绍公共停车场手续费 提供导航公司和社交网站之间签署合同

资料来源：根据 http://aboutstartup.tistory.com/3，2017年1月29日资料整理。

（三）利用大数据实现科学行政的案例

（1）观点

●制订中长期计划，阶段性地扩大实施，充分积累经验，提高效果。

- 大数据分析信息按组织内部、中央行政机关、地方自治团体、公民等顺序阶段性地扩大共享。
- 利用大数据分析结果开发指数（犯罪危险指数等）持续升级以信息和数据共享为基础的科学行政水平。

（2）概要
- 虽然现在可以利用地理分析系统[①]积极应对犯罪行为，但是仍有必要利用大数据来提高分析的准确度。
- 各个警察局按照行政区域（行政洞）[②]进行各种犯罪的分析和治安管理，因此，只能凭感觉进行片面的治安活动，很难反映地区内的多种治安环境特点。
- 为了克服这种问题，把全国按人口特征（居住形态、收入水平、年龄、流动人口）等分为几个治安区域，并分析这些区域的犯罪因素（气象信息、监控器信息、犯罪发生状况、有前科的人数、与警察局的距离等），预测犯罪危险程度。
- 相关机构：警察厅。

（3）实施过程和成果（见表5-5）

表5-5 通过预测犯罪实现智能型治安，构架地理分析系统的过程和成果

实施过程	• 2009年4月，开始运营能预测犯罪危险地区和持续作案的犯罪嫌疑人居住地的地理分析系统（GeoPros） • 2013年2月，开始在全国普及使用地理分析系统，从此把随意巡逻的方式转变为预测犯罪危险后进行巡逻的方式 • 提高能预测犯罪的能力和现场接触工作的能力（2013年5—12月） ——根据警察局和行政区域划分的犯罪分析单位，细分为居住形态、收入水平、年龄、流动人口等具有类似特征的几个治安区域 ——分析流动人口、年龄结构、收入水平、气象信息、过去和现在的犯罪发生状况等内容，制作犯罪危险指数

---

① 地理分析系统（Geographic Profiling）是把多种空间统计分析方法用于警察的犯罪调查数据分析、预测犯罪危险地区、制定防止犯罪战略、预测连续犯罪嫌疑人的居住地等的系统。Korean National Police Agency, "Police Patrol! Concentration on the Crime Danger Area!!", Press Release（2013-02-07）

② 洞是韩国的行政单位，根据法律的规定和历史分为法定洞和行政洞（划分的标准不一样）。每个行政洞有各自的居民中心（以前叫洞事务所），在这里办理地区的日常行政业务。重设行政区域时是根据法定洞进行，但是每次选举划分选区时则是根据行政洞进行划分。

	续表
成果	• 把犯罪危险地的信息提供给地方自治团体和公民（2014年） • 为了提升现场的应用能力，在警察内部连接犯罪现场确认信息，确认犯罪现场和每个时间段所发生的犯罪信息。通过预测犯罪来提前安排巡逻车以减少犯罪的发生，迅速地打击犯罪[①] • 规划指定巡逻路径，迅速出动打击犯罪 ——（案例）仁川市延寿警察署：通过对犯罪危险地区的分析，有效打击犯罪，犯罪发生率比前年降低44.8%（全国第一） ——（案例）京畿道坡州警察署：以犯罪危险地区为中心安排巡逻车，接受112举报后到达现场的时间从5分6秒（2012年）减少到2分32秒（2013年） • 共享犯罪危险地区的信息，与有关机关协作：安全行政部协作制作了"生活安全地图"，与首尔市协作进行了预防犯罪设计项目

资料来源：MOSPA（2014b）。

三 服务型政府案例分析

构建服务型政府的重点课题有：①为需求者整合提供定制型服务；②为创业和企业活动提供一站式服务；③提高弱势群体的信息服务可达性；④利用新的信息技术创造新的定制型服务。下面分析以下具体案例的观点、概要、实施过程和成果。

（一）以公民为中心提供定制型服务的案例

1. 京畿道南杨州市的雇佣、福利综合中心

（1）观点
• 不仅是简单的政府之间的协作和信息共享，更是整合构建的一站式服务。
• 为社会经济中处于弱势地位或很难维持经济生活的弱势群体提供必

[①] MOSPA, *White Paper on 2013 Government 3.0*, 2014d, p.151.

要的就业岗位和定制型的福利性服务。
- 一些管辖区域比较广的都农复合城市可以考虑组建综合服务窗口。

（2）概要
- 2014年1月开始运营的京畿道南杨州市的雇佣福利综合中心，因作为韩国第一个综合办理就业支持、职业培训、扶持自立、福利服务等业务的机构而备受关注。
- 以前残疾人和其他找工作的人为了得到想要的服务需要分别访问雇佣中心（雇佣劳动部所属）、就业岗位中心（地方自治团体所属）、居民中心（地方自治团体所属）、女性就业中心（女性家族部所属）、地区自立扶持中心（地方自治团体）等机构。
- 将以上多个机构的就业扶持和福利服务整合在一起提供一站式服务（见图5-6）。如南杨州市居民中心、南杨州就业岗位中心、女性就业中心、地区自主创业中心、雇佣中心等。
- 相关机构：雇佣劳动部、保健福祉部、女性家族部、安全行政部、京畿道南杨州市。

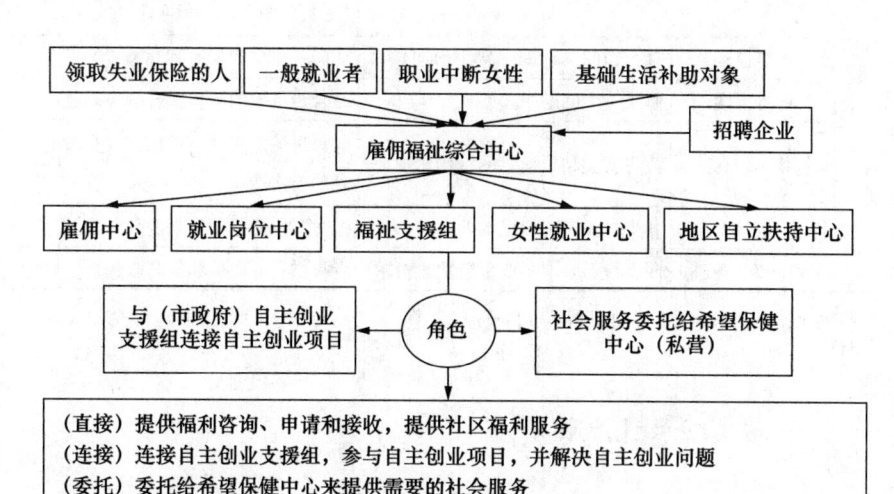

图5-6 雇佣福祉综合中心

(3) 实施过程和内容（见表5-6）

表5-6　南杨州雇佣福祉综合中心的实施过程和成果

实施过程	• 雇佣福祉综合中心（2014年1月6日开始运营） ——把分散在不同机构的就业和福利相关的业务整合在一起提供一站式服务 • 主要的工作内容 ——在一个综合中心里把之前的南杨州就业岗位中心、女性就业中心、地区自主创业中心、雇佣中心、南杨州市福祉支援组的办公室都集中在一起 ——雇佣中心是负责领取失业保险的人、就业岗位中心负责一般的就业人员、女性就业中心负责职业中断女性、自立扶持中心负责低收入人群 ——共享招聘企业、委托教育机关等共同信息		
成果		个别机关体制	雇佣福利中心
	政府3.0的宗旨是消除各部门之间的隔阂，为民众提供最新服务，根据这一宗旨，安全行政部、雇佣劳动部、保健福祉部、女性家族部、地方自治团体之间保持了紧密的协作		
	行政效率	各个机关开展自己的业务	通过开发协作项目来提高效率
	服务类型	提供一种服务	提供多种服务 （雇佣、福利、一般金融、文化）
	服务路径	逐个访问（时间、费用增加）	访问一次（时间、费用减少）
	服务质量	解决一个问题	结合当事人的环境综合解决问题
	收集信息	搜集就业岗位信息的费用增加	通过机关之间共享信息，减少就业信息的收集费用
	行政效率	各个机关实施自己的业务	通过开发协作项目来提高效率
	给残疾人、职业中断女性、领取失业保险的人求职者提供就业岗位和福利服务		

资料来源：根据MOSPA（2014b）资料整理。

2. 一站式继承遗产服务[①]

（1）观点

根据人的生命周期提供定制型服务。家属在办理遗产继承手续时不用一一办理银行业务、土地、汽车、查询交税等业务，办理死亡手续时可以一次性办理相关手续。

---

① Ministry of the Interior, "Government 3.0 Best Performance", *Ministry of the Interior*, 2016a, p. 7.

(2) 概要（案例）

• C 的母亲去世以后，他一想到办理相关手续就头疼。因为他记得十年前父亲去世，为了确认继承遗产，他东奔西走地跑了居民中心（居委会）、区厅、税务局等好几个地方以后才办下来。但是这次他去办理死亡手续时发现，通过一站式继承遗产服务，办事变得非常方便，不用跑那么多机关。他就安心地为母亲办理丧事了。

(3) 实施过程和成果

• 以前办理继承手续首先要在市政府或者区厅办理死亡手续之后才能申请确认继承遗产。确认继承遗产时需要去税务所、国民年金公团、地方政府等 7 个地方。

• 申请确认继承的财产时要一一填写申请书，同时还要提交有关继承关系证明的书面资料（见图 5-7）。

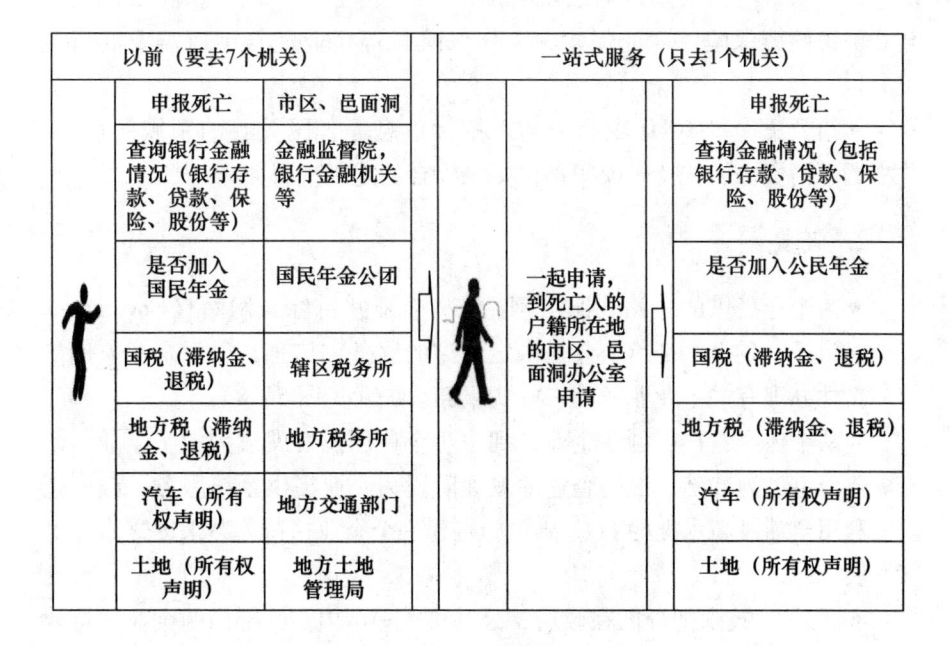

以前（要去7个机关）		一站式服务（只去1个机关）	
申报死亡	市区、邑面洞		申报死亡
查询银行金融情况（银行存款、贷款、保险、股份等）	金融监督院，银行金融机关等	一起申请，到死亡人的户籍所在地的市区、邑面洞办公室申请	查询金融情况（包括银行存款、贷款、保险、股份等）
是否加入国民年金	国民年金公团		是否加入公民年金
国税（滞纳金、退税）	辖区税务所		国税（滞纳金、退税）
地方税（滞纳金、退税）	地方税务所		地方税（滞纳金、退税）
汽车（所有权声明）	地方交通部门		汽车（所有权声明）
土地（所有权声明）	地方土地管理局		土地（所有权声明）

图 5-7 一站式继承家产服务

• 实行政府 3.0 以后，家属在地方政府申报死亡后，政府工作人员会主动介绍有关查询继承财产的业务。

• 在地方政府可以办理一站式申请继承财产业务，申请人只要提交一份申请书和可以证明继承人身份的证件就能完成业务办理。

• 与土地、汽车、地方税有关的信息会在 7 天以内得到反馈结果；金融、国税、国民年金信息是 20 天以内得到反馈结果。

（二）为创业和企业活动提供一站式服务的案例——扶持企业的综合网站系统（G4B）

1. 观点

• 需要与大法院、国税厅、地方自治团体、考试认证机关等 224 个有关机关紧密合作。

• 介绍针对企业的行政业务、minwon. go. kr、解决对企业的行政业务、统一处理项目内容（连接大法院、国税厅、专利厅）、四大保险（国民年金、国民健康保险、就业保险、工伤保险）等企业经营中所需要的行政服务。

• 给公民提供 R&D 项目公告、招标信息等公民关心的领域的信息，并根据申请资格、扶持规模等条件提供综合的定制型服务。

2. 概要

• 为企业提供的一站式服务网站——企业扶持综合网站（Government For Business，G4B）是给企业提供定制型的服务和信息，以便企业家们能够一次性办理有关企业业务的一站式服务系统（见图 5 - 8）。

• 从个体经营户、创业企业，到中小企业创业发展成为中坚企业，政府需要以 ICT 为基础，根据企业的发展阶段为企业提供系统服务。政府还需要利用全球最高水准的 IT 基础设施构建一个企业扶持体系来促进市场经济发展。

• 通过 IT 技术把分散在政府、公共机关等国内多数部门的企业扶持业务连接起来，组建单一窗口。并且通过这个窗口为企业提供从创业到运营全过程的行政服务。

• 为了把信息和服务有效地提供给企业，需要持续地运营和管理系统。

第五章 政府3.0的案例分析

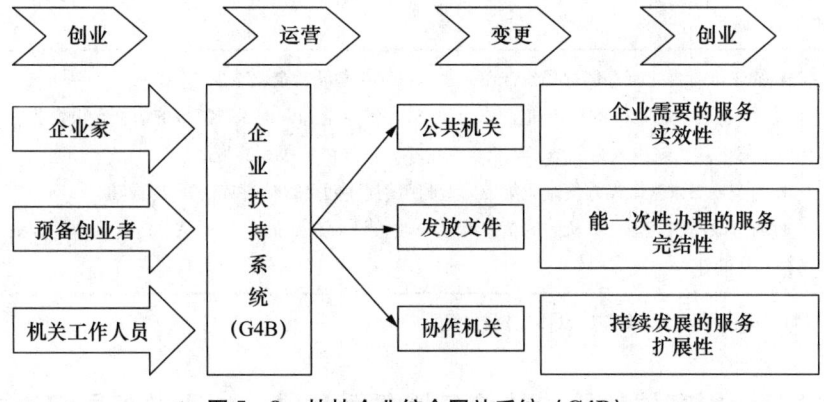

图5-8 扶持企业综合网站系统（G4B）

- 相关机构：产业通商资源部、未来创造科学部、中小企业厅、防卫事业厅。

3. 实施过程和成果（见表5-7）

表5-7 扶持企业综合网站系统（G4B）的实施过程和成果

实施过程	• 知识经济部向总统做了业务报告（2008年3月），召开了加强国家竞争力委员会会议（2008年4月） ——构建为企业解决问题的一站式服务系统："网上企业问题处理系统" ——决定构建一个能减少法人设立程序的网上法人处理服务系统 • 被选定为国政课题之一（2008年10月） ——"服务型政府的公共机关改革，减少创业程序"课题 ——"有活力的市场经济，提高中小企业的竞争力"有关课题 • 被选定为下一代电子政府的核心课题（2008年10月） • 重新设计业务程序（BPR）、信息战略规划（ISP）①的事实（2008年12月）和G4B1—4个阶段的事业（2009年8月至2012年12月） • 更改项目内容、登记企业业务（2013年1月31日官报公示） • 作为政府3.0的代表性项目，G4B服务通过开放、共享、协作来提高对企业的行政服务，计划2017年扩大到2000个服务项目

---

① 重新设计业务程序（Business Process Reengineering）和信息战略规划（Information Strategy Planning）是根据企业的现状和信息化水平，为了给企业设计一个符合未来发展战略的最优信息化系统而制定的中长期计划。通过这个计划架构的信息系统可以提高使用者的满足感，还能降低信息化投资费用。

续表

成果	• 企业所需要的所有信息都整合在一起，为创业和经营企业减少负担 ——提供各种证件的申请和发放、注册公司的申请和咨询、扶持金的信息等跟企业有关的信息。这为缺少人力的个体经营户和中小企业提供了很大的帮助 • 为企业提供基础设施使企业集中力量利用创意能力和技术在市场取得成功 • 通过政府和其他公共机关的信息开放来改善针对企业的业务程序，提高生产性，减少公务员的业务

资料来源：根据 MOSPA（2014b）资料整理。

（三）提高弱势群体的信息服务可达性——通过邮局和地方自治团体的协作为弱势群体提供服务

1. 观点

• 通过和邮局协作减少费用，提高效率。

• 不仅提供福利服务，还赋予了邮局传达危险信息和宣传国家工作的职能，以达到综合效果。

• 为了确保服务的实施，各机关之间签订了合同（MOU），构成实务协议会体系。

2. 概要

• 随着孤寡老人、残疾人等社会弱势群体的增加，福利需求也剧增，但是依靠地方自治团体的人力很难充分满足需求。

2012年，65岁以上的单人家庭有111万名（占全体老人的19.3%），农村地区的孤寡老人有44万名。

• 邮递员派送邮件和包裹时，可以关注一下居住在农村地区弱势群体的生活状态，并报告居民不便、危险状况，还可以为行动不方便的人提供政府文件传递服务（见图5-9）。

传递邮件 （邮递员） 报告不方便问题 和危险状况 替弱势群体申请	→	申请信访 （邮递员） 通过APP关注生活 上不方便的问题	→	接收、处理信访 （地方自治团体） 负责人接收和 处理问题	→	传递邮件 （邮递员） 传递信访文件

图5-9 通过邮递员提供福利服务

第五章 政府3.0的案例分析

- 相关机构：未来创造科学部、安全行政部、地方自治团体。

3. 实施过程和成果（见表5-8）

表5-8　利用邮局和地方自治团体的协作为弱势群体提供服务的实施过程和成果

实施过程	• 利用分布在全国的邮局网为居住在农村地区的弱势群体提供福利服务 ——邮政事业本部和安全行政部签订业务协议（2013年9月5日） ——农村地区的邮局和地方自治团体签订业务协议（2013年） • （关注弱势群体的生活状况）地方自治团体给高龄的孤寡老人和青少年家长等弱势群体邮寄文件，邮递员在派送邮件时确认他们的生活状况，有问题时通报给地方自治团体 ——信访业务、福利服务的介绍、提醒炎热和寒潮时期、年初和年末发放补助品等 • （替行动不方便的人申请信访）为老人、残疾人等行动不方便的人通过电话申请信访业务，邮递员确认为本人以后帮助他们传递文件 • （报告不方便的问题和危险情况）邮递员派送邮件过程中如果发现不方便的问题或危险情况，及时报告给地方自治团体 ——路灯出现故障、道路破损、弃置车辆、森林火灾、山体滑坡、暴雪等
成果	• 为老人、行动不方便的人等弱势群体提供福利服务，可以减少危险事故的发生 • 地方自治团体对设施进行检验，防止发生二次事故 • 对公民宣传国政课题和地方性重要问题

资料来源：MOSPA（2014b）。

（四）利用新的信息技术创造新的定制型服务的案例——以数据为基础的航空气象预报服务

1. 观点

- 需求者和有关机构构建协作体系（调查问卷、协商机制、连接数据库等），实现事业效益的最大化。
- 通过国产技术提高气象服务的质量，实现经济效益。
- 登记和保护新开发的技术知识产权。

2. 概要

• 不再局限在"气象厅 = 天气预报"的固定观念里,把气象厅的观测、预报等资料跟其他领域的信息融合在一起可以创造社会经济协同效应。在农业、旅游、交通、保健等和公民生活有着密切关联的领域开发并提供定制型融合的气象预报(见图 5-10)。

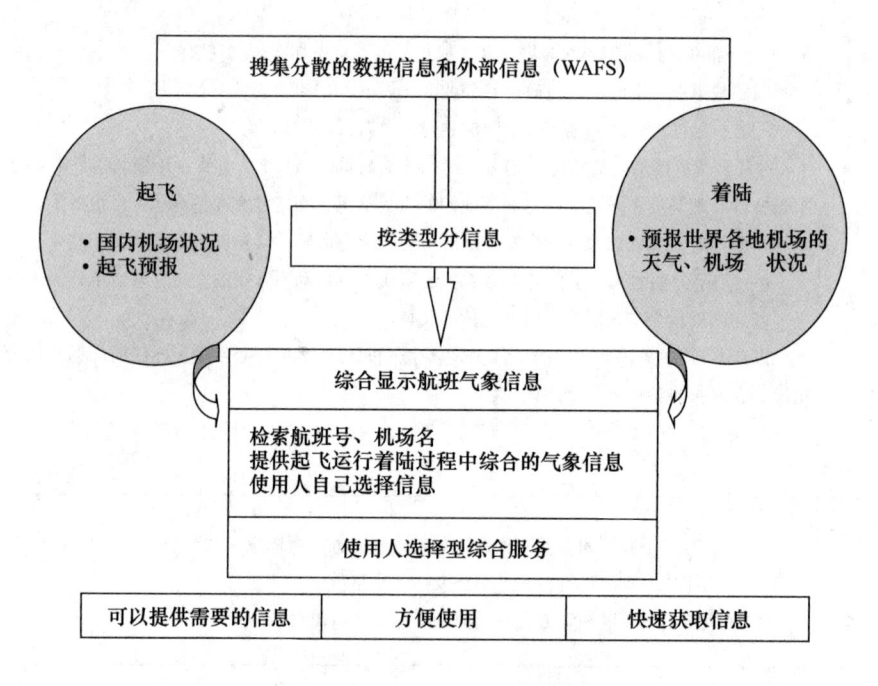

图 5-10 使用者选择型综合服务

• 每年因为飞机机体故障、停飞、延误造成的巨大经济损失,有 21% 是气象因素导致的。

五年内飞机事故的经济损失共 530 亿韩元(2010 年国政监察)。

• 通过政府有关机关和航空公司之间的协作,制作一个融合气候信息和航空信息的国产航空气象系统(只输入航班号就能获取 200 多条航线的航班信息和气象信息),为国内外提供服务。

• 相关机构:气象厅、国土交通部、航空公司。

3. 实施过程和成果（见表 5-9）

表 5-9　　　　以数据为基础的航空气象服务的实施过程和成果

实施过程	• 调查航空气象服务对象的需求，并分析数据的使用环境（2012年10月） • 构建融合需求者、有关机关的大数据使用系统（协作、共享资料） 　——连接国内外的气象信息和航班信息（航班号、飞行路径、起飞和着陆的机场等），构建数据库。构建一个能够连接国内外的气象信息和航班信息的数据库 　——气象厅负责搜集和分析全世界机场的信息，开发全世界主要机场的气象预测模型 　——国土交通部（航空信息中心）负责构建国内外的航班起飞、着陆等航空信息数据库 　——韩国航空公司（7家）提供详细的航班运行计划 　——仁川国际机场提供国内航空公司在各机场的信息 　——安全行政部（综合电算中心）制作新的综合网站 • 为了在全球使用航空气象信息，自主开发航空气象预测模型（2013年1月） 　——针对气象预报系统不完善的发展中国家的200个机场建立气象预测模型（预报5天），先提供给韩国的航空公司 • 开发一个能把庞大的运行气象信息用最简单、最迅速的方式提供的系统（2013年2月） 　——只要输入航班号就能迅速获取从起飞到着陆的气象信息
成果	• 通过大数据的融合和机关之间的协作，构建高品质的气象服务系统 　——使用韩国技术开发系统，并给韩国航空公司提供免费的服务来降低外汇的输出 • 利用信息可以迅速决定航班运行与否（延误运行、取消、返航） 　——通过减少准备登机时间、更改或取消飞行计划等减少公民的不便

资料来源：根据 MOSPA（2014b）资料整理。

第六章
政府 3.0 的行政协作

一 政府 3.0 的制约因素

政府 3.0 的发展计划自 2014 年开始实施，已实现对传统模式的诸多转变，2015 年成果初现，2017 年将初期成果扩散至全国，成果不断巩固。政府的具体计划是 2015 年将相关资料储存到云端；部门之间共享批复文件；实现以数据为基础的决策过程制度化。2017 年公务员利用云端进行业务处理和沟通；实现移动式行政管理；决策过程中普遍利用大数据。2018 年以后所有政府机关将进行知识共享和协作；公务员不再使用个人电脑；通过利用大数据分析设计未来战略。[1]

然而在达成政府 3.0 的各个目标和开展相关的核心课题、子课题、详细课题研究的过程中难免会遇到各种意想不到的制约因素。在本章中我们无法探讨所有的制约因素，但还是试图探讨一下最可能发生的因素。

（一）透明型政府的制约因素

如果要建设透明型政府，就需要具备相关的条件。Grimmelikhuijsen 提出了实现透明型政府的条件，也提出了透明度的相关属性。透明度具有：①信息的完整性；②信息的属性；③信息的实用性等因素。透明度的内在

---

[1] Government 3.0 Promotion Committee, "Trustful Government, People Happy Nation: Government 3.0 Development Plan" (Cited, 2014 – 09 – 17), 2014b.

因素有：①公开议事决策过程，提高决策过程的透明度；②提高政策内容的透明度；③政策结果和执行一段时间后阶段性政策成效的透明度。①

如前所述，实现透明型政府需要在议事决策过程、政策内容和结果中提供完整的信息，充分反映成员的意见，并且要及时提供有助于理解的信息。但是建设透明型政府的核心课题和具体课题关键在于实现透明的议事决策、政策内容、政策结果，并且反馈过程中的决策、执行、评估，而这一切却很难保证。并且在执行各个课题时反映的信息的完整性、实用性也很难确认。这是因为还没有确定透明度的程度和具体对象，而且在现实中存在诸多阻碍透明度的因素，但是如果把政府职能、业务、程序、成果等相关资料全部公开的话，又会同时造成正面和负面效果。根据以上的论点，下面分析透明型政府在现实中可能遇到的约束。②

第一，建设透明型政府的价值关键在于公开信息，但是目前还缺乏能够测量和评价信息价值的机制。信息的价值取决于时间、意义、费用等因素，可以分为定性值和以利用费用衡量的定量值。③ 信息作为透明型政府的核心因素，含有定性价值的同时还应该利用信息创造其他价值。换句话讲，信息提供者要为信息需求者（包括普通公民、企业等）及时地更新、分类、管理信息，并将信息提供给需求者，而信息需求者能利用这些信息促进决策的有效性或通过解决问题来创造更有价值的循环结构。但是，毋庸置疑，只有当我们具备能够判断信息的实用性、适时性和正确性的相关机制时，才能真正实现透明型政府。

第二，建设透明型政府需要衡量现在提供的信息和我们最终要提供的信息之间的数量和范畴（例如社会、经济、政治、技术、文化等类别），但是目前为止，尚未建立起具体的判断标准。如果没有衡量信息的数量和

---

① S. G. Grimmelikhuijsen, "Transparency and Trust. An Experimental Study of Online Disclosure and Trust in Government", PhD Thesis, Utrecht University, 2012, p. 64; A. Bos and F. van. Eekeren, "AGGIS: Transparency, 2013", Retrieved from http://www.playthegame.org/news/news-articles/2013/aggis-transparency/ (cited, 2014-11-07); Kim Yun-kwon, *A Study on the Collaborative Administration of Government Organization Management*, Korea Institute of Public Administration, 2014, p. 64.

② Kim Yun-kwon, "A Study on the Driving Forces and Constraints of Government 3.0", *Paper Presented at the Joint Planning Session of KIPA-KAPA*, 2015, p. 26.

③ M. Sajko, K. Rabuzin and M. Bača, "How to Calculate Information Value for Effective Security Risk Management", *Journal of Information and Organizational Science*, Vol. 30, No. 2, 2006, p. 268.

分类标准，那么人们对透明度的认识也会不同。① 而且这样也会导致想要接触公共信息的需求者（个人、民间组织、公共组织等）之间对信息的数量和分类的理解呈现差异化，根据对政府的信赖或政治理念，要求公共信息的数量和分类也会有所不同。因此，首先要判断作为透明型政府要提供的信息的数量和范畴跟过去公开的信息的数量和范畴有哪些不同之处，并且界定以后要公开的信息数量和范畴，同时设计相关的可行性目标。这样才能逐渐地调整透明型政府的发展方向、过程、内容和结果。

第三，建设透明型政府的信息必须根据需求者可以使用的方式进行提供②，但问题是需求者不明确，而且很难掌握他们需要的所有的信息种类。③ 政府要掌握需要信息的需求者，并且把完整的信息按照需求者需要的格式提供才能使信息创造新的价值。如果公开的信息不吻合需求者的格式，那么也很难扩增信息的总量且提升水平。但是由于政府也不可能满足所有的信息需求者，所以公开的信息就带有普遍性，而实用的信息有可能被少数人拥有。例如，利用公共数据来创造工作岗位时就很难知道需要工作岗位的是什么人及他们需要什么样的信息等。因此，政府要判断出谁最需要信息，怎样才能以最优的方式提供给需求者信息。

第四，建设透明型政府需要变革政府组织内部留存下来的文化、法律、制度等方面的制约因素，逐渐向有利于信息开放和共享的方向发展。政府组织内部普遍存在信息封闭式管理的文化，而使这种习惯和文化向开放和共享的模式转变非常困难。除了文化以外，各个组织的职能和相关的法律法规④有时也阻碍着对组织外部的信息开放和组织内部的信息共享。⑤因此，想要建设透明型政府首先就要改革组织的文化、法律法规、制度等

---

① Kim Yun‐kwon, "A Study on the Driving Forces and Constraints of Government 3.0", *Paper Presented at the Joint Planning Session of KIPA‐KAPA*, 2015, p. 27.

② T. Davies, "Open Data, Democracy and Public Sector Reform: A Look at Open Government Data use form Data. gov. uk", 2010, Retrieved from http: //www. practicalparticipation. co. uk/odi/report/ (cited, 2016‐09‐16).

③ A. Fung, D. Weil, M. Graham and E. Fagotto, "The Political Economy of Transparency: What Makes Disclosure Policies Effective?", Ash Institute for Democratic Governance and Innovation at the John F. Kennedy School of Government, 2004, Retrieved from http: //www. innovations. harvard. edu/cache/documents/67/6784. pdf (cited, 2016‐09‐16).

④ R. Zausmer, "Towards Open and Transparent Government: International Experiences and Best Practice", Global Partners and Associates, December 2011.

⑤ Kim Yun‐kwon, "A Study on the Driving forces and Constraints of Government 3.0", *Paper Presented at the Joint Planning Session of KIPA‐KAPA*, 2015, p. 28.

障碍，营造良好的信息开放和共享的组织环境。

（二）效能型政府的制约因素

为了建设效能型政府需要消除组织间的隔阂、构建协作系统，应用大数据和云计算，可以解决上述问题，还能提升政府运营的效率和科学性，提高行政服务的效果。但是以下几个因素的存在，使效能型政府的建设受到约束。

第一，每个组织都存在部门间的隔阂，部门间的壁垒导致组织之间的沟通很难顺利进行。[1] 组织隔阂与组织的战略目标有关，组织在发展过程中其目标、职能、人力资源、预算、法律法规不断地得到强化。组织隔阂不仅与组织结构有关，同时还与组织成员的行为和文化有着密切的联系，所以消除隔阂如同改革一般艰难。建设效能型政府的核心工作是通过协作来解决问题并提供多种行政需要。[2] 但是协作的前提是要消除组织（部门、机关、小组等）之间的职能、课题、技术、心理等方面的隔阂，而在现实中这是非常难的。

第二，在开发与"沟通协作"有关的政府运营系统的过程中，竞争、独立开发系统的行为和文化仍然存在。韩国的电子政务水平位居世界前列，有利于 ICT 和网络技术的开发、应用和扩散，所以机关之间可以进行充分的信息共享和系统连接。但是，利用技术的发展连接组织之间的系统也不一定能够构建协作体系。使用协作系统的毕竟是组织成员，所以需同时改善组织的环境、行为、文化以便更有效地利用协作系统。但在现实中各个组织纷纷开发引入符合各自职能目标的信息系统[3]，而不是构建综合的有利于协作的系统。[4]

第三，大数据和云计算是科学行政的核心工具。政府需要改善有关大

---

[1] E. K. Briody and K. C. Erickson, "Success Despite the Silos: System – Wide Innovation and Collaboration", *Business Anthropology*, Vol. 30, 2014, pp. 30 – 54.

[2] Kim Yun – kwon, "A Study on the Driving Forces and Constraints of Government 3.0", *Paper Presented at the Joint Planning Session of KIPA – KAPA*, 2015, p. 22.

[3] 例如，中央的 14 个部门通过执行 17 个项目来支援中小企业，而地方政府执行 1300 个项目。官方发展援助（ODA）政策由 28 个部门参与，包括 1000 个具体项目。多文化家庭支援政策由 12 个部门参与，包括 59 个具体项目。这种结构引发了项目内容的重叠和预算浪费现象。

[4] Kim Yun – kwon, "A Study on the Driving Forces and Constraints of Government 3.0", *Paper Presented at the Joint Planning Session of KIPA – KAPA*, 2015, p. 23.

数据，云计算资料和信息的生产、收集、管理、应用，制定规章和制度。如果要减少资料在生产、收集、管理、应用过程中可能会出现的偏差、歪曲等问题，就必须要改善政府行为和工作方式以提高公共信息的水平和可靠性，而且还要制定有关在资料和信息的生产、收集、管理、应用中保障公民安全和隐私的相关法律和制度。如果要进行以证据为基础的决策[1]就要利用云计算和分析大数据来获得客观的信息和集体智慧。但是在现实生活中因为政治等多种因素，很多公民或者决策者的认知和态度无法保证信息的客观性、综合性、合理性，而只强调黑白逻辑——这种黑白逻辑容易导致其陷入自我矛盾，造成和巩固二律背反的行为和文化——导致最终很难进行以证据为基础的决策。[2]

第四，建设效能型政府的另外一个现实制约因素是韩国特殊的政治行政背景。韩国在产业化时期由行政部主导国家运营，官僚精英几乎独占政策的制定、执行、评估过程，而公民只是消极的、被动的服务对象。但是经过民主化以后，每隔五年和四年就举行总统选举和国会议员选举，政治家们不得不优先考虑公民的需求。这使得政治家们对行政机关的监督越来越重要，其不仅体现在政府选定政策议题上，还体现在决定政策、执行政策的过程中，政治介入行政领域的频率越来越高。因此，行政机关的地位比起产业化时代大为降低。在全球化时代，公民的要求和期待随着行政环境的变化变得更加复杂和多样化，同时政府的责任和力量也在随之增加。虽然ICT和网络技术的发展可以提升部分行政能力，但是行政本身就是很多复杂因素交织在一起运作的有机体。韩国促进政府3.0并不是在完成政府1.0和2.0阶段后进行的，而是在政治超越行政领域实现公民的要求和期待的背景下进行的。在这样的环境下要建设政府3.0的效能型政府本身就具有一定的局限性。

（三）服务型政府的制约因素

透明型政府与效能型政府除了自身固有的价值外，同时还具备实现服

---

[1] M. J. K. Gloria and J. A. Hendler, "If the Evidence Fits: Big Data, Experimentation and Public Policy", 2014. Retrieved from http://www.icpublicpolicy.org/conference/file/reponse/1433876251.pdf (cited, 2016 – 09 – 16).

[2] Kim Yun – kwon, "A Study on the Driving Forces and Constraints of Government 3.0", *Paper Presented at the Joint Planning Session of KIPA – KAPA*, 2015, p. 24.

务型政府的价值。政府3.0所追求的是实现服务型政府的价值、目标。政府3.0的成果也终究会体现在服务型政府的运作上。但是在现实情况下，服务型政府所追求的价值、目标和内容都受到以下几方面的制约。

第一，公共领域的服务价值、品质和数量由"看得见的手"决定，所以提供定制型服务的可能性不高。市场领域的服务需求与供给根据消费者的喜好与生产成本的变化而发生变化[①]，因此服务的供给和质量会弹性、自律、有效地发生变化。[②] 相反，公共领域的服务需要承受法律、预算、议程，甚至公务员的稳定工作等硬性交易费用的压力，因此无法客观地衡量和决定服务价格与供给量。例如，公务员在实际工作中受到人力资源管理的各种法律和制度的制约，导致他们的服务意识比市场领域更为死板；另外公务员追求自身工作的稳定性也不利于为公民提供积极有效的行政服务。[③] 在这种情况下，服务行政很难实现上门服务及解决行政死角问题以再加上行政服务对象是非特定的多数人，同时公正与公平是行政首选价值，因此以需求者为中心的定制型服务或个性化服务有本质上的缺陷。

第二，提供服务的政府组织内部和利益相关者都有较强的利己性，所以很难主动优先提供行政服务。[④] 为了提供上门服务和解决行政死角问题以实现个人定制型综合服务，也为了民间参与更新服务提供体系，迫切需要和服务型政府相关人士和组织进行纵向、横向的紧密协作。对于与服务相关的人员和组织来说，就要求他们跨越固有的行为和职能，与政府共同提供行政服务，产生协同效应。在执行政府3.0的过程中可以发现一些进行协作的典型案例，但是整体情况仍然是政府组织内部各部门纵向协同服务更多，而部门间横向协同服务却少得多，甚至在同一个部门内部行政服务计划、运作、传达和管理等内容都不是公开共享的，这导致浪费行政服务预算，以致出现重复提供服务的现象。像这样各个组织各自在纵向上提

[①] J. D. Stewart and S. Ranson, "Management in the Public Domain", *Public Sector Management*: *Theory, Critique and Practice*, (eds) David McKevitt and Alan Lawton, Thousand Oaks, California: Sage Publications, 1994, p. 58.

[②] A. J. Culyer, A. Maynard and J. Posnett, (eds) *Competition in Health Care*: *Reforming the NHS*, London Macmillan, 1990.

[③] Kim Yun – kwon, "A Study on the Driving Forces and Constraints of Government 3.0", *Paper Presented at the Joint Planning Session of KIPA – KAPA*, 2015, p. 17.

[④] R. Tope and E. Thomas, "Health and Social Care Policy and the Interprofessional Agenda", 2007, Retrieved from http：//caipe. org. uk/silo/files/cipw – policy. pdf (cited, 2016 – 09 – 17).

供行政服务，很难进行上门服务和个人定制型综合服务，以及解决行政死角等问题。假若中央政府、地方政府、公共机关或企业不提供横向协作服务，会引发服务项目间的矛盾与冲突，服务项目的重叠会导致有限的行政资源（组织，人力资源，预算，技术等）的浪费。① 如果政府机关更专注提供各自服务，而忽略和其他机关一起协作提供服务，就很难提供持续有效的服务，而且提供系统的个人定制服务将会变得更难。②

第三，实现服务型政府需要识别公民的服务需求趋势、类型、内容、周期，并按照这些内容设计服务。做好以上工作才能提供以需求者为中心的服务，提供个人定制型服务或综合服务。③ 但是在实际执行过程中，仍然缺乏这方面的努力，满足不了复杂多样的行政需求。在此情况下，做不好服务需求分析与设计，服务型政府只能停留在政府主导单向服务为特点的政府1.0模式上。特别是在经济低增长时期，政府难以确保财政收入的情况下，服务的识别化和定制化工作的成败，直接影响到政府通过简化服务供应体系，从而提高服务的效率和可持续性的效果。识别复杂多样的行政服务比较难，有必要通过公民参与和利用集体智慧分析公民所需要的服务，并且制定定制型服务，为公民提供相应的行政服务。④

第四，为了实现服务型政府，公共组织的运营模式需要从管理模式转换到服务模式。⑤ 在现实情况下，管理模式与服务模式相比仍然占主导地位。中央政府组织、地方政府组织和公共机关的组织结构和组织文化等方面，仍然存留着传统的管理模式和管理文化。比如，公务员的工作岗位偏好比起社会服务岗位更集中于一般行政岗位，因此在管理型组织模式下，比起组织内部的基层人员、外部的利益相关者、公民的偏好，决定行政服

---

① 例如，中央的14个部门通过执行17个项目来支援中小企业，而地方政府执行1300个项目。官方发展援助（ODA）政策由28个部门参与，包括1000个具体项目。多文化家庭支援政策由12个部门参与，包括59个具体项目。这种结构引发了项目内容的重叠和预算浪费现象。

② Kim Yun‐kwon, "A Study on the Driving Forces and Constraints of Government 3.0", *Paper Presented at the Joint Planning Session of KIPA - KAPA*, 2015, p. 18.

③ R. O. Reitsma, *"Innovating Mass‐customized Service"*, Eburon Delft, 2011, p. 1.

④ Kim Yun‐kwon, "A Study on the Driving Forces and Constraints of Government 3.0", *Paper Presented at the Joint Planning Session of KIPA - KAPA*, 2015, p. 17.

⑤ B. G. Auguste, E. P. Harmon and V. Pandit, "The Right Service Strategies for Product Companies", *The McKinsey Quarterly*, Vol. 1, 2006, pp. 41 - 51; H. Gebauer and C. Kowalkowski, "Customer‐focused and Service‐focused Orientation in Organizational Structures", *Journal of Business & Industrial Marketing*, Vol. 27, No. 7, 2012, pp. 527 - 537.

务的设计、制定、执行、供给等内容时更容易受到政府政策、组织目标、人事管理、高层领导的偏好的影响。[1] 管理型行政服务主要重视合法性和有效性，相比地方或个人的特殊情况更重视服务的全国普及性和统一性。与提供的服务相比，政府更重视管理的组织模式和文化，使组织集中精力去完成任务和目标，因此组织会变得更加细化、更加封闭，到最终只能提供短期的、同质性的、重复性高的定制服务。[2]

二 协作行政：政府3.0的基石

如上所述，在建设政府3.0的实践中，透明型政府、效能型政府、服务型政府会受到不同的制约。尽管如此，政府有责任和义务去克服这些制约，为公民解决各种难题。

在后新公共管理时代，韩国的政府3.0是以机关之间的协作为基础的。政府3.0的三大核心目标：透明型政府、效能型政府、服务型政府，都是通过消除组织（部门、机关等）之间的隔阂来解决问题，而且通过组织之间的协作来实现协同效果。可以说，政府3.0是从协作开始，并以此为基础，通过协作来完成的。

在这个脉络上，本章[3]重点分析政府3.0的协作行政。具体要从协作组织（协作组织文化、组织诊断、消除隔阂），协作人力资源管理（协作领导能力、人事交流、权限和责任），协作成果、预算、法律规定（绩效管理制度、预算制度和奖惩制度、协作有关的规定），协作工作环境（智能型工作、云计算、大数据）等方面深入探讨论据和方案。

---

[1] 如果政府机关内部及机关之间因为隔阂而不共享资料，在决策和执行过程中会根据机关的需求和能力而非公民的需求而定。其结果是公民被官僚制挫伤，损伤服务的有效传达，政府的程序和过程慢慢偏离轨道（IBM Institute for Business, "Collective Intelligence. IBM Global Business Services Executive Report", 2012, p. 6.）

[2] Kim Yun‐kwon, "A Study on the Driving Forces and Constraints of Government 3.0", *Paper Presented at the Joint Planning Session of KIPA‐KAPA*, 2015, p. 19.

[3] Kim Yun‐kwon, *A Study on the Collaborative Administration of Government Organization Management*, Korea Institute of Public Administration, 2014, pp. 348‐435 修改完成的。

(一) 协作组织

1. 协作组织文化

(1) 宗旨

拥有同样背景的单一组织要达成目标是比较简单的事情,但是当组织环境发生巨大的变化,而且由于不同背景的成员进入组织,组织成员之间对组织目标也有不同的认识的时候,组织成员之间共享的价值和信任会存有差异,而且组织的规范和制度也与一般的组织有很大区别。

韩国的行政文化中,阶层制和权威意识非常浓厚,而且个人主义和竞争意识混杂在一起,导致在组织内部或组织之间很难协作。在这种现状下,需要形成一个协作的组织文化来实现协同效果。

(2) 论据

文化可以从多个角度解释,很难明确地界定它的概念。文化从成员的家庭、信仰、价值等角度可划分为具有权威的和服从的形态和互相信任、平等、尊重的形态等多种类型。后者更符合协作义务体系。[1]

协作文化有着以下几个特征:①在每天的相互协作过程中互相信任和尊重;②所有阶层成员之间保持平等的态度;③以专业知识和责任性为基础的权力;④所有成员主导和共享的领导能力;⑤多种价值;⑥祝贺别人的成功;⑦重视现实价值和敢说真相;⑧因整个组织的持续发展感到满足;⑨积极学习;⑩每个人都有责任心。[2]

在协作的过程中出现的文化差异会扩大心灵的距离。组织成员很难跟有着不同文化的其他成员构建共同基础。[3] 有着不同背景的成员一起协作时,如果调解好问题,就能达到正面的效果,但是如果调解不好就会导致成员之间的不信任和组织的失败。

Adler 指出需要把文化的支配转换成文化的协作。[4] 就是说要营造一个

---

[1] M. M. Beyerlein, S. Freedman, C. McGee and L. Moran, *Beyond teams: Building the collaborative organization*, San Francisco: Jossey – Bass/Pfeiffer, 2003a, p. 20.

[2] Ibid.

[3] G. Yehuda, *What it takes to foster a culture of collaboration*, Forrester, 2009, p. 3.

[4] N. J. Adler, *International Dimensions of Organizational Behaviour*, Boston: Kent Publisher Company, 1986, pp. 85 – 86.

新的共同的组织文化。在这个脉络上可以分三个组织类型：①只强调自己组织优点的狭隘的（Parochial）组织；②虽然承认其他的运营方式，但是认为自己的运营方式是最好的，具有组织优越感（Ethnocentric）的组织；③把自己固有的运营方式和其他运营方式协调在一起，通过积极的开放来获得协调效果的组织。[1]

如果考虑协作和相互作用，组织文化还可以根据协作的水平分为不同的组织文化。[2]

由图6-1可以看出，根据协作性和互惠性的高低和组织对立程度的高低可划分出四种不同的组织文化。根据柯祖治（Kożuch）的观点，协作文化是基于互惠性原则与其他组织协作，因此可以实现提高效率的目的。经常出现在用现代方式管理的公共组织和非政府组织里的协作文化具有相当的持续性，但是如果有协作期限就会具有短期性。协作文化还包括为了和其他组织竞争而和与自己在同一个立场的组织产生协作关系。[3]

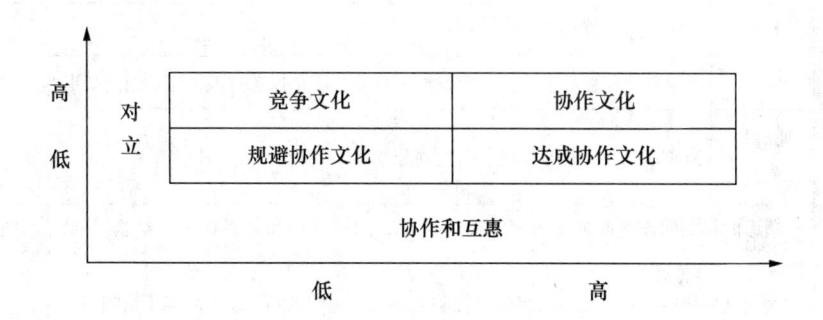

对立	竞争文化	协作文化
	规避协作文化	达成协作文化

协作和互惠
低　　　　　高

图6-1　根据协作的水平划分组织文化

资料来源：Kożuch（2009）。

现在的韩国社会中权威主义文化和竞争文化混杂在一起，因此，为了更积极地进行协作，需要把组织文化转换为协作文化。在权威意识浓厚的组织里遏制自律和创意，就会出现封闭性，但是过分强调竞争又很难用集

---

[1] B. Kożuch, "The Culture of Collaboration. Theoretical Aspect", *Journal of Intercultural Management*, Vol. 1, No. 2, 2009, pp. 17-29.
[2] Ibid, p. 22.
[3] Ibid, p. 23.

体智慧提出有创意的想法。

(3) 方案

韩国的行政文化是具有悠久历史的权威主义的阶层主义文化，再加上新公共管理理论的影响，个人主义和竞争意识也非常浓厚，所以，为了促进协作，需要从权威主义和竞争文化中摆脱出来，加强协作文化。

那么，怎样才能形成协作文化呢？事实上营造一个有利于协作的组织文化并不简单。下面来介绍卡尔兰翰（Callanhan）等[①]提出的和协作文化有关联的小组（Team）文化、共同体文化和网络文化（见表6-1）。

表6-1　　　　　　　　　营造协作组织文化

小组文化	• 小组之间的协作是重视组织成员之间的具体的相互依赖性而给予支持的文化 • 它重视以下几个方面的内容	
	优先权	对个别成果强调组织的成功
	目标	及时传达预算结果
	学习	小组之间互相学习，提出建设性的意见，不是拥有知识，而是强调知识的共享
	明确的协作过程	沟通、业务和业务流程、明确划分职能
共同体文化	• 很多时候共同体之间的协作是自发而成的，因此地位和名誉在组织结构里具有不同的价值 • 因为共同体得不到补偿，所以随时面临着挑战，组织的角色也有可能不恰当 • 共同体的领导用自己的热情来引导组织，有可能得到成员的支持，但是也可能遭受拒绝 • 成员通过干预和贡献来获得名誉，而且间接地反映到组织里 • 组织的共同体协作文化有以下几个特点 　——进入共同体或者在组织里的角色是否有补偿？或者是否有不利的影响 　——是否有参与共同体的时间？怎样把知识用到组织目标的实现上？能不能把共享信息的行为从小组扩展到共同体 　——有没有组织愿意援助成员的能力（Craft）提高？或者有没有组织鼓励参与和知识共享	

[①] S. Callahan, M. Schenk and N. White, "Building a Collaborative Workplace", 2008, Retrieved from http://www.anecdote.com.au/papers/AnecdoteCollaborativeWorkplace_ vis.pdf（cited, 2016-10-09）.

续表

网络文化	• 网络文化比起集权性领导能力，更重视多种交点（Nods）的连接。网络需要及时的反映 • 支持网络协作时需要考虑以下几个因素 ——在协作网络对共享利益问题发出信号并意识到问题非常重要。换句话讲，有多少成员考虑组织的利益并做出反应 ——信息太多的时候过滤有效信息和搜索能力依赖于技术和手段。在组织里有没有这方面能力的人？有没有时间和资源去分析信息 ——在网络里是否知道自己的角色？是否知道对方是谁？有没有持续的信任关系？在不认识对方的时候能不能信任对方？成员在网络里有没有尽全力工作？有没有得到相应的补偿 ——网络组织可以要求成员的履历，也能意识到其他组织的侵害 ——在网络里个人不关心相互作用，谁当领导谁受到不利的影响这种问题很容易被忽视 ——在网络文化里领导文化对分散的领导模式有多大的效果

资料来源：根据 Callahan 等（2008：7-8）的内容进行整理而得。

不同于对行政环境比较敏感的私营组织，在公共组织里进行协作有其局限性。公共组织的行政文化是受多种因素（历史、社会、政治、制度和法律规定、形态等）的影响而形成的文化，所以短时间转化为有利于协作的文化非常不容易。

在意识到这种局限的基础上努力去营造协作文化时，可以考虑贝叶宁（Beyerlein）等（2003a）提出的协作领导能力的特征。组织文化是组织成员多种行为长期影响的结果（Embeddedness），所以很难改变，但是根据组织领导的角色可以渐进地转变为开放型的、自律的、横向的组织文化来促进协作。

显然，韩国无法在短时期内完全改变权威阶层的行政文化，但是，随着各种难题剧增和公民的行政需求越来越趋向多元化，营造一个协作的组织文化是势在必行的。

2. 组织诊断

(1) 宗旨

协作要在两个或两个以上的组织、部门或机关之间进行，或者在中央政府和地方自治团体之间进行，也可以在公共机关和私营企业之间进行。组织在多种情况下进行协作，其中一个至关重要的原因就是单一组织通过自己的职能和能力很难单独完成目标；再者便是与其他有着不同职能的部门一起工作能够实现协作效应。

每个组织都有自己固有的职能和目标，如果能单独实现目标，它的职能就非常完美了，但是，在全球环境发生巨大变化、公民的行政需求和政策问题也变得越来越多样化的时候，政府组织的目标和职能也需要随之变化，特别是最近全球性难题剧增，难以解决的问题也持续增加，组织之间的协作变得越来越重要。

考虑到以上的问题，需要重新确认一下组织的目标和职能是否符合现在的时代变化，新的目标和职能通过与其他组织的协作能不能完成等问题，这被称为组织诊断（Organizational Diagnosis）。组织诊断是为了诊断多元利益相关者之间所处的现状和理想状态之间的距离，并查找导致低效率的具体原因，寻求有效的解决办法。[①] 具体来讲，组织诊断是以分析组织的现状（As – Is）来找出问题的原因，以及制定有效的政策，最终提高组织工作效率的过程。[②]

根据组织诊断过程中分析的内容，组织的现状、诊断目的、组织发展的预期结果也会不同。组织诊断的对象一般有组织的发展背景和成果、文化特征和工作条件、组织职能以及成员、物质条件和技术等。组织诊断的课题有政府职能重组和政府机构改编；组织内部的职能完善和改革组织文化；根据政府新的发展方向完善职能和权限；建设符合21世纪环境发展的灵活性组织；为了实现国家新的飞跃，最大化地提高国家治理能力；发展创新型开放性的组织文化和以人为本的组织。

从这个方面来看，组织诊断的对象不只是行政组织，还包括组织内外的直接或间接地受影响的组织环境、职能、组织结构、人力资源结构、预算、法令、信息、工作程序、文化、绩效管理、知识管理、变化管理等内容。

从图6-2中可以看出组织诊断包括九大模块（Module），分别是环境分析、诊断和职能重组、诊断和组织结构重构、诊断和人力资源重组、过程诊断和重组、组织文化行为诊断和重组、绩效管理、知识管理、创新管理。这九大模块又可以分为环境分析（使命、目标、战略、课题）、组织

[①] M. I. Harrison and A. Shirom, *Organizational Diagnosis and Assessment*: *Bridging Theory and Practice*, Calif: Sage Publications, 1999.

[②] Kim Yun – kwon, "The Strategies and Management of Governmental Organization Diagnosis", *Korean Public Management Review*, Vol. 21, No. 4, 2007, p. 50.

诊断（职能、结构、人力资源管理、程序、形态和文化）、绩效和知识管理、变化管理等四大部分。①

```
环境分析 → ┌─────────────────────┐
           │ 诊断和职能重组       │ ← 整合分析
           │ 诊断和组织机构重组   │
           │ 诊断和人力资源重组   │
           ├─────────────────────┤
           │ 过程诊断和重组       │ ← 创新管理
           │ 组织文化行为诊断和重组│
           │ 绩效管理             │
           │ 知识管理             │
           └─────────────────────┘

❖中心组织的     ❖组织诊断       ❖制定未来目标    ❖制定阶段性的
  环境分析包括 ⇒  功能,结构,人 ⇒   环境改善     ⇒  变更管理策略
  策略和任务       力资源过程、文                     设置总体规划
                  化和行为
```

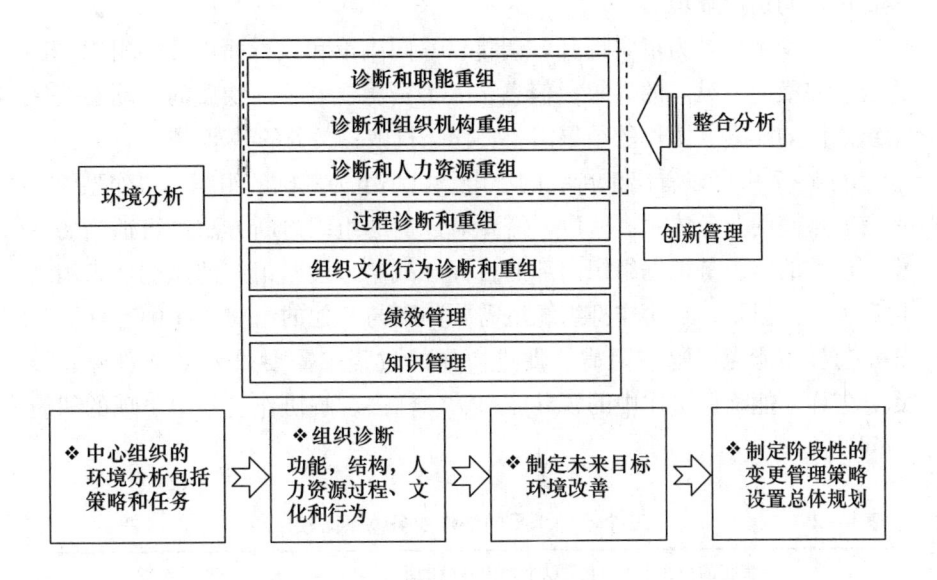

图 6-2 组织诊断的模块

为协作而进行的组织诊断不需要所有的组织诊断过程，而应选择需要诊断的部分进行有针对性的诊断。但是如果要设计擅长于协作的组织，分析职能和组织结构则是必需的。下面我们还将具体分析协作组织的特征和诊断组织的方法。

（2）论据

政府组织具有非常多的职能，根据职能的特征分为不同的组织。政府的职能正在逐渐增加，履行这些职能的政府组织或机构也变得越来越复杂。显然，行政环境和行政需求发生变化时，政府职能和行政组织也要重新进行设计。特别是多数机关之间有关联的业务增加的时候，可以诊断一下是否能在多数机关之间进行连接或者整合。

如果要顺利进行协作就需要重新设计组织。灵活的组织履行业务时，需要组织几个小组来应对组织的变化。灵活的组织如果要正常地运行就需

---

① Kim Yun-kwon, "The Logic of Government Reorganization and Functional Reorganization Strategy", *Korean Journal of Public Administration*, Vol. 47, No. 3, 2013c, pp. 49–74.

要所有成员和组织的所有职能都能正常运行。但是灵活的组织需要：①经常重新设计组织；②协作工作有可能会导致效率低；③新组建的组织要花一定的时间适应环境。①

协作型组织是为了实现有效调整、共同决策和执行而设计的组织。协作要摆脱横向和纵向的界限，信息、人力资源、调整、物质的流动要摆脱组织之间的隔阂。协作的结果需要责任、权威、义务的共享。②

表6-2中可以看出，传统的小组、以小组为基础的组织、协作型组织都有着不同的业务体系。所以，需要对以前的组织诊断方法进行适当的调整。以前的组织是根据组织内部的目标和战略来诊断组织的职能、组织结构和人力。但是，在协作型组织里需要判断与其他的组织协作中有什么阻碍、怎样才能克服这些阻碍、促进协作的过程中需要投入多少资源和技术、怎样才能确保协作中的领导能力、怎样去调解协作过程中出现的纠纷等问题。

表6-2　　　　　　三个不同水平的协作业务体系比较

	传统的小组	以小组为基础的组织	协作型组织
业务特征	能分为几个小组的相互依赖性强	需要有一定的计划和决策的抽象的业务 小组和工作单位之间有一定的相互依赖性	组织内外存在流动的相互依赖性 目标对象的弹性 多种程度的复杂性
协作的主要焦点	小组	项目	多种多样
组织类型	传统的	矩阵模式	多种多样
重新设计的目的	凝聚、集中，所有的组织都能适用的专业性	调整、资源管理、反应性、专业性	反应、调整、企业家精神
介入点	关系	体系	文化和脉络
决策框架	小组内部的协议 星形模型 小组和管理人员协商目的和日程	小组内部协商和投票 阶层的等级制的治理和调整体系 小组管理别的小组 专业性和责任性非常重要	通过明确的沟通来抵消优先权 反映各种不同的意见 通过专业性和责任感影响决策

---

① M. Beyerlein, S. Freedman, C. McGee and L. Moran, "The Ten Principles of Collaboration Organizations", *Journal of Organizational Excellence*, Vol. 22, No. 2, 2003b, p. 62.

② Ibid, p. 18.

续表

	传统的小组	以小组为基础的组织	协作型组织
协作的单位	共同的位置,有管理和接触的小组	管理人指定的项目组 解决问题的组 调整组和管理组 管理小组组长	有责任感的个人、小组、组织单位 多数的、暂时的和半永久的组织 管理人和调整的组一起协作

资料来源：Beyerlein 等（2003a）。

（3）方案

支持政府 3.0 的协作最终是通过组织来完成。所有像上面所讲的论据一样需要组建协作型组织。受到传统的官僚制文化和三十多年的新公共管理理论的影响，用现在的竞争为主的组织很难促进协作，所以需要把公共组织（中央政府、地方自治团体、公共机关）设计成更容易协作的组织。当然，这并不简单，而且不是每一个业务都需要与其他组织协作。但是，如果想要提高公民所需要的行政需求的水平，在实施涉及多数机关的业务时就要有相应的组织结构。

韩国政府也提出了有关实现政府 3.0 时所需要的支持协作的组织诊断。支持协作的组织诊断内容包括以下几个方面：①在国政课题和协作课题中选定几个诊断对象，提前进行诊断；②在中央机关和地方自治团体之间通过连接和协作来完善服务传递体系；③让利益相关者、有关机关、地方自治团体、专家参与到诊断过程中确保客观性。选定课题时在国政课题和协作课题中，机关之间、中央机关和地方自治团体之间存有隔阂、重复项目、缺少服务等问题的项目要优先选定。国政课题和协作课题中要选定与组织和职能有关的课题，整合类似的课题，一部分课题可以调整诊断对象和范围。分类课题可以分为多数部门之间职能和项目调整课题、执行现场诊断课题、单一部门的组织和职能有关的课题。[①]

但是，政府 3.0 的综合实施计划里提出的组织诊断主要集中在课题的诊断上，所以严格来讲，不算是对组织诊断，而是对课题或项目的分析或评估。虽然如上所述，组织之间的协作大部分以课题或项目为中心进行，而诊断组织的目的是把组织通过组织诊断组建成更适合协作的组织模式。

---

① MOSPA, *Government 3.0 Total Action Plan*（Cited，2013 - 08 - 14），2013a.

所以，无论以后的政府 3.0 建设还是以支持协作作为切入点而进行的组织诊断，都是将履行协作的组织转变为适合协作的组织模式。如果说以前设计组织是为了实现组织的目标和履行职能，并且促使组织相互竞争，那么以后则要通过诊断目标来组建协作型组织促进组织之间的协作。

诊断组织中发现的问题可以通过专家咨询来政府 3.0 建设，同时，公务员也可以在实际工作中发现问题，并且努力解决问题。根据政府 3.0 的目标把咨询内容分为四大领域（见表 6-3）。

表 6-3　　　　　　　　　　政府 3.0 评估咨询内容

领域	咨询内容
服务型政府	● 规划和制定更加具体的公民需要的定制服务 ● 发掘和补充政府 3.0 服务领域的课题 ● 能够推出和扩散公民需求多的服务的方案
效能型政府	● 分析内部业务的不合理、不科学部分 ● 为了提高政府 3.0 的成果提出能提高工作效率的方案 ● 摸索能够消除机关之间的工作障碍、提高协作的方案
透明型政府	● 探索收集具有高附加值数据的方案 ● 挖掘提供的信息和数据提高公民使用率的方案
变化管理	● 通过分析优秀机关查找政府 3.0 战略方面的问题 ● 分析政府 3.0 的主要制约因素（文化、制度、心理等）和能够克服制约因素的应对方案（包括绩效管理），提出优秀案例 ● 为了宣传和扩散政府 3.0，并提高公民满意度，提出有效的教育方案和宣传方案

资料来源：Ministry of the Interior（2016b）。

通过咨询可以诊断政府 3.0 的制约因素，查找对策方案，同时可以掌握各个政府机关对政府 3.0 的需求、共享工作经验、提升工作能力和责任感，以便更好地实现政府 3.0 的工作任务。最终有助于获得和扩散政府 3.0 的实际成果，公民也可以体会到政府 3.0 的优点。

3. 消除隔阂

（1）宗旨

政府 3.0 的核心目标是构建效能型政府、服务型政府和透明型政府。而如果要组建效能型政府，改变现在工作模式、促进协作非常重要。因为效能型政府的本质是通过共同实现多数组织之间的交叉职能（Cross Functional）来满足公民所需要的行政服务或解决政策问题。问题是各个组织或机关有各自的目标和职能，所以与其他组织协作有它的局限性。特别是长久的官僚制导致的组织僵化和封闭性与新公共管理中的竞争是促进协作的最大阻碍。

组织之间存在隔阂是由不同的目标和职能所导致的自然现象，但是如果要实现政府3.0这个新的政府管理模式和新的组织工作模式的协作，就需要消除组织之间的隔阂。消除隔阂是实现和激励政府3.0建设的非常重要的因素。

出现隔阂的原因与协作的制约因素有着密切的关系，犹如一枚硬币的两面（Two Sides of the Same Coin）。克服隔阂问题的方案跟激励协作的方案有直接关系，所以很难把这两个问题分开讨论。为了激励协作，首先要考虑怎样缓解隔阂。

（2）论据

负责协助的管理人在决定工作的优先顺序、改变计划、完善项目时很难动员组织，这种情况大部分是因为谷仓效应[①]（Silo Effect）或者隔阂效应。当高层决策人员制订计划以后，分几个部分让下面的组织去实施，所以在整体上很难协调。负责人力资源的工作人员一般会在选定自己的工作范围后把其他部分想成是别的部门的工作。技术人员经常持有以自我为主的价值观，把现有的课题用自己熟悉的过程和规则去实施。一线工作人员也各用自己的方式去工作。这种现象都属于谷仓综合征（Silo Syndrome）。[②]

存在隔阂效应的原因有：①各个组织负责人的态度；②不关心其他组织的需求；③组织工作的优先顺序；④落后的项目管理方式；⑤地理位置的差距；⑥孤立的思考模式；⑦基于个人成绩的经济补偿；⑧阻碍协作的

[①] 谷仓效应，又称筒仓效应。指企业内部因缺少沟通，部门间各自为政，只有垂直的指挥系统，没有水平的协同机制，就像一个个谷仓，各自拥有独立的进出系统，但缺少了谷仓与谷仓之间的沟通和互动。这种情况下各部门之间未能建立共识且无法和谐运作。

[②] K. Albrecht, "Organizational Intelligence & Knowledge Management: Thinking Outside the Silos", 2009, Retrieved from http://www.Karlbrecht.com; Kim Yun-kwon, "The Driving Forces and Constraints on Collaborative Public Administration", Presented at the Korean Association of Public Administration, 2013a, p. 22.

政策或项目。①

根据美国管理协会（American Management Association，AMA）2002年实行的关于组织内部协作的调查问卷显示，83%的企业受访者认为组织之间有隔阂（Silo or Fiefdoms）。97%的受访者认为隔阂对组织有负面影响，会导致管辖纠纷或权利纠纷。隔阂是因为管理人只顾个人或组织的欲望而不顾整个组织的目标。引起隔阂效应的原因中"管理人对隔阂的态度"占了81%，"不关心其他组织的需求"占了61%，"不支持协作的企业文化"占了59%。②

与隔阂有类似概念的还有派别（Tribal），这是倾向组织内部的管理，有着独特的职能，重视组织认同感，比起整个组织更忠诚于自己所属的部门或科。出现派别的原因有以下几个方面：①派别是自我保护的手段；②派别给成员提供身份；③派别的成员对组织和其他成员有着情绪上的纽带关系；④派别给成员提供安全感和归属感；⑤对派别的自豪感往往使成员认为自己的想法或做法比别的派别更优秀；⑥人们经常以自己的利益为出发点，其次是忠诚于派别，之后再为大规模组织或共同体工作。③

这种组织之间的隔阂很容易产生以下问题：①阻碍不同组织之间的沟通和合作，容易引起对政策目标的不同看法或组织利己主义，最终导致纠纷或失败；②因为组织之间的隔阂很难共享信息和经验，反复出现错误的可能性会提高；③缺乏组织之间的信息或人力资源的交流；④削弱调整纠纷的程序和制度；⑤为了在新的工作领域（如制定法律法规等）占据主导地位而发生纠纷；⑥综合调解部门和项目实施部门之间会出现纠纷。④

（3）方案

消除隔阂促进合作一方面与价值和高水准的平等主义文化、企业内部的

---

① F. Stone, "Deconstructing Silos and Supporting Collaboration", *Employment Relations Today*, Vol. 31, No. 1, 2004, pp. 11 – 18; Kim Yun – kwon, "The Driving Forces and Constraints on Collaborative Public Administration", Presented at the Korean Association of Public Administration, 2013a, p. 22.

② AMA, "Internal Collaboration 2002 Survey", *American Management Association*, 2002; K. S. Dean, "Strategies and Benefits of Fostering Intra – Organizational Collaboration", College of Professional Studies Professional Projects, Paper 15.

③ San Diego Consulting Group, "17 Strategies For Improving Collaboration", Retrieved from http: //www. freibergs. com/resources/articles/accountability/17 – strategies – for – improving – collaboration (cited, 2014 – 07 – 17).

④ Ministry of The Interior, "Action Strategies for Improving Work Way", 2004; Kim Yun – kwon, "The Driving Forces and Constraints on Collaborative Public Administration", Presented at the Korean Association of Public Administration, 2013a, p. 22.

沟通方式等软性（Soft）的文化有关；另一方面与权力结构、组织结构和奖惩等刚性（Hard）的结构和制度有关。例如，跟群众保持紧密关系的人和熟悉构建一个跨部门交流体系的人会拥有强硬的权力，但是一个封闭组织里的领导就很难放弃手中的权力。① 为了缓解隔阂，设计组织时要摆脱传统的孤立的组织模式，建设以职能为中心的管理服务型组织（见图6-3）。

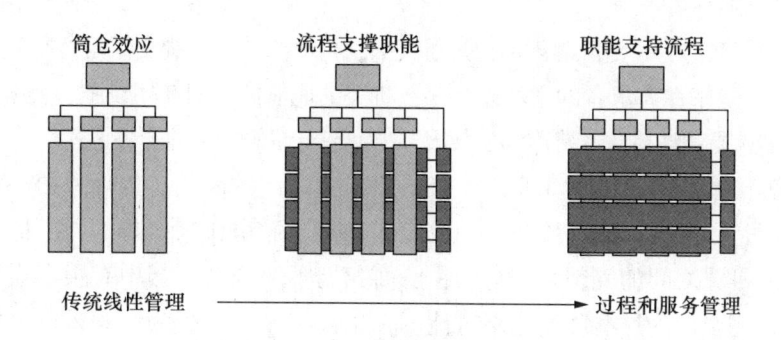

图6-3 消除隔阂的课程

资料来源：http：//www.slideshare.net/EMC_IIG/anz-momentum-day-2012-chris-preston-big-data-x-cp（cited，2017-01-29）.

赫博尔德（Herbold）指出，"为了消除隔阂，管理和维持组织，在单位或部门中指定两到三名专家来负责组织之间的工作"。摆脱单一组织的局限，在整个政府里统一资料格式、模板、程序会更容易共享知识，减少信息的隐瞒。为了消除隔阂需要强大的领导能力，用强烈的目的性和高难度的质疑来面对隔阂。为了提前预防隔阂的产生，小组、部门、科之间的工作人员可以进行交流。②

韩国历代政府里都有大大小小的隔阂，政府也做了不少努力消除隔阂。2004年行政自治部为了消除机关之间的隔阂提出了以下方案。第一，开发纠纷调整系统。包括：①制作需要协议的政策问题目录；②政府机

---

① R. Gulati, "Silo Busting: How to Execute on the Promise of Customer Focus", *Harvard Business Review*, Reprint R0705F, 2007; K. S. Dean, "Strategies and Benefits of Fostering Intra-Organizational Collaboration", College of Professional Studies Professional Projects. Paper 15, 2010, p. 20.

② R. J. Herbold, *The fiefdom syndrome: The Turf Battles that Undermine Caress and Companies and How to Overcome them*, New York: Doubleday, 2004; K. S. Dean, "Strategies and Benefits of Fostering Intra-Organizational Collaboration", College of Professional Studies Professional Projects, Paper 15, 2010.

关之间实施政策问题协商机制；③制定调整程序和指南；④规定调整期限；⑤制定公民陪审制度和公务员陪审制度。第二，实行能增进互相了解和合作的活动。包括：①发生纠纷的职位或机关之间进行人员交流；②发生纠纷的机关之间进行交流、教育和学习；③分阶段运营有关部门之间的会议项目；④共同进行听证会、写报告进行舆论调查、制定法律等工作。①

韩国政府为了消除隔阂而促进了大部制行政改革，并提出了融合行政。融合行政②是站在需求者的立场连接多数机关的职能或共同使用设施、人力、信息来迅速提供高品质低费用的公共服务，创造出新的价值的业务方式。

韩国政府提出政府 3.0 来积极消除机关之间的隔阂，以促进协作。消除隔阂是促进协作的前提条件。政府 3.0 是通过协作来实现的，而协作通过消除机关之间的隔阂来进行。在前面我们了解到现实当中有很多类型的隔阂，完全消除这些隔阂是不可能的，也没有必要，因为组织是以分工为基础形成的。但是需要与其他成员或其他组织一起协作时，就必须要努力去消除有形的和无形的隔阂。

（二）协作型人力资源

1. 协作型领导能力

（1）宗旨

业务分工明确的传统组织或者只履行自己组织目标的组织，只靠组织的领导能力就可以处理业务，因为依靠阶层制度和分工原理就能实现组织的职能。但是界限不明确或职能重复、需由几个组织共同完成目标的协作型组织里领导的角色非常重要，需要不断提升转变领导能力。按照指定的

---

① Ministry of the Interior, "Action Strategies for Improving Work Way", 2004; Kim Yun – kwon, "The Driving Forces and Constraints on Collaborative Public Administration". Presented at the Korean Association of Public Administration, 2013a, pp. 27 – 28.

② 融合行政是指为了提高工作效率和公民对行政服务的满意度，和其他机关共同设定目标、相互连接职能或共享设备和信息的工作方式。开展融合行政的目的是通过提供一站式服务、消除行政服务的死角来提高行政服务的质量；消除部门之间的隔阂；提高效率来减少预算等方面和协作行政比较相似。是李明博在任期间于 2011 年制定的《有关有效运营行政业务的规定》中规定的有关促进融合行政的内容，为融合行政提供了法律依据。

程序和资源去完成给定的目标的领导方式很难促进协作,需要其转变思路,在协作过程中设定共同目标并协调不同成员的意见,为实现共同目标引导组织。

(2) 论据

在单一组织中提到领导能力时主要强调交易型领导(Transactional Leadership)和变革型领导(Transformational Leadership),而在协作过程中需要的是能调解多数组织的协同领导(Collaborative Leadership)。

图6-4中可以看出,传统的领导是通过权限获得权力、信息、指导、解决方案,还必须分配时间和资源,而且要把重心集中在履行职能、责任感和年末的绩效上。而协作型领导是在协作的过程中获得权限,并且共享信息和知识,鼓励成员积极提出创新的意见,及时安排时间和资源,灵活地安排职能和责任,发现问题的根本原因,迅速反馈问题。

	传统领导		协作型领导	
1	相信权力来源于他们的权威地位	1	相信权力是集体团队中最强大的	
2	维护信息的所有权	2	公开分享信息和知识	
3	有时听取他们团队的建议和想法	3	激励团队的建议和想法	
4	向团队传递批准的解决方案	4	与他们的团队进行头脑风暴	
5	只有在必要时分配时间和资源	5	通过立即分配时间和资源来支持他们的团队	
6	坚持特定的角色和职责	6	允许角色和责任发展变化	
7	扑灭火灾,关注症状	7	寻找问题的根源	
8	根据公司政策每年回顾员工绩效	8	其他即时、持续的反馈和个性化的技巧	

图6-4 比较传统的领导和协作型领导的特征

资料来源:Retrieved from http://visual.ly/traditional-vs-collaborative-leaders (cited, 2016-03-26).

在协作过程中需要既能有效促进协作，在体制变化过程中也能引导组织发展的有能力的领导。共享和分配能力包括政治手段和工具性技术、管理利益相关者的规模和多样性的能力、维持重点、协调纠纷、委托权限等内容，最近又增加了适应组织里外变化的灵活性和适应能力，更重要的是具备了解协作文化的重要性和特征的领导能力。[1]

克里斯利普（Chrislip）和拉森（Larson）提出的协作型领导能力是指为了共同执行业务而设计执行过程，聚集利益相关者，并促进和维持利益相关者之间的相互作用的能力。这里指的领导能力不是强调管理支援者，而是反映愿意一起工作的人的意见。[2] 克洛克（Cloke）和戈德史密斯（Goldsmith）按照协作型领导能力的特征将其划分为不同类型。因为知识劳动者的创新能力、协同性、动机是不能强求的，所以领导能力重要的是激励、支持、干预成员去参加协作（见表6-4）。[3]

表6-4　　　　　　　　　协作型领导能力的特征

原则型（Principled）	成员不仅是利益相关者，还要为利益相关者的利益最大化做努力
赋予权限型（Empowering）	支持有责任的自律性管理，并开发成员的能力
促进型（Facilitative）	引导参与，连接组织
协作型（Collaborative）	构建高成果（High Performance）关系和相互信任关系

资料来源：Cloke 和 Goldsmith（2002）；Dean（2010）。

组织通过具体的干预来支持协作型领导的发展。瑞迪（Ready）提出

---

[1] R. Blickstead, E. Lester and M. Shapcott, *Collaboration in the Third Sector: From co-opetition to impact driven cooperation*, Wellesley Institute, 2008, pp. 29-30.

[2] D. Chrislip and C. Larson, *Collaborative leadership*, San Francisco: Jossey-Bass, 1994, p. 127; M. Creyton, "Working with: Collaborative Approaches for Engaging and Leading Volunteers (Capacity Volunteer Programs)", 2004, pp. 8-9. Retrieved from http://www.volqld.org.au/resources/vq-pagers.shtml（cited, 2014-09-15）.

[3] K. Cloke and J. Goldsmith, *The end of management and the rise of organizational democracy*, San Francisco: Jossey-Bass; K. S. Dean, "Strategies and Benefits of Fostering Intra-Organizational Collaboration", College of Professional Studies Professional Projects, Paper 15, 2010 再引用。

了能在组织发展协作型领导,并在强大组织之间构建网络关系的战略:①使组织成员具备外部组织、职能、地区的专业性和相关的发展目标,这使得领导从安逸的组织里出来为不同的组织做贡献,并扩展视野;②开放组织,引进不同领域的人才,并对为此做出努力的领导人给予奖励;③与具有跨行业能力的领导人一起组建团队;④只顾自己组织利益的领导禁止晋升(见表6-5)。[1]

表6-5　领导能力的类型和协作可能性

	对协作有利的领导能力	遏制协作的领导能力
领导能力和类型	领导为协作付出很多努力 选拔有能力架构协作体系的领导,并给予奖励	领导把协作当作控制战略 对擅于控制成员和引起纠纷的领导给予惩罚

资料来源:McGaffrey 等(1995);Clark(2008)再引用。

(3)方案

如果要顺利促进协作需要什么样的协作能力呢?协作型领导要具备以下几个方面的能力:[2] 第一,营造人们能感觉到安全感的环境。协作型领导擅于和其他成员沟通,并在工作上以身作则。在组织之间的业务和关系上明确划分界限,需要协作时努力去协调工作。第二,协作型领导鼓励志愿者(Volunteer)担任特别的角色。协作型领导比起指示或正式的委任更容易通过个人的干预、提议、影响来进行协作。协作型领导不会回避课题或执行方案,而是理解委任课题和角色的本质。第三,协作型领导连接组织或成员形成新的关系,并通过掌握跟项目有关的各种方法和利益,将新的关系运用到项目的实施上。协作型领导喜欢民主的工作方式,集中能力去思考该做什么、怎么去实现等问题。第四,协作型领导鼓励志愿者集中力量工作,并提高责任感。协作型领导扩大志愿者的业务范围,通过鼓励实施来确定组织之间的职能范围,使一起工作的职员意识到领导能力,支

---

[1] D. Ready, "How to Grow Great Leaders" *Harvard Business Review*, Vol. 82, No. 12, 2004, pp. 92 – 100; K. S. Dean, "Strategies and Benefits of Fostering Intra – Organizational Collaboration", College of Professional Studies Professional Projects, Paper 15, 2010, p. 14 再引用。

[2] M. Creyton, "Working with: Collaborative Approaches for Engaging and Leading Volunteers (Capacity Volunteer Programs)", 2004, pp. 9 – 10. Retrieved from http://www.volqld.org.au/resources/vq – pagers.shtml(cited, 2014 – 09 – 15)。

持领导能力以实现目标。第五，协作型领导设计课题的执行过程，指定参与者的角色，并对志愿者的利益、熟练程度等热情积极地做出反应（Responsive）。

在后新公共管理时代，协作成为政府的主要工作方式，并且逐渐深化。用传统的官僚制度和新公共管理的工作方式只为自己组织工作的领导很难再发挥领导能力。只有重视与别人的关系，擅于沟通、协调、决定、执行等具备综合管理能力的领导人才能在后新公共管理时代为组织的发展做出贡献。

并不是所有的公共组织都需要协作型领导能力。如果只用单一组织的职能就能很好地完成业务，就没必要具备协作型领导能力。但是在现代社会里，只靠单一的组织就能完成业务的组织很难遇见。换言之，几乎所有的组织都具有交叉性职能，并与其他组织形成网络等多种形态的关系。因此，协作型领导能力越来越重要。

协作型领导能力是在以开放和共享、沟通和合作为特征的协作组织里集中参与者的力量来完成给定的业务和职责的能力。比起私营企业，在公共组织里更需要协作型领导能力。因为公共组织不仅是为组织本身而运营，还是为公民提供服务的组织，所以不得不介入不同的利益相关者。涉及不同的利益相关者的公共组织的组织领导，在管理过程中要通过与协作与参与者进行沟通，并以信任为基础来实现协作组织的目标。

2. 人才交流

（1）宗旨

促进公共组织之间协作最有效的方法之一就是人才交流。人才交流是指在组织之间职能类似的职位之间暂时地横向交换工作人员的方法。[①] 通过人才交流，公务员可以学习和积累不同的工作经验，也能更好地理解其他组织的工作状况。通过非正式的网络关系促进协作时既可提高信任，也能节约彼此了解的时间和精力。

中央政府和地方自治团体之间进行人才交流，可以更多地理解对方工作，增进沟通，还可通过了解对方的长短处来获得协同效应。当然，通过

---

① Yoo Min-bong and Im To-bin, *Human Resources Management: In the View of Government Competition*, PakYoungSa, 2012, p. 281.

循环职位①也可以积累经验和构建关系。但是循环职位是在同一个职务序列里进行的，比人才交流具有更多的限制，所以人才交流更适合促进协作。

除了人才交流以外，还有派遣（《国家公务员法》第32组第4条）的方式。② 在公共机关和私营企业之间促进协作的方式还有民间工作休职制度。这些制度也对协作有很大的帮助。③

（2）论据

为促进协作而实行的人才交流是人员流动的一种方式。它意味着从现在的职位转移到别的职位的所有类型的职位变动。这里包括晋升、降职、调任、兼任、调出和调入等人事变动。人才交流是非常传统的控制工作人员的手段。但如今，比起控制，更适合开发公务员个人能力。④

Bossaert把人才交流的类型分为结构型移动（Structural Mobility）、职能型移动（Functional Mobility）、公职以外的移动（Mobility Outside the Public Sector）。⑤ 第一，结构型移动是指没有专业技术的变化，只是在不同机关之间移动的方式。这种方式一般运用在积累个人工作经验上，同时，能避免管理上的分裂和组织亚文化的形成。这种方式还运用到公职人员的态度、行为的标准化和增进内部的合作上。第二，职能型移动把重点放在专业技术领域，在不同部门或机关之间进行转移。这种方式可以通过

---

① 公务员的轮岗制度是通过轮换若干种不同工作来使公务员积累经验，增长他们的见识。同时可以促使他们通过努力和集中精力工作来缩短晋升时间。轮岗制度还可以防止在同一职位上工作多年容易出现的工作惯性，与利益相关者发生利益冲突或者一起卷入腐败等问题。但是如果轮岗的周期太短则容易削弱公务员的责任感和专业能力，因此要谨慎执行。

② Ministry of Government Legislation National Law Information Center (2014 – 05 – 05).

③ 国家机关的总负责人为了履行国家的事业或跟国家事业有关的行政支援的义务，提升研修、开发能力，把所属公务员派遣到其他国家机关、公共组织、政府投资机关、国内外的教育机构、研究机构进行工作或学习。为了共同履行国家事业或履行专业的特殊业务，从国家机关以外的单位邀请工作人员一起工作一段时间（《国家公务员法》第32组第4条）。民间工作休职制度是指公务员暂时停职以后在私营企业工作一段时间，了解现场工作，学习私营企业的高效的工作方式。同时，私营企业可以利用公务员的专业知识和政策执行经验来获得政府和企业之间的了解和共同发展。这个制度2002年第一次实行。但是因为有不少民官勾结等指责言论，2008年停止实行。2012年又重新开始实行。

④ Park Dong – seo, *Theory of Personnel Administration*, Bobmunsa, 2001, p. 268; Yoo Min – bong and Im To – bin, *Human Resources Management: In the view of government competition*, PakYoung-Sa, 2012, p. 8.

⑤ D. Bossaert, "Career Development as an Effective Tool to Enhance the Attractiveness of Public Employment", European Institute of Public Administration.

积累公务员的不同的工作经验来扩展视野、提高工作士气。第三，公职以外的移动包括组织之间的移动和私营企业的移动。这种方式帮助公务员积累不同的工作经验，体验新的工作环境和方式，以此来实现职务扩大化（Job Enlargement）和提高职务多样化（Job Enrichment）。私营企业的工作经验不仅能启发公共机关创新的想法，还有助于公共机关的专业技术和管理方式的优化。[1]

促进协作时除了人才交流等人员流动方式以外，还有引进新人员的方式。但是这种方法在私营企业比较有效，而在公共机关引进新的人员较为困难。在这种情况下可以使用流动定员制度或整合定员制度[2]，还可以考虑把人员管理的方式转换为以协作为基础的管理方式。

把环境转换为有利于协作的方式之一是选拔擅长交流和协作的工作人员。在这里有些人也提出交流是个人的属性或通过学习熟练而成的有意图的行为的疑问。克罗斯（Cross）等学者强调"关系和个人的性格或职位没有想象的那么有连贯性"。甚至非常内向的人也有可能有很强的关系网。[3]而迪安（Dean）认为比较活跃的人在自己和其他机关之间陷入进退两难时为了共赢（Win-Win）会积极地去解决问题。在这方面与崇尚个人主义的人或竞争意识比较强烈的人有区别。[4]

组织引进新的成员后通过沟通注入新的文化价值或规范。管理者动员所有的行政达人（Veterans Administrator）并提出有利于沟通的主题跟新成员交流。新成员开始与其他成员进行交流、构建交际网络、积累不同的经验，与组织领导相互沟通，慢慢同化到组织文化里。这个过程往往是以日

---

[1] Oh Si-young and Kim Yun-kwon, "A Study on the Reality of Public Official Secondment and an Improvement Plan of the Secondment System", *Korean Policy Studies*, Vol. 13, No. 3, 2013, p. 201 再引用。

[2] 流动定员制是将各个部门的一部分工作人员指定为可用定员，主要安排他们完成国政课题或紧急任务以便提高工作效率。统合定员制是从政府统筹管理各个部门的流动定员的制度，由此可以避免各个部门之间的隔阂。政府每年将工作人员按一定比例指定为统合定员，安排完成国政课题和部门之间的协作课题。Kim Yun-kwon, *A Study on the Government Size and Fixed Number of Civil Servants*, Korea Institute of Public Administration, 2013b, pp. 236–240.

[3] R. Cross, A. Parker and S. P. Borgatti, "Making Invisible Work Visible: Using Social Network Analysis to Support Strategic Collaboration", *California Management Review*, Vol. 44, No. 2, 2002, pp. 25–68.

[4] K. S. Dean, "Strategies and Benefits of Fostering Intra-Organizational Collaboration", College of Professional Studies Professional Projects, Paper 15, 2010, p. 22 再引用。

常的非正式的指导形态进行,这个过程比正式的指导更有利于增进协作。[1]

在组织里重要的是让成员在比较长的工作过程中了解互相帮助与沟通的过程和方法。不过在大多数的组织里,比起互相帮助,人们更重视追求自己所愿的东西。[2] 短期内互相帮助会形成个人之间的交际网络,而长期的互相帮助有利于整个组织的发展。[3]

表6-6是有关人力资源业务和自发的(Emergent)关系氛围里的人力资源管理内容。这里显示的是以顺应、协作、集中为基础的人力资源管理和引进人员方式、成员之间的关系、补充人员的方式、培训和发展、业务设计、补偿和评估等方面内容。

表6-6 人力资源业务和自发的关系氛围

HR体系因素	以顺应为基础(Compliance-based)	以协作为基础(Collaborative-based)	以集中为基础(Commitment-based)
引进人员方式	外部	外部和内部	内部
成员之间的关系	交易的、短期的	均衡的、短期和长期的	关系的、长期的
补充人员的方式	强调技术性的选拔标准	强调技术性的和社会性的选拔标准	同时强调技术性的和社会性的选拔标准
培训和发展	个人能力,人力资源	个人的和社会的能力,认知上的和社会的资本	共享能力,关系资本和社会资本
业务设计	业务独立,比较少干预,相互作用时有结构性的障碍	互惠性的相互依赖,适当的干预,在整合方面有关系网	相互依赖,比较多的干预、紧密的网络,小组
补偿和评估	以个人为基础,量化的绩效评估,分散的报酬结构,为评估而做评估	给个人和集体做补偿,课题和社会的结果,集中性的报酬结构,为评估和发展做评估	给集体做补偿,共享结果,集中性的报酬结构,为评估和集体发展做评估

资料来源:Mossholder等(2011)。

---

[1] L. Gratton and T. J. Erickson, "Eight Ways to Build Collaborative Teams", *Harvard Business Review*, Vol. 85, No. 11, 2007, pp. 101 – 109.

[2] F. J. Flynn, "How Much Is It Worth to You? Subjective Evaluations of Help in Organizations", *Research in Organizational Behavior*, Vol. 27, 2006, pp. 133 – 174; K. W. Mossholer, H. A. Richardson and R. Setton, "Human Resource Systems and Helping in Organizations: A Relational Perspective", *Academy of Management Review*, Vol. 36, No. 1, 2011, p. 33.

[3] K. W. Mossholer, H. A. Richardson and R. Setton, "Human Resource Systems and Helping in Organizations: A Relational Perspective", *Academy of Management Review*, Vol. 36, No. 1, 2011, p. 33.

以协作为基础的人力资源管理重视组织外引进人员，并强调均衡的、长期的交流，社会的选拔标准，认知的和社会的资本，互惠性的相互依赖，整合网络、课题和社会的结果，为评估和发展做评估等的管理模式。这些管理模式有利于促进协作，因此需要转变为协作性管理模式，并且进一步发展为以集中为基础的人力资源管理模式。

（3）方案

从执行业务的一线公务员到管理员，再到制定政策的高级公务员，中央政府和地方自治团体之间进行人才交流可以提高协作的可能性。其中一个可行的方案是将新录用的五级公务员在试用期内派遣到地方自治团体工作以了解现场的情况，思考解决方案，并在以后促进协作时更能了解地方自治团体的情况。除此之外，还有机关之间一对一的交流方式、通过公开录用方式调入其他机关的公务员、设置开放型职位等方式①也有利于促进协作。

消除机关之间的隔阂是为了促进交流，实行交流晋升义务化和对交流人员提供奖励。主要内容有以下几个方面：①高级公务员团②中公开录用职位转变为"人才交流"为主的任用方式；②课长级职位新设置公开录用职位并扩大开放型位置；③中央机关之间以及中央和地方自治团体之间四级和五级以下的协作有关领域实行交流人员制度；④在中央和地方自治团体之间进行交流时实行课长级交流目标制度；⑤对五级新录用的人员实行中央和地方自治团体之间的相互交换工作制度（见表6-7）。③

---

① 从2000年开始实行的开放型职位制度是为了提高公共机关的竞争力，在需要专业知识和技能或有效地制定政策的岗位上不分公务员和非公务员身份，通过公开考试选拔具备条件的最佳人选的任用制度。公开录用其他机关公务员的方式是在已录用的公务员中通过公开录用考试选拔符合履行职务的最佳人选的任用方式。

② 高级公务员团制度是从2006年开始实施的通过开放高级职务来提高竞争力的制度。这是和私营企业竞争的开放型制度和与其他机关公务员竞争的公开录用制度结合的制度。开放型制度和公开录用制度加起来最多可以录用30%（其中开放型职位至少要占10%）的职位。公开录用制度是各机关的长官不分所属机关在全体高级公务员团中选拔适合人选，已经分配的高级公务员由所属长官负责人事和职务。现在的人事革新处（以前的安全行政部所属机关）主要负责超额人员的管理和机关之间的协调工作。高级公务员团由行政机关的局长级以上公务员组成。其中包括一般职位和特殊职务以及外务公务员约1500名，另外，副市长、副自治团体长、副教育局长等地方自治团体的高级职位的工作人员也包括在高级公务员团。高级公务员团是以业务为中心管理人员，以不分职位级别为原则。另外，对高级公务员不分级别和工龄，按照业务和绩效成果支付工资。

③ MOSPA, *Government 3.0 Total Action Plan*, (Cited, 2013-08-14), 2013a, p.214.

表6-7　中央—地方自治团体以及中央机关之间扩大人才交流

局课长级人才交流	（局长级）把之前的高级公务员团的开放型、公开录用职位的运营方式转变为人才交流中心的运营方式 （课长级）新设置公开录用制度，扩大开放型职位
4—5级以下交流的制度	（中央）协作课题领域的10%以上的职位实行交流人员制度 （中央—地方自治团体）以协作领域、相互希望工作的领域为主大幅度扩大计划交流职位范围
中央—地方自治团体课长级计划交流目标制度	（课长级）引入计划交流目标制度，在全体机关强化实行人员交流制度
5级公开招聘人员实行中央—地方自治团体交换工作制度化	在一年的试用期内提供中央—地方自治团体工作经验

资料来源：MOSPA（2013a）资料进行整理而得。

但是，人才交流需要慎重进行。进行人才交流的目的是共同发展、促进合作体系的构建和公务员的综合发展。但是在现实中经常被利用在从中央机关或比较有人气的地区、权力机关、管制机关派遣到没有人气的外厅或管辖机关等排斥性的人员安排上。违背制定政策的意图（Unintended Consequences）。

正如所有制度都有两面性，为促进协作而进行的人才交流也是为了提高公务员的专业能力和对其他机关的了解并积累经验。所以要适当地进行人才交流以便实现原本的政策目标。

3. 权限和责任

（1）宗旨

为了进行协作，要明确参与协作成员的职能和责任。在单一组织或者领导范围（Span of Control）狭窄的情况下，组织的领导者给成员设定职能是比较可行的。不过即使参与协作的成员追求共同的目标，但在参与者比较多样并且各有差异时，如果各个成员的职能（分工）和责任不明确，推动协作也是比较困难的。

俗话说"好的篱笆造就好邻居"，只有明确职能（分工），协作才能进行得顺利。否则，组织会为了相互施加影响或相互控制而浪费时间。典型例子是，管弦乐队的成员不仅分工明确，而且能够和谐地演奏。①

（2）论据

所有的组织都有要负责的工作职责。在传统的层级制里只有全体组织的责任，没有把责任分到下级组织。而责任的共享结构中形成互相协作和调整责任的共享空间。图6-5里可以看出管理者、参谋、理事共享责任，而且在这个共享空间里每个人根据自己的职位和职能展现自己的才能和专业知识。

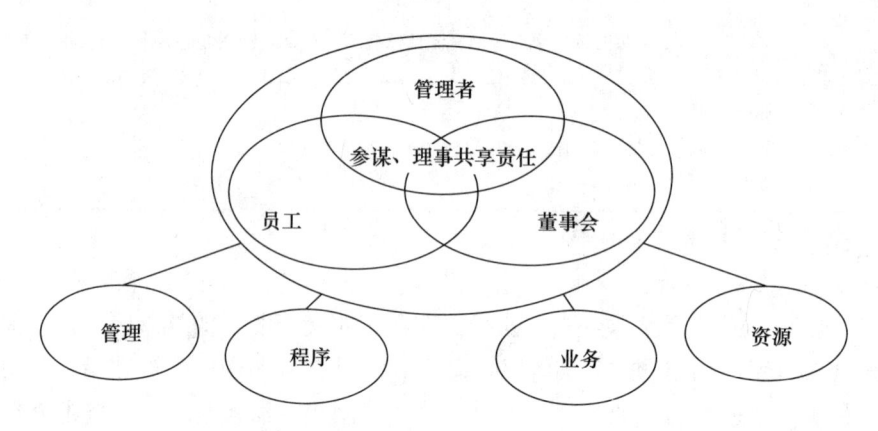

图6-5 共享责任和职责

资料来源：Retrieved from http：//edbrenegar. typepad. com/leading_ questions/responsibility/（cited，2017 -01 -05）.

公共组织的职务制度中规定了组织的机构、人事、职务和职位、职务分担等，并通过职务制度管理组织。同样，协作组织也需要通过制度明确成员的角色（分工）。

明确分工有以下几个方面的好处：①提高业务质量，取得更好的结果；②提高职务满足度，规定职业道德；③提高效率；④取得更好的有耐心的结果；⑤获得更多成就；⑥使氛围更加健康（和谐）；⑦更加活跃地沟通；⑧提高共同体的名声和信任；⑨造就理想的状态。②

协作当中的职能（分工）和责任会随着领导者、管理者、执行人员

---

① T. J. Erickson,"Building a Collaborative Organization", 2014, Retrieved from http：//c. ymcdn. com/sites/www. mooncollaborative. com/resource/resmgr/Public_ Newsletter/MOON_ Newsletter_ Apr_ 2014. pdf（cited，2014 -09 -07）.

② B. Wong,"Collaboration Begins with Role Clarity：Relational Answers to Operational Problems", The Besides Trust, 2010.

（实际操作者）的变化而变化。第一，首席信息官（CIO）意识到有必要直接处理在业务环境中的文化焦点。[①] 信息管理者不仅要支持协作，还要积极接受协作。行为者希望组织能够展现他们所需要的一面，信息管理员应通过积极干预并使用各种方法来实现组织目标。第二，中层管理者要学习并且支持协作。中层管理者的这种努力有可能受到挑战。为了提高协作的生产性而进行的过程变化有可能会带来危险。中层管理者根据给定的时间和预算制定目标。第三，执行人员要改变工作方式。执行人员要具体实行协作，还要把协作变成日常工作的一部分（见表6-8）。[②]

表6-8　　　　　　　　　　协作参与者的分工和责任

原则	重要性	运行	副作用
为了讨论、对话、共享信息	考虑更多的信息，确信将会获得更多潜在的结果	人们在以他们想要的形式接受信息、使用信息 显示理解和标准化程度	缺乏对重要信息的考虑而做出决策 反复进行同一个决策 部分优化整体组织的目标
促进个人的责任感	确定个人有效完成自己的分工并对提高价值做出贡献	成员识别要实行什么和实行前的准备 成员完成高强度业务，融入同事和组织	如果实施前，批评方针出现失误，成员会否认责任 成员试图满足个人目标对整体项目目标缺乏责任感
设定权威、信息、决策	团队拥有良好的决策和权威。在执行这种决定时出于责任感去搜集所需要的信息	能及时进行有效的决策 掌握信息和权力的人做出实质性的决策	在组织层面做出决策，随着信息的增加重新进行决策 对自己的决策不具有责任感
将协作看作有规则的过程	通过正确的信息和慎重的考虑，进行高效的决策	成员能够说明如何做的决策形成概括并报告协作活动的共同格式 在协作活动中，存在规则和规律意识	决策缺乏考虑到所有正确的观点 权力者试图要行使高于所持有的信息和责任的影响力 协作活动无秩序化

资料来源：Beyerlein 等（2003b）。

[①] M. Cecere, L. Orlov, A. Cullen and B. Worthington, "Does Your IT Culture Need an Overhual?", 2008, Retrieved from http：//www.forrester.com/Does + Your + IT + Culture + Need + An + Overhual/fulltext/ - /E - RES4623A（cited, 2014 - 12 - 19）; G. Yehuda, "*What It Takes to Foster a Culture of Collaboration*", Forrester, 2009, p.5 再引用。

[②] G. Yehuda, "*What It Takes to Foster a Culture of Collaboration*", Forrester, 2009, p.5 再引用。

(3) 方案

通过各种参与者之间的协作来实现目标,需要明确各自的职能和责任。明确的职能需要规定相应的责任,并且在促进协作的过程中分析长短处,设定相互弥补的范围来提高相互信任度。

在协作过程中需要明确高层管理者、中层管理者、执行人员的职责和责任。设定协作参与者之间各自的职能和责任有助于达成预期目标。协作主管部门和协作部门也要就各自所具备的竞争力和专业领域的职能和责任范围,推动协作。否则,如果出现怀疑和反目问题就无法实现预期协作目标和内容。

下面来介绍一个在推进协作时有关职能分担的成功案例。韩国按照机关国防部、国土海洋部(现国土交通部)、气象局为单位分别运行雷达,使雷达检测范围重叠,但因为不能有效共享监测资料而造成了浪费。为了消除这种现象,气象局以在 2010 年 4 月组建的气象雷达中心(Weather Radar Center,WRC)为中心,启动了"构建雷达资料共同利用体系项目",并在 2012 年 12 月建成了"政府雷达资料利用系统"[1]。

如表 6-9 显示,国防部、国土海洋部、气象局在气象雷达共同使用业务协议中明确各自的职能,从而通过气象雷达共同使用系统共享并分析资料,实现了共同的目标。

表 6-9　　　　　气象雷达共同使用业务协议中的职能分工

协作项目		提供气象和降雨雷达政府标准运行程序(SOP)
		建设并运行雷达观测资料共同利用系统
		加强雷达技术开发协作,如开发降雨观测资料分析方法等
		启动专门人才交流,共享雷达经验等
职能分工	共同	互相提供雷达观测信息
		建设并运营雷达观测资料共同利用系统
	国防部	将国土海洋部和气象局观测信息应用于军事作战气象预报
		共同参与标准运营程序的建立
	国土海洋部	将国防部和气象局的观测信息应用于预防洪水
		公共参与建立标准运行程序
	气象局	将国防部和国土海洋部的观测信息应用到气象监测和预报上
		反映各个机关的意见,提供标准运行程序(案)

资料来源:Retrieved from http://blog.kma.go.kr/1251(cited,2014-06-14).

---

[1] Retrieved from http://blog.kma.go.kr/1251(cited,2014-06-14).

以上述方式推进协作，要明确规定协作参与者的权限范围、职能以及责任，才能使协作参与者在协作推进过程中发挥各自的专业性和竞争力。即使参与者之间发生争执，也可以通过决策和责任进行调节和管理。在推进跨政府部门协作中，明确设定主管部门和协助部门的角色和责任是非常重要的。相比在同等的职能、责任关系和权力不均衡的关系中，明确设定协作的职能和责任尤为重要，并且这种角色和责任要基于相互的尊重和信任才能形成。

确保这种角色和责任的方案除了在本职工作之外，在执行协作时也要明确权限与责任，并且要把协作执行的过程或对结果的评估反映在人事管理或奖惩制度中，以能确保职能和责任的协调。

（三）协作制度

1. 协作性绩效管理制度

（1）宗旨

绩效，作为通过组织活动所产生的结果，可以根据构成组织的系、课、局、室、部门来实现多种形态的绩效。协作性的绩效管理可以定义为对多数行为者所期待的共同目标，以及通过绩效水准和协作组织活动对所实现的实际绩效进行系统管理，以实现共同目标的方式，达成协作组织的期望。这种协作性的绩效管理把设立共同的战略、资源管理、评估与补偿管理等一连串的管理活动有机结合起来。

事实上，协作是为了克服由新公共管理理论的核心价值即细分化、竞争和激励所导致的个人主义和隔阂来共同推进业务。新公共管理理论通过促进细分化和竞争来进行绩效评估，再相应地进行激励。与之相反，由于协作是为了创造共同价值和协作效应而进行工作，所以绩效评估管理、绩效管理和激励机制都不在同一层面上，故而并不适用。也就是说，绩效管理的焦点不是在细分化和竞争上，而在为了实现共同价值付出了多少努力、实现了多大程度的协作上。为实现这一点，政府的绩效管理和评估方式要向协作性的绩效管理方式转换。在此，要探讨协作性绩效管理中的绩效管理和激励机制。

（2）论据

在组织中补偿（Compensation）对组织成员有很强的激励作用，因此要慎重地设计组织补偿机制。科尔（Kerr）指出正式的补偿机制虽然只强化积极的理想形态，但不包含所需要克服的障碍。[1] 因此想促进成员的协作性努力的组织领导，只对个人的努力进行补偿是不可取的。[2]

汉森（Hanson, 2009）也在同样的脉络上批判现在的管理中补偿与所希望的形态之间的关联性很低。随着组织规模的扩大和复杂性的提高，严格的中央集权再也不能被认为是有效果的管理方式。随着明确区分组织单位的责任性、职责性、补偿（奖金、月薪增加、认股权、升职），政府正在深化分权体制。结果，管理者只对自己的组织单位的结果最大化进行补偿，对帮助其他组织单位的行为基本上不进行激励。[3]

对协作性努力进行补偿之前，组织要先识别行为者是否有获得激励的价值。[4] 有效果的绩效管理机制应该要识别什么是好的绩效，并整合绩效评估、升职和补偿。绩效分析要具有组织成员绩效评估中所使用的标准。如果绩效分析和对补偿的认识具有一致性，这样的绩效管理机制就具备了形成业务形态的潜在性。[5] 绩效管理机制在对硬性的成就（Hard Quantifiable Matrix）进行评估的同时，对软性的过程（Soft-oriented Behaviors，例如解决纠纷、协作性的解决问题、沟通交流、决策、支持团队）也进行评

---

[1] S. Kerr, "On the Folly of Rewarding A, While Hoping for B", In J. Osland, M. Turner, D. Kolb, & I. Rubin (eds.), *The Organizational Behavior Reader* (8th ed.), 2007, pp. 607 – 620; K. S. Dean, "Strategies and Benefits of Fostering Intra-Organizational Collaboration", College of Professional Studies Professional Projects, Paper 15, 2010, p. 18 再引用。

[2] K. S. Dean, "Strategies and Benefits of Fostering Intra-Organizational Collaboration", College of Professional Studies Professional Projects, Paper 15, 2010, p. 18 再引用。

[3] M. T. Hansen, "*Collaboration: How Leaders Avoid the Traps, Create Unite, and Reap Big Results*", Boston: Harvard Business Press, 2009; K. S. Dean, "Strategies and Benefits of Fostering Intra-Organizational Collaboration", College of Professional Studies Professional Projects, Paper 15, 2010, p. 19 再引用。

[4] R. Cross, A. Cowen, L. Vertucci and R. Thomas, "How Effective Leaders Drive Results through Network", *Organizational Dynamics*, Vol. 38, No. 2, 2009, pp. 93 – 105; K. S. Dean, "Strategies and Benefits of Fostering Intra-Organizational Collaboration", College of Professional Studies Professional Projects, Paper 15, 2010, p. 20 再引用。

[5] L. Gratton and T. J. Erickson, "Eight Ways to Build Collaborative Teams", *Harvard Business Review*, Vol. 85, No. 11, 2007, p. 101 – 109.; K. S. Dean, "Strategies and Benefits of Fostering Intra-Organizational Collaboration", College of Professional Studies Professional Projects, Paper 15, 2010, p. 20 再引用。

估就会比较有效。①

为了评估协作的进展、变化的过程，需要测评框架和监督程序。测评框架包括很多问题，如是否所有的利益相关者都参与决策、投入的程度如何、个别成员之间的关系设定情况如何、信任或对立程度如何、伙伴关系构成状况如何、人际关系强度如何等。②

为了成功进行协作，绩效管理机制需要包含个人的职责。成员有责任充分地投入到个人的工作中、与同僚的关系中和组织中。在协作中个人要富有成效地履行自己的职责，在过程中提高自己的价值，并具有促进组织绩效的责任。③

在个人层面上评估协作能力要以拥护检查和评估的优秀绩效者为标准来进行。在组织层面上的评估要有以下几个方面的内容：①为检查和评估，能维持组织结构、时间和空间的能力；②通过社会网络获取专业知识、资料和信息；③存储、分析和解析资料；④做报告和写报告的能力。另外，母组织（Home Organization）或外部组织要具备以下几点要素：①资料、信息、遥感和 GIS 技术；②补充人员和组织志愿者；③实施测定方法的训练。④

组织之间协作模型需要考虑在与其他组织成员的协作性关系构建中是否投入时间，并对取得成功协作的成员给予补偿；在升职时协作能力和成就是否被考虑；赋予参与协作组织动机的外在原因（命令性条件或财政补偿）是否对协作产生了影响⑤等内容。

---

① B. Kirkman and D. N. D. Hartog, "Performance Evaluation and Appraisal in Global Teams", 2007, In J. Osland, M. Turner, D. Kolb & I. Rubin (eds.), *The Organizational Behavior Reader* (8th ed.), pp. 620 – 632, Upper Saddle River, N. J.: Pearson Education, Inc.; K. S. Dean, "Strategies and Benefits of Fostering Intra – Organizational Collaboration", College of Professional Studies Professional Projects, Paper 15, 2010, p. 21 再引用。

② R. Blickstead, E. Lester and M. Shapcott, "*Collaboration in the Third Sector: From Co – opetition to Impact Driven Cooperation*", Wellesley Institute, 2008, pp. 29 – 30.

③ K. S. Dean, "Strategies and Benefits of Fostering Intra – Organizational Collaboration", College of Professional Studies Professional Projects, Paper 15, 2010, p. 21 再引用。

④ A. S. Cheng and V. E. Sturtevant, "A Framework for Assessing Collaborative Capacity in Community – Based Public Forest Management", Environmental Management, DOI 10. 1007/s00267 – 011 – 9801 – 6, 2011, p. 7.

⑤ S. P. Hocevar, E. Jansen and G. F. Thomas, "Inter – Organizational Collaborative Capacity (ICC) Assessment", 2012, p. 4. Retrieved from http://calhoun – nps.edu/bitstream/handle/10945/38477/inc_ Thomas_ ICC – Assessment_ pdf? sequence = 1 (cited, 2014 – 07 – 07).

(3) 方案

随着政府 3.0 这一政府管理模式的提出，协作难以避免地成了一线公务员新的业务方式，对组织成员或组织的绩效管理也需要向协作性绩效管理转换。其实，组织成员会考虑协作对自己是否有帮助，针对协作要多做多少事情等问题。

为了巩固陌生的协作方式，要在绩效评估指标中把协作的开放沟通、对集体特性的投资、团队工作、共同的责任性和信用、专业性及专业化知识的自由共享等内容添加进去。现在的阶层组织根据个人成就的不同，以提高工资、补贴、绩效评估、奖牌等形式获得补偿。虽然这种补偿也有助于组织投入，但也强化了竞争，反而成为有碍于协作的核心因素。并且过度的个人补偿本身也使得在协作环境中出现强调竞争的倾向。

因此，想要通过绩效管理使协作更加具有活力，应该对集体智慧的结果给予补偿。多数的行为者在追求共同目标的过程中，对投入正式或非正式的想法、能力和资源而产生的协作效应进行激励和补偿，才能巩固组织的协作性文化。

在协作性绩效管理中，战略性管理概念必须要整合绩效评估。当前绩效评估的焦点应该扩大为更广义的概念——"绩效管理"。绩效评估要转移到强化政策、程序、组织问题的坚定目标和战略上。为了使绩效评估机制清晰地与目标相连接，一定要整合战略和绩效。这是适用于政策过程的所有阶段的措施，应当要通过整体性的方式进行。[①]

在这种观点上，为了更好地促进和巩固协作，最重要的是应当在韩国的政府业务评估中提高与协作有关的指标和比重，方案如下：

第一，以 42 个中央行政机关为对象的评估中，应该提高与协作相关的指标和比重。政府的部、处、厅之间的协作内容和其波及的效果也比较大，在全球性难题增加的时代，为了解决公民多种且复杂的行政需求和政策问题，有必要增加与协作有关的指标和比重。

第二，一线行政中，地方自治团体作为解决公民的行政需求和政策问题的主体，在地方自治团体之间、地方自治团体与其下属机关之间、地方

---

① T. H. Poister, "The Future of Strategic Planning in the Public Sector: Linking Strategic Management and Performance", *Public Administration Review*, Special Issues, p. S249; D. Curry, "Trends for the Future of Public Sector Reform: A Critical Review of Future-looking Research in Public Administration", 2014, p. 22 再引用。

自治团体与私营企业之间的协作越来越多的情况下,在对地方自治团体的评估中(对地方自治团体的业务促进绩效进行评估时,应区分对中央行政机关委任事务的部门评估与地方自治团体的自身评估)要增加协作性指标,并加强其比重。

第三,由于公共机关与多种利益相关者的协作成为重要的工作方式,因此也要对此种协作性事务的促进过程和结果进行评估。中央行政机关的议长等实施评估的机关,在对公共机关的经营成果、研究成果等进行评估的中央机关评估中,对协作性经营或研究成果给予高加权值的方案比较妥当。

第四,在对中央、地方自治团体、公共机关等所有机关参与协作的评估中,可以考虑对其作用和责任性给予更高加权值的方案。对参与协作的主管机关与协助机关之间的作用和责任水准,及为协作所进行的行政资源投资或投入程度、机关自身的自主协作程度、公民对协作结果的满意度等要进行综合性的考虑。

2. 协作预算与激励

(1) 宗旨

预算是组织运行中不可或缺的因素。协作过程中所需要的预算的编制、执行、决算和会计更加复杂。而且协作预算执行后的结果测评比较难,即使测评了结果,但由于这样的结果还受产出以外的许多外部因素的影响,为支持协作的预算编制、执行、决算审批和会计也会变得更加复杂。宏观上需要编制综合性的协作预算,对协作公务员可以考虑给予预算奖励的方案。

(2) 论据

协作预算与传统预算管理模式相区别主要表现在:①在公共协作网络中有不同水准的竞争性的利益关系,所以要从不同的视角分析网络的效果;②官员职位和与之相对应的职责性,当第三者提供服务时会发生变化;③活动费用是从内部管理手段转变为资源共享的决定因素;④制度性规范的缺乏为在即将出现的网络组织中构建独特的预算体系提供了可能的机会。[①]

需要注意的是,公共的协作网络的优越性并不包括财政性的交易费

[①] D. Mitchell and K. Thurmaier, "Toward a Theory of Budgeting for Collaboration", Presented at the Public Management Research Conference Maxwell School of Syracuse University, June 2–4, 2011, p. 5.

用，因此不具有预算性的含义。[1] 但是相当多的协作不仅作出了有利害关系的有意义的财政贡献，而且也具有财政性的交易费用和预算的含义。[2]

机关参与者可以从委托—代理关系（Principal Agent Theory）或者合同性的视角来分析。假如参与者的网络目的、所希望的服务和费用不一致，就会产生矛盾。在网络过程中要从预算的两个协作性功能来分析，抱着对参与的期待和共同目标来获得参与性的资源，以此扩充资源。[3]

协作预算在预算的职责上有重要的意义。公共协作网络中的职责性要做三个方面的工作：①假如协作协议上的预算材料里明确规定各个主体的内容（范围、期限、费用、要达到的标准），那么就需要借助透明度的要求，落实职责性；[4] ②在自发参与协作的前提下，阿格拉诺夫（Agranoff）指出资源共享会造成以相互职责性为前提的相互依赖性；[5] ③当相互信任通过网络和过去的成功形成的时候，对交易费用的检查和适应难度也将变得最小化。[6]

在公共协作中与网络有关的多数利益相关者对协作性预算持有不同的看法。会计和绩效职责性是在协作中非常重要的问题，预算过程可以确保民主性的职责性。参与协作的费用机制要求对参与费用进行精确估算。同时，网络组织提供预算改革的机会。[7]

要准备好支持协作过程，资金是支持协作进行的基础和保障。协作需

---

[1] R. Agranoff, "Inside Collaborative Networks: Ten Lessons for Public Managers", *Public Administration Review*, Vol. 66, Special Issues, 2006, pp. 56 – 65.

[2] D. Mitchell and K. Thurmaier, "Toward a Theory of Budgeting for Collaboration", Presented at the Public Management Research Conference Maxwell School of Syracuse University, June 2 – 4, 2011, p. 5.

[3] Ibid., p. 6.

[4] I. Rubin, "Budgeting for Contracting in Local Government", *Public Budgeting and Finance*, Vol. 26, No. 1, 2006, pp. 1 – 13.

[5] R. Agranoff, *Managing Within Networks*, Washington, DC: Georgetown University Press, 2007.

[6] K. Thurmaier and C. Wood, "Interlocal Agreements as Overlapping Social Networks: Picket – Fence Regionalism in Metropolitan Kansas City", *Public Administration Review*, Vol. 62, No. 5, 2002, pp. 585 – 598; S. B. Lackey, D. Freshwater and A. Rupasingha, "Factors Influencing Local Government Cooperation in Rural Areas: Evidence from the Tennessee Valley", *Economic Development Quarterly*, Vol. 16, No. 2, 2002, pp. 138 – 154; D. Mitchell and K. Thurmaier, "Toward a Theory of Budgeting for Collaboration", Presented at the Public Management Research Conference Maxwell School of Syracuse University. June 2 – 4, 2011, p. 7 再引用。

[7] D. Mitchell and K. Thurmaier, "Toward a Theory of Budgeting for Collaboration", Presented at the Public Management Research Conference Maxwell School of Syracuse University, June 2 – 4, 2011, p. 8.

要所有利益相关者投入时间和精力。为了准备促进协作的基础设施,并支持对现有的基础设施和资源的投资,要保证充足的资金支持。① 若没有资金等专用资源,协作很难取得实质性的效果。② 由于组织领导把协作看作补充资金的机制③,所以组织主张要进行协作。确保合理的财政资源对组织的生存和维持来说非常重要,也是组织参与协作的一个原因。④ 为社会性服务组建基金的主体(联邦政府、地方政府、协会、其他资金组织)在提供协作性服务时,通过发展有关共同资金受惠者的资金政策来维持协作趋势。⑤ 政府为了解决社会性、经济性问题通过共同目的、资金、规制更加容易支持这种网络的发展。⑥

在财政不足的情况下,协作会陷入困境:第一,对协作所需要的财政资源不足和财政的必要性的认识不足。以项目为中心的资金活动会导致不恰当的资源分配,特别是在规模小的机关中资源很难正常供给。当规定资源的因素不能灵活适用时,协作活动会受到限制。第二,申请财政和报告

---

① R. Blickstead, E. Lester and M. Shapcott, "*Collaboration in the Third Sector: From Co-opetition to Impact Driven Cooperation*", Wellesley Institute, 2008, p. 30.

② Ibid., p. 9.

③ J. E. Sowa, "The Collaboration Decision in Nonprofit Organizations Views From the Front Line", *Nonprofit and Voluntary Sector Quarterly*, Vol. 38, No. 6, 2009, p. 1003 – 1025; T. K. Bryan, "Exploring the Dimensions of Organizational Capacity for Local Service Delivery Organizations Using a Multi – Method Approach", 2011, p. 32. Retrieved from http://scholar.lib.vt.edu/theses/available/etd – 12182011 – 102130/unstrickted/Bryan_TK_D_2011.pdf (cited, 2014 – 07 – 07).

④ T. K. Bryan, "Exploring the Dimensions of Organizational Capacity for Local Service Delivery Organizations Using a Multi – Method Approach", 2011, p. 32. Retrieved from http://scholar.lib.vt.edu/theses/available/etd – 12182011 – 102130/unstrickted/Bryan_TK_D_2011.pdf (cited, 2014 – 07 – 07).

⑤ J. S. Abramson and B. B. Rosenthal, "Interdisciplinary and Interpersonal Collaboration", 1995, In R. L. Edwards (Ed.), *Encyclopedia of Social Work* (19 ed. Vol. 2: 1479 – 1489), Washington, DC: NASW Press; E. L. J. Perrault, "Community – University Interorganizational Collaboration: A Case Study of the Important Factors for Success", A Thesis Submitted to the Faculty of Graduate Studies in Partial Fulfillment of the Requirements for the Degree of Doctor of Philosophy, 200, 2007, pp. 3 – 4 再引用。

⑥ E. C. Twombly, "What Factors Affect the Entry and Exit of Nonprofit Human Service Organizations in Metropolitan Areas", *Nonprofit and Voluntary Sector Quarterly*, Vol. 32, 2003, pp. 211 – 235; T. Zizys, "Collaboration Practices in Government and in Business: A Literature Review", In Robert J. & P. O'Conner (Ed.) (2007). *The Inter – agency Services Collaboration Project*, Toronto, ON, Canada: Wellesley Institute, Retrieved April 24, 2008. from http://wellesleyinstitute.com/interagency – service – collaboration – non – profit – sector; E. L. J. Perrault, "Community – University Interorganizational Collaboration: A Case Study of the Important Factors for Success", A Thesis Submitted to the Faculty of Graduate Studies in Partial Fulfillment of the Requirements for the Degree of Doctor of Philosophy, 200, 2008, p. 4 再引用。

程序的过程没有形成标准模式时,会发生需要特定资源的情况。第三,财政申请过程非常复杂。拥有不同支持体系和结构的多种机关通过协作从多个资金出处安排资金。①

(3) 方案

当协作参与者增多、机关的权限有差异的时候,如何编制、执行协作预算,如何保证会计和责任等问题显得尤为重要。当然,与其为了推进有创意的、积极的协作而过于强调死板的预算过程或会计与责任,不如考虑协作预算资源分配的效率性、透明性、自律性的提高问题。

当前的现实是为了促进政府部门间的协作而设立的为任务推动小组(Task Force Team)直接分配预算而修订《国家财政法》的问题还未能达成一致。安全行政部主张要修订,而企划财政部认为不能修订,因为它是有关国家财政根基的法案。因此,虽然提出了修订现行《国家财政法》的必要性,但企划财政部却主张:"在现行的法律中寻到有关预算分配的根据即可。"所以建议使用把 TF 设为总理室的下属机构或用基金分配预算的方法。在这样的现实下,适时的政策开发和协作是不可能的。②

在宏观层面上促进协作时,想促进协作的机关或组织等协作倡导者(Advocate)发展,要求对协作方案另行预算。在这种情况下作为拥护者(Guardian)的企划财政部主张根据不同部门而制定的协作预算不能都被采用。因此,在编制预算时,由主管综合性的调整事务的国务调整室或行政自治部的创造政府组织室来综合分配协作性预算。各部门或各机关在促进协作时,应确保协作性预算可以适用在协作 TF 或协商机制中。

从图6-6中可以看出,通过协作来执行跨部门的业务时需从编制预算阶段开始安排较多的预算,因为在协作处理过程中需要的预算要提前计划、编制、安排、批准和执行。

---

① R. Blickstead, E. Lester and M. Shapcott, "*Collaboration in the Third Sector: From Co-opetition to Impact Driven Cooperation*", Wellesley Institute, 2008, p.41.

② 根据《国家财政法》,韩国的预算是每年按照各个机关和要执行的工作安排预算。预算编号也是按照各个机关和工作来指定。《国家财政法》里指定的机关是根据《政府组织法》组建的中央机关、宪法裁判所和中央选举管理委员会等独立机关。预算案的提交、编制和支出由中央机关的长官和企划财政部长官之间进行协商决定,因此,由两个以上机关一起组建的特别工作组就没有安排预算的法律依据了。这就形成了机关之间进行协作的重大障碍。The Seoul Shinmun (cited, 2013-04-05). Kim Yun-kwon, "The Driving Forces and Constraints on Collaborative Public Administration". Presented at the Korean Association of Public Administration, 2013a, p.24 再引用。

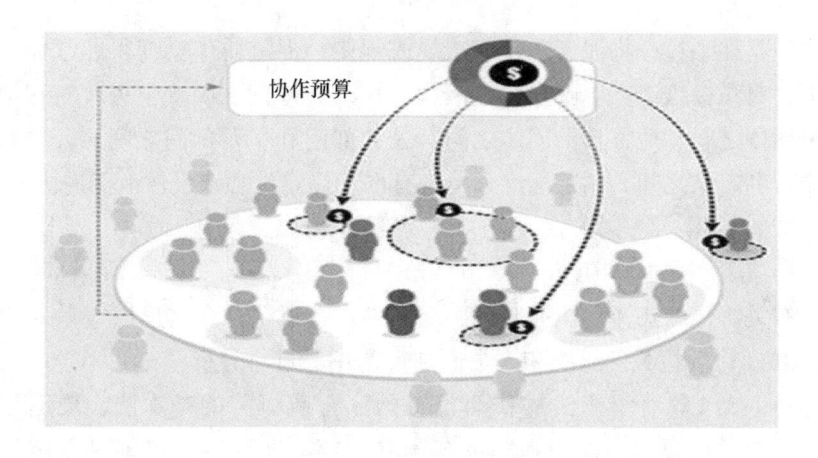

图 6-6 协作预算

资料来源：http：//www.shareable.net/blog/enspiral-changing-the-way-social-entrepreneurs-do-business（cited，2015-05-05）.

如此一来，相比于短期的一次性协作，可以考虑中长期结构性的协作课题。进行部门之间相互有关联的课题时，相互设立公共目标并建立协作组织，在协作综合预算中提出预算分配计划，经由申请、决定过程确保协作预算，并执行课题，从而在政府整体层面管理协作的课题或内容、过程、结果，并且把各部门参与协作的频度、规模、绩效等内容反映在中央行政机关评估和地方自治团体评估中，就可以系统有效地支持协作。

在微观层面上，为了现实地支持协作，将全体成员中10%以上的人用在相关部门的核心职位之间的交流，并进行灵活的预算编制和执行，给予优秀的协作部门奖励。通过部门之间的协作削减类似的、重复的项目预算，并削减相关协作组织预算的使用权，对协作有贡献的公务员提供预算绩效奖励。

3. 协作性法律法规

（1）宗旨

与私营部门不同，公共部门的协作要遵循法律、行政规制、自治法规等相关规定。因为公共组织是依据法律法规运转的，如果没有法律法规的依据不能做任何行政行为。协作行政自然也要制定和修订有关实现协作行为的相关法律法规。相关法律法规有《政府组织法》和《行政机关的组织和人员的通则》，还有各部门的职责中的相关规定。

但是如果过分拘泥于法律、法规或规则，促进协作会变得非常僵化和消极，对积极推动产生副作用。因此，在政府部门之间、中央政府和地方自治团体之间、地方自治团体之间、公共部门和私营部门之间、公共部门和非营利组织之间，制定标准和指南有助于创意性和建设性地促进协作。

（2）论据

1）法律和规章制度。

有关协作的法律、职务制度、规章、方针很多，在这里以《政府组织法》和《行政机关的组织和人员通则》为中心进行分析：

第一，《政府组织法》作为设置国家行政机关的基本法，规定了国家行政机关的设置、组织和职务范围等内容。在这些法律里可以添加国政课题等大型课题或与多数部门有关的协作而组建的调控组织有关的规定。[①]

第二，《行政机关的组织和人员通则》规定了国家行政机关的组织和工作人员，是《政府组织法》的实施细则性质的基本规定。主要内容有职能制度与职能制度实行规则的规定事项、职能和人员的分配原则、行政机关的组建条件、组织管理程序等相关事项。还规定辅助顾问机关、特别地方行政机关、下属机关、咨询机关、协议制行政机关等各种行政机关的组建标准。通则中可以包含与协作有关组织的工作人员的相关规定。[②]

第三，各部门职能制度根据行政机关的不同而规定职能、下属组织、工作人员等具体内容（如企划财政部及其所属机关的职能制度）。行政机关通过职能制度使其功能范围、机构、人力变得更具体。主要内容有行政机关的设置及其所辖范围、下属组织结构及其附属机关的设置和其分管业务、公务员的种类和总编制人员等规定。在职务制度中也可以规定协作协议制，协作 TF 等内容。

第四，职务制度实行规则具有总理令和部门令的性质，各行政机关在职务制度的范围内可以自主地决定机关的详细内容。具体包含单位和机构的设置及其分管事务、赋予各职位的职务等级、公务员的种类和每个职级编制人员的名额等内容。职务制度实行规则中，可以规定促进协作的相关机构的设置。

第五，作为政府组织管理方针的《政府组织法》，在通则的范围内，

[①] Ministry of Government Legislation National Law Information Center（cited, 2014 – 07 – 17）.
[②] Ibid.

规定每年度政府组织的管理、运营方针和下一年度的机构改组方案与编制人员提案时所需要的标准等内容及制定在不同部门的实际组织运营中的详细标准、方向。可以提出相应年度协作的方向和主要内容。这些规定将对中央各部门或地方自治团体的协作课题选定和协作投入产生相当大的影响。

2）协作指南。

协作如果过分依赖法律或规章容易导致僵化和低效率，因此制定有关协作领域或部门之间的行政指南是值得肯定的。

安全行政部2013年发行的协作行政指南包括对政府3.0的理解（提出背景、政府3.0概念、展望、促进战略）、对协作行政的理解（概念、法律依据、促进标准）、协作行政的类型（根据参与主体分类、根据内容分类、根据效果分类）、协作行政的推进步骤（准备阶段、实行阶段、事后管理阶段、对成功的协作行政的建议）、海外案件等内容。[①]

以上的行政指南与其说是协作指南，还不如说是整理协作行政内容的介绍。在实际业务中如果根据这个指南来进行协作，由于其所包含内容抽象性和一般性的，运用于个别具体案例时缺乏合理性和适当性。

作为参考，包含与协作相关的法律和会计内容的《有关振兴中小企业与促进产品购买的规定》规定了协作事业计划的许可、撤销协作项目计划的许可、协作项目的支援（协作资金支援、提供信息、促进信息化、培养人力资源和研修、技术开发资金捐助等）、调查执行实际情况等内容。[②] 这部法律从协作目的设定到确保绩效的过程，可以作为参与者们遵守的规则。换言之，以后协作更加具有活力，并且在与协作有关的多样纷争比较频繁时，就可以参照以上规定的条款来分析公共部门内和公共部门与民间部门之间的协作中制定的指南内容是否妥当。

（3）方案

制定与协作有关的法律、行政法规和自治法规时，要包含协作的必要性、协作内容的正当性和合法性、协作内容的协调性，并且协作内容要简单明了。本书提及的《政府组织法》《行政机关的组织和成员通则》、各部门职能制度、职能制度的实施细则、政府组织管理方针在之后修订时应考虑以上内容。

---

① MOSPA, "*Collaborative Public Administration Manual*", MOSPA, 2013b.
② Ministry of Government Legislation National Law Information Center (cited, 2014 – 07 – 10).

特别是韩国的预算体系，根据《国家财政法》的会计年度独立编制原则，按照所辖机关、事业分配预算，预算编号也根据各机关和事业的不同而制定。这种独立预算制度在促进协作时受到相当大的制约。为了以后有活力地促进协作，要恰当修订《国家财政法》。通过协作促进国政课题或政策课题时要设定与协作有关的预算项目。

重要的是多数行为者参与协作是为了实现给公民提供更好的行政服务的共同目标，所以要用与之前的业务处理方式不同途径来实现。在不容易消除部门之间的隔阂的情况下，通过法律来克服这样的局限，并解决多数组织和部门或交叉职能的重复问题。

这里列举一个在公共部门内部、公共部门与私营部门之间积极促进协作时需要考虑的问题。虽然协作参与者具有不同的特点，但是需要包含协作的必要性、前景和目的、相关制度和政策、协作组织类型、行为者的作用、行政资源、协作水准、协作障碍、问题解决方案、协作纠纷管理、协作绩效、绩效评估、激励以及其他内容，这些内容使协作具有妥当性和适当性。指南中要包含协作程序和相关内容，并要通过把握协作开始到结束的清单来长期检查和管理协作的准备情况（不足、普通、优秀）、协作的难度（低、中、高）和注意事项（见表6-10）。

表6-10　　　　　　　　　制作协作指南时要考虑的事项

协作程序	清单（Checklists）	协作准备			协作难度			注意事项
		不足	普通	优秀	低	中	高	
必要性	必要性							
前景	前景							
目的	目的							
相关制度和政策	法律、规则、方针等							
	制度							
	政策							
协作组织类型	组织内部的协作							
	组织之间的协作（TF等）							
	以项目为中心的协作							
	以顾客为中心的协作							

第六章 政府3.0的行政协作

续表

协作程序	清单（Checklists）	协作准备 不足	协作准备 普通	协作准备 优秀	协作难度 低	协作难度 中	协作难度 高	注意事项
行为者作用	主管机关的作用							
	协作机关的作用							
	其他行为者的作用							
行政资源	组织（规模水准等）							
	人力（规模、能力）							
	预算（规模等）							
	法律、法规等							
	信息、技术							
	时间（短、中、长）							
协作水准	思想交流（Communication）							
	合作（Cooperation）							
	协调（Coordination）							
	协作（Collaboration）							
协作障碍	组织间障碍（权限和资源不均等）							
	组织内障碍（缺乏前景、惠泽分配等）							
	个人障碍（信任、经验、领导力等）							
	外部障碍（政治、经济社会等的环境）							
问题（障碍）解决方案	组织间障碍解决							
	组织内障碍解决							
	个人的障碍解决							
	外部的障碍解决							
协作纠纷管理	促进协作过程中的纠纷管理作用和责任							
协作绩效	产出（Output）							
	结果（Outcome）							
	影响（Impact）							
绩效评估	个人评估							
	组织评估							
	部、处、厅评估							
	协作参与者间绩效比率							

续表

协作程序	清单（Checklists）	协作准备 不足	协作准备 普通	协作准备 优秀	协作难度 低	协作难度 中	协作难度 高	注意事项
激励	补贴、报酬							
	升职							
	国内外进修、派遣							
	其他							
其他								

（四）协作工作环境

1. 智能化办公

（1）宗旨

实现政府3.0需要转变工作方式，其中最具代表性的工作方式就是协作。当然，政府或地方自治团体的所有业务并不都是通过协作来实现的，但协作是政府3.0的核心内容。与之前的业务方式不同的是协作需要新的业务环境，而这正是智能化办公的意涵之一（Work Smart），其中特别要关注以空间管理为焦点的智能办公。

如果说以前的业务环境是在给定的时间和空间内由单一的组织完成给定任务的话，那么现在无论何时何地都能获得ICT或网络的技术支持，并通过与多种行为者的协作，逐步向办公智能化环境转换（见表6-11）。

表6-11　　　　　　　办公智能化

Work Hard	工作固定时间、地点、任务	
智能化办公	不分时间与场所创造性地完成任务	
	空间管理（Place Management）	智能办公
		远程办公
		智能工作中心
		家庭办公
	时间管理	集中工作时间，灵活工作时间
	任务管理	激励，授权，合作，智慧

办公智能化把焦点放在改善工作方式或组织文化上，与提高知识工作者的创造性生产、完善工作方式、完善组织文化、灵活劳动制度等工作有关。与之相反，智能办公的焦点在改善IT工作方式上，以IT技术为基础，与远程办公（Mobile Office）、智能工作中心（Smart Working Center）等有关，主要与运用IT业务空间的革新有关。① 换言之，智能化办公和工作方式的改变以及组织文化的改变之间有着密切的联系，它一般使用信息工具并且适用多种工作方式。

（2）论据

虽然办公智能化要求个人自发地发挥创意性，但应该超越个人层面从而与组织和集团创造性相连接，并不是单纯地共享信息要通过协作来共同加工信息，生产出新东西来创造成果。这就是办公智能化所指向的集体智慧的利用。②

如表 6-12 所示，在政府 3.0 时代，政府的空间管理、时间管理、工作管理都变得非常迅速。为灵活适应这种变化，促进政府 3.0，公务员应当完善制度、运营、管理和环境。

随着 ICT 技术的发展，时间管理、空间管理随之变化被称为智能办公。根据空间位置的不同，智能办公分为移动办公室（Mobile Office）、智能工作中心（Smart Work Center）、家庭办公室（Home Office）和智能办公室（Smart Office）（见表 6-13）。

智能办公的发展为促进协作营造了有利环境。组织之间的隔阂是制约协作的主要因素，但是实现智能办公以后相当部分的隔阂可能会消失，特别是智能办公的普及在积极促进协作中会起核心作用。

（3）方案

为了积极实现公共部门的智能办公，构成组织的成员、过程、程序、手段等要有机结合起来。正如空间结构使人们形成新的认识，智能办公可以形成新的组织的过程、构建、领导力、文化和行为者精神。

智能办公是：①完成任务而不是指结束工作时间；②开始工作之前思

---

① Kim Yun‑kwon, *A Study on the Collaborative Administration of Government Organization Management*, Korea Institute of Public Administration, 2014, p. 24.

② Lee Byeong‑ha et al., "The Ways of Fulfilling Work Smart in Korean Enterprises", SamSung Economic Research Institute, 2012.

表6-12　　　　　　　办公智能化构成要素和促进阶段

	第1阶段： 促进体感型变化	第2阶段： 提高实践和效率	第3阶段： 巩固良性循环构造
空间管理	• 促进办公智能化 　——改革物理的业务空间 • 个人化和交流性扩大 　——使用移动办公 • 智能网络中心等	• 利用空间，提高沟通效果 　——加强情绪性的沟通 　——加强归属感、连接性 　——持续性教育、活动 　——整顿规则和礼仪	• 提高创意基础生产性 　——增加创意性沟通 　——创造新的价值 　——宣传成功案例 • 实现工作和生活的均衡（Work & Life Balance，WLB） 　——提高业务满意度 　——提高业务空间满意度（物理的、心理的环境） 　——提高个人和团队自由性 　——缓减加班的负面效应 　——增加休假时间 　——提高信任度
时间管理	• 改革时间管理制度① 　——集中工作时间制度 　——带薪休假制度 　——自由工作制度 　——缓冲时间制度	• 整顿文化环境 　——照顾同僚的时间 　——构建自由管理系统 　——奖励休闲、休假时间 　——整顿支援系统	
工作管理	• 确立整体性，赋予动机 　——作用和责任的明确化 　——利用集体智慧 　——完善会议文化 　——完善评估制度	• 提高业务效果 　——整顿基础设施支援体系 　——改善业务节奏 　——提高自发性（业务热情） 　——提高管理者的意识	

资料来源：Lee等（2012：18）。

表6-13　　　　　智能办公的不同类型的工作方式和投入效果

类型	概要	特征
移动办公室	离开固定的工作空间，通过各种移动机器连接公司内部网来处理业务和现场所需要业务的工作方式	缩短业务处理时间 移动中可以处理业务 使用资源 迅速掌握顾客需求

---

① 改革时间管理制度时可以指定特定工作时间来完成个人业务由此提高工作效率。例如，可将10：00—11：00和14：00—15：00定为集中工作时间。减免工作时间（Time Off）是指减免工会领导拿工资的同时参加工会活动时间的制度。这个制度原则上禁止给工会领导发工资，但是会对像工会活动、处理和预防工伤等活动给予认可。自律出勤制是只遵守"一周上班5天、一天至少工作4小时、每周工作40小时"三个原则就可以自由决定上下班时间的制度。这个制度可以避免上下班高峰时间，而且也不用在上司上班之前上班，所以得到很多职员的支持。缓冲时间制（Buffer Time）是减少因业务中断而受到压力的制度，尽管中断业务也给员工更多时间，使他们能够完成更多目标。

续表

类型	概要	特征
智能工作中心	并非确保固定的工作空间，只在需要的时候花费相应的时间和费用使用业务空间来进行业务处理的工作方式	节约上下班时间 解决公害，交通问题 减少管理费用
家庭办公室	在家里构建和办公室一样的办公环境来处理业务的办公方式	确保多样的劳动人力 工作的灵活性、效率高 减少费用 满足业务，提高绩效
智能办公室	可以按照传统的方式在办公室办公，但比以前更灵活的工作方式	确保业务的灵活性 有效地使用资源

资料来源：Lyu 和 Son（2013）。

考和计划，而不是做完以后再思考和计划；③开始工作之前充分考虑工作所带来的结果，而不是盲目地工作；④寻求更多的工作价值；⑤采用多种方式工作而不是只有一种方式工作（见图 6-7）。①

图 6-7 智能工作方式

资料来源：https：//www.quora.com/How-could-someone-train-his-brain-for-smart-work-rather-than-hard-work（cited，2016-10-09）.

---

① Retrieved from http：//www.slideshare.net/fiyinfikun/work-hard-and-work-smart（cited，2017-01-30）.

为构建政府 3.0 的服务型政府、效能型政府和透明型政府，应根据政府和地方自治团体的职能和业务类型使组织的空间环境向智能办公转换。即从以前机械的、被动的、定型的、工具性的业务环境转变为有机的、积极的、非定型的、创意的业务环境。

业务环境越复杂、越具有竞争性就需要更多革新、创意和协作。智能办公更加重视协作的组织文化和集体智慧。为使政府 3.0 实现核心目标和促进协作，消除组织隔阂，要求构建跨组织界限的有利的智能办公体系。

未来，组织管理者需要考虑超越组织界限的业务环境，设计可以消除心理上、物理上隔阂的业务环境。协作并不是要给更多的业务负担，而是使组织内外的工作人员在智能、办公环境中更智能更有效率地实行协作性课题或业务。

2. 云计算和大数据

（1）宗旨

随着信息通信技术的尖端化，科技融合时代变得更加深化。信息通信技术领域的发展可以说是革命性的，几乎对所有领域都产生了巨大影响。新的技术发展，不仅使私营部门也使公共部门的业务环境发生重大变化。

正如我们在前面所讨论的，办公智能化的核心要素是空间管理、时间管理和工作管理，其中以空间管理为焦点转变业务环境的正是智能办公。协作是指不同的行为者为了实现共同的目标而一起工作的工作方式。因此，为促进协作超越时间和空间的智能办公的作用非常重要，二者的发展与革新对促进协作和成功有相当大的作用。

支持智能办公的信息通信技术正是云计算和大数据分析技术。通过云计算和大数据分析技术，智能办公能够以更快的速度反复地发展和革新。使用云计算与大数据分析是实现政府 3.0 和协作的行政资源中非常重要的因素。

（2）论据

1）云计算。

云计算（Cloud Computing）是通过互联网等网络传达服务的计算资源（硬件和软件）。起名源于系统图中包含的复杂下部结构以抽象的云为象征。云计算通过数据、软件和计算法给使用者提供远程服务。①

云计算有三种服务模式：一种是基础服务，它提供服务器、储藏和网络服务；第二种是通过服务平台（Platform as a Service，PaaS）给顾客提供应用（Application）和平台（Platform）；第三种是服务软件（Software as a Service），它提供应用（Application）。云计算分为民间（Private）云计算、共同体（Community）云计算、公共（Public）云计算、混合（Hybrid）云计算。云计算的关键特征是按需获取自助式服务、广泛的互联网访问、资源池、快速伸缩和可度量的服务（见图6-8）。②

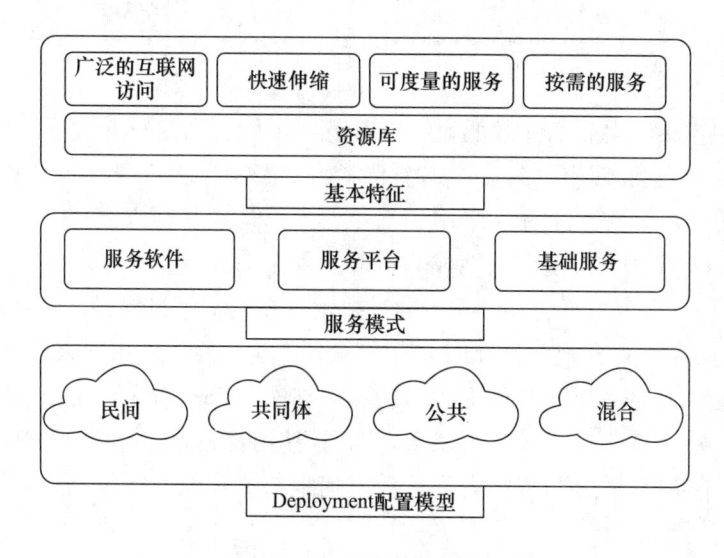

图6-8 云计算体系图

资料来源：Belenkovich（2010）。

云计算是利用互联网提供IT资源，根据需要借用IT资源（软件、存储、服务器、网络）的技术。并且根据服务负荷情况获得实时的扩展性支援，具有根据使用情况来支付费用的特性。云计算的主要标准化领域为云

---

① S. Segkhoonthod, "Adopting Cloud Computing as an e-Government Platform", Asean CSA Summit, 2013, Thailand Chapter, 2013, p. 3.

② V. Belenkovich, "Reference Model of Cloud Computing: Public Carrier's View", 2010, Retrieved from http://www.itu.int/dms_pub/itu-t/oth/15/08/T15080000050001PDFE.pdf（cited, 2016-10-09）.

服务及运用、云客户、云平台、云基础设施等（见表6-14）。①

表6-14 云计算的四种模型

公共云	私营云	混合云	地区社会云
只为单一组织运作 其组织或第三者管理 内部组建或外部组建	许多组织一起使用，实行 任务、安全条件、政策等 有关工作具体的共同体 组织或第三者管理 内部组建或外部组建	可以接触一般公共 和大规模产业集团 提供云服务的组织 所有	由2个以上（民间、公共、地域社会）的云构成， 维持独特的整体性，根据标准化或合适的技术共同地被限制

资料来源：Segkhoonthod（2013）。

"公共云"凭借着一般低廉的费用使所有人都可以使用。"私营云"在组织内部组建和使用，向伙伴和消费者收取费用后提供资源。"混合云"是在为达到一部分目的时使用"公共云"，但是其他业务使用内部云。"云"通过多种方式使流动性成为可能。由于部分所处的环境都可以连接"云"，持有移动式设备的使用者通过搜索并修正储存的数据，还可以储存新的数据。庞大的APP也都能储存在"云"里，所以使用起来非常方便。"云"还可以通过电子邮件提供印刷和数据库（Date Base）使用等许多类型的服务。VDI②在"云"内"生存"，让使用者们无论何时何地都能在任何装备中使用。"云"使用者无论何时何地都能实现连接信息、虚拟装备和管理数据现实化。③

使用云技术管理资源，可以营造共享信息和服务、重新使用、整合的环境，不分IT机子和频道可以提供多种信息和服务，也能产生节减IT资源运营预算的效果。④云计算在形成规模经济和减少费用，对变化管理的简单化（Encapsulate）、结构化（Architectures）、选择和迅速接入有着积极的作用。但同时也有防护锁、信赖、缺乏有效的控制、安全等方面的问题需

---

① Telecommunications Technology Association，"Strategic Map for ICT Core Technology Standardization"，*Telecommunications Technology Association*，2011，p. 437.
② VDI（Virtual Desktop Infrastructure）是给使用者的独立系统提供虚拟空间和数据储存空间，使用者用多种不同的机子不分时间和场合通过互联网就可以接入虚拟电脑。
③ J. Miri and M. Testa，"A Guide to Mobility in Government"，2011，p. 7. Retrieved from http://www.floridaoig.com/library/enterprise/it_mobile_tech/guide_to_mobility.pdf（cited，2014-02-25）.
④ NIA，*Government* 3.0，National Information Society Agency，2013，p. 152.

要改进。[1]

2）大数据。

拜尔和兰尼（Beyer & Laney，2012）把大数据定义为具有"海量、快速、多样性、真实性的特征，管理困难的数据积累、处理、分析的技术，通过分析数据提高决策和实现有用的意义与洞察，使步骤最优化的人才和组织结合的综合概念"[2]。

大数据具有资料海量、速度、资料类型多样、价值、真实性等特性，各个属性都有不同的特性。海量指在数据化的世界里时时刻刻生产的大规模的数据。速度指生产和传送数据的速度。多样指数据可以有文件、影像、声音、地理空间等多种生产形式。而真实性指数据的准确性和质量，特别是处理大数据要确保解决问题的洞察力（见图6-9）。

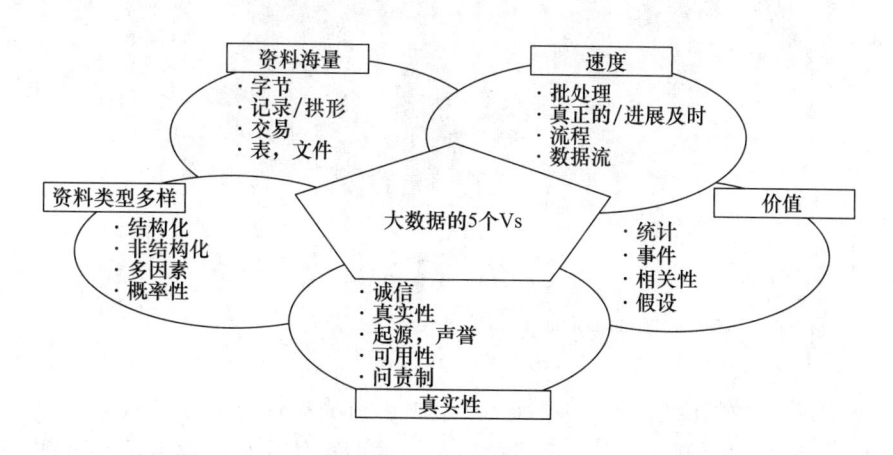

图6-9 大数据特征

资料来源：http：//bigdata. black/featured/what-is-big-data/（cited，2017-01-07）.

大数据具有庞大的数据量、格式的多样化、时间上的适时性、数据包的大规模和复杂性的特征。它和开放型数据（Open Data）是不同的概念。开放型数据可以是大（Big）数据也可以是小（Small）数据。在这里开放

---

[1] B. Nalavade, "What is Cloud Computing: Pros and Cons", 2014, Retrieved from https://sys-infotools.com/blog/cloud-computing-pros-and-cons/（cited, 2016-10-09）.

[2] M. A. Beyer and D. Laney, "The Importance of Big Data: A Definition", Stamford: Gartner; 2012（cited, 2014 Apr 15）, Retrieved from http://www.gartner.com/doc/2057415/importance-big-data-definition; Shin Shin-ae, "The Utilities and Tasks of Big Data in Public Institutions", *Journal of the Korean Medical Association*, Vol. 57, No. 5, 2014, pp. 398-404 再引用。

意味着数据的移动和转换，但是大数据的移动并非意味着公开。政府开放数据（Open Government Data）只对公共机关公开，并且开放的是政府公开的数据当中最具有代表性的数据。而政府对外公开的数据不一定和政府拥有的数据相同。个人数据（My data）包括从个人和组织中获取的信息。例如，医院对患者及其家属提供诊疗数据。个人可以修改自己的数据（见图6-10）。[①]

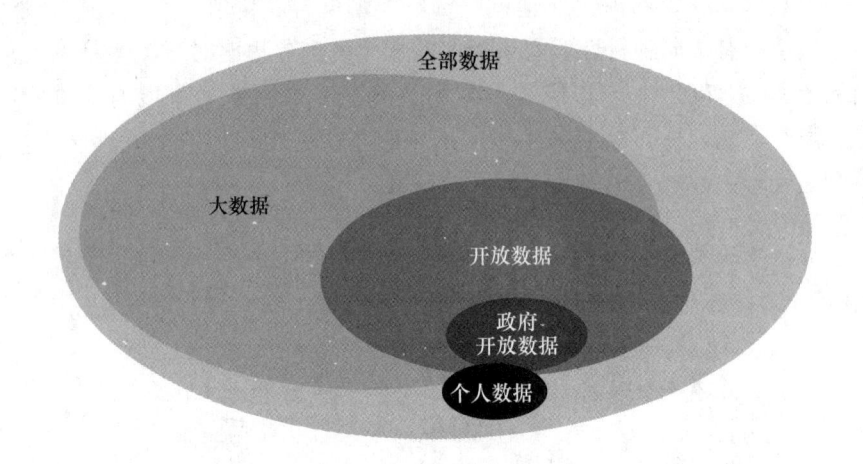

图 6-10 大数据范围

资料来源：McKinsey Global Institute (2013)。

随着大数据的使用，共享服务[②]组织创造战略性价值，可以更大程度地提高纯利润。例如，大数据通过把决策的效果快速模型化来更快更准地提前准备对策。除此之外，利用大数据还能通过预测顾客和市场作用来确保运营洞察力，能改善能力、普及自动化，削减过多的工作环节和复杂工具，简化流程。据此企业构建必要的技能，公开资源，除去低价值的业

[①] McKinsey Global Institute, "Open data: Unlocking Innovation and Performance with Liquid Information", Mckinsey & Company, 2013, p. 4.
[②] 奖励共享服务优点的有效途径是减少服务费用，敏锐地反映外部信息，通过让服务对象信赖服务来提高竞争力。企业在不影响日常运作的前提下把所有的机会都进行量化作为设置共享服务的标准。使用特定的工具迅速地收集数据，并通过分析数据来设计定制型共享服务。把组织安排为能够实现高水平的职能之间的协作，开发标准过程，提供和改善端到端的商品和服务水平。（F. Roghe, A. Toma, R. Messenbock, S. Kempf and M. Marchingo, "Breaking Free of the Silo: Creating Lasting Competitive Advantage Through Shared Services", The Boston Consulting Group, 2013, p. 5.）

务，改善测定标准。[1]

公共部门在提供公共服务的过程中积累了大量数据。政府自由地使用、再使用、再分配公共数据，使公共部门实现组织革新。公民使用数据、技术、分析减少文书工作，快速获得想要的回答，使一线服务充分反映个人的要求。宏观上可以提高政府运营的效率，减少腐败和错误，解决未缴税收。[2]

大数据有助于行政科学化。使用大数据可以更加准确地掌握社会问题和公民的行政需要，以此为基础设计未来战略，提前提供公共服务。通过大数据系统地收集和分析数据，可以缩短掌握变化趋势和危险预警的时间，并且在经济、福利、安保、高龄化等国家问题上构建合理的、前瞻性的、积极的预防行政体系。大数据的使用是以数据为基础，使系统地、科学地分析现状和预测未来成为可能，是构建能力政府的有效手段。[3]

但是大数据并非转换公共部门的蓝图，还要解决数据的质量、标准和偏见问题。政府应该具有智能分析、解释、消费数据的能力，这需要最尖端的科学技术。公共部门领导或政策决定者要积极引入大数据思维，将大数据与科学方法的信赖度研究作为重要的发展方向，政府应秉持强烈的道德伦理和真实性来探索大数据问题。政府的数据积累和分析的动机不是追求利润。合理的公共政策论据应该妥当，因此要求高水平的标准。[4]

（3）方案

技术对协作的影响效果是无法忽视的。正如技术本身虽然不能带来成功，但不掌握技术会错过可能的机遇。[5] 现代技术的发展基本上可以说是革命性的，特别是ICT对时代变化有相当大的影响。虽然ICT只是实现协作和政府3.0的众多手段之一，但其影响力非常大。通过ICT的发展，组织之间共享信息、消除隔阂的可能性增大，也使协作和政府3.0的实现领域得到扩展。

---

[1] F. Roghe, A. Toma, R. Messenbock, S. Kempf and M. Marchingo, "Breaking Free of the Silo: Creating Lasting Competitive Advantage Through Shared Services", The Boston Consulting Group, 2013, p.14.

[2] C. Yiu, "The Big Data Opportunity: Making Government Faster, Smarter and More Personal", Policy Exchange, 2012, p.6.

[3] MOSPA, *Government 3.0 Guide*, MOSPA, 2014b, pp.122 – 123.

[4] C. Yiu, "The Big Data Opportunity: Making Government Faster, Smarter and More Personal", Policy Exchange, 2012, p.6.

[5] G. Yehuda, *What It Takes to Foster a Culture of Collaboration*, Forrester, 2009, p.3.

构建政府 3.0 的核心战略中构建效能型政府的课题之一正是关于云计算和大数据。依据政府 3.0 促进委员会①（2014a）的资料，开发云储存中存储文书和文件的检索功能，连接知识经营系统和信息流通系统。截至 2017 年，构建负责人之间和不同领域之间无限制共同使用的云存储。并且为设立活用大数据的科学政策决策体制，将选定需要活用大数据的领域作为示范事业进行推进，确认其绩效并向关联的所有业务扩散、应用。

随着云计算和大数据技术的投入、扩大，要求促进政府 3.0 和协作的公务员们要增进对该技术的使用能力和认识的转变。虽然云计算和大数据与政府 3.0 和协作并不是绝对的，但随着办公智能化的逐渐普遍化，对云计算和大数据的依赖度也逐渐增大。由于云计算和大数据的技术性很强，这里我们应当关注的是促进政府 3.0 和协作的利益相关者们是如何使用该技术和是否可以实现协作目的。

第一，组织领导应重视以科学证据为基础（Evidence - based）的企划和决策。即以通过云计算和大数据分析获得的信息为基础，在促进与其他组织或部门单位的协作时，应当使用在任务、目标和战略设立的决策上。

第二，组织和人事管理者为构建协作性组织，应促进对协作有利的组织设计，聘用云计算和大数据分析专家，给公务员开展相关的技术培训。同时，为使大数据在组织中得到合理、合法应用，对《电子政府法》等与公共信息和隐私有关的内容，在法律中有必要增加与大数据政策相关的规定。

第三，负责协作的工作人员要学会云计算和大数据分析有关的专门知识，在协作实践中使用、学习可以更加科学合理地促进协作的分析方法，培养应用的能力。负责业务或职务的人员要将大数据的认知与应用相结合，不断积累经验。

---

① Government 3.0 Promotion Committee, "New Strategies and Implementing System of Government 3.0 for the 2nd Korea Leap", Government 3.0 Promotion Committee（cited, 2014 - 08），2014a.

第七章

政府 3.0 的中国行动

"1.0""2.0""3.0"的概念最先出现在互联网领域,主要指互联网的技术革命。Web1.0 时代,是以信息总量剧增、全球信息互联、信息综合提供、网络数据检索为主要特征的网络泛传播时代;Web2.0 时代,是以媒介形态多元、个体传播强化、网际协作普及为主要特征的网络社会形成的时代;Web3.0 时代将是物体全面互联、客观准确表达、人类精确感知、信息智慧解读的时代[①]。早期,随着计算机与互联网的应用,各国政府纷纷开启电子政务建设,主张利用信息技术提高政府行政效率,构造与工业化技术经济环境相呼应的政府组织形态,实现政府业务流的计算机化,其中主要以政府门户网站、办公自动化(OA)、管理信息系统为代表。但由于旧时代数字鸿沟的存在,电子政务所发挥的效用范围与受益群体都受到很大局限;随后,Web2.0 时代带来了计算方式与信息产品的革新,大规模网络基础设施的建设使得社会中整体的技术环境得到优化,推动着电子政务进行改革。另外,新公共管理运动、治理理论、政府再造等理念的兴起,将政府治理目标从"善政"推向"善治",在此背景下政府 2.0 的概念被提出,其目标是致力于建立一个更为开放透明、参与互动、协同合作、网络化的服务型平台;直到 2013 年,韩国政府借鉴互联网领域的做法首次提出"政府 3.0"的概念,这是相对于政府 2.0 提出的一个新的政治愿景与阶段性发展目标,其侧重点在"以每个人为中心"的架构上,要求政府主动公开和共享信息,保障国民的主动参与,建设"沟通的政府""能干的政府"以及"让全体国民都感到幸福的大韩民国"。

如今,Web3.0 已炙手可热,其中主要以社交网络媒体、SNS、"互联

[①] 高钢:《物联网和 Web3.0:技术革命与社会变革的交叠演进》,《国际新闻界》2010 年第 2 期。

网+"、云计算、物联网、大数据技术等为特征,中国有学者开始提出政府3.0是基于Web3.0时代,更强调政府与公民之间随时随地的个性化双向沟通与交流,并为公民提供无缝隙服务,进而构建开放化、共同参与的治理模式,实现政府与公民之间的共享与合作[①]。2016年清华大学公共管理学院教授孟庆国在参加"互联网+政务"高峰论坛暨中国数字产城联盟签约仪式时也表示,大数据的使用将重塑政府,使政府治理模式发生根本性变化,可以称之为政府3.0[②](见图7-1)。

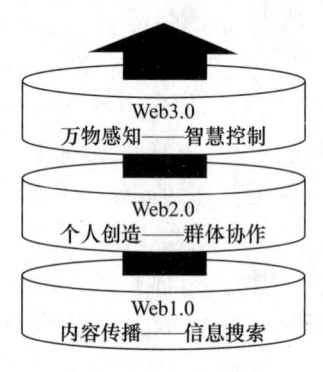

图 7-1 Web1.0 – Web3.0

一 服务型政府

"服务型政府"的概念最初是由"服务行政"一词演变而来,服务型政府的建设是综合性系统工程,它是现代政治发展的必然要求,也是对行政生态变迁的能动适应[③]。自2004年温家宝总理首次提出建设"服务型政府"目标以来,中国服务型政府建设取得显著成效,国家财政用于医疗卫生、教育、社会保障、就业等方面的支出规模日益扩大,政府的基本公共服务职能不断强化,对社会民情民意的回应也由"被动问责"向"主动回

[①] 王猛:《政府3.0与治理变革:韩国的经验及其对中国的启示》,《云南社会科学》2016年第4期。

[②] 《大数据重塑政府3.0时代》,新浪财经,http://finance.sina.com.cn/roll/2016-04-18/doc-ifxriqri6681326.shtml。

[③] 陈潭、黄金:《服务型政府建设:理论范式与实践逻辑》,《学海》2011年第2期。

应"转变。在过去几年中，中国已有多位部长和地方负责人主动回应公众重大关切。其中包括发改委负责同志解读"中国经济怎么走"；环保部、北京市负责同志回应"雾霾如何治"；财政部、税务总局负责同志谈"营改增怎么算"；工商总局负责同志表态"创业怎样更方便"；卫计委负责人解读"医改怎样深入"等问题①。同时，各地区政府也纷纷抓住自媒体时代机遇，通过举行政府开放日活动、开通政民互动直播间等路径为民众提供行政咨询服务，积极回应百姓关注的焦点问题。

（一）行政审批改革 3.0

行政审批改革一直是全面深化改革中的重要突破口，是处理好政府和市场关系、转变政府职能、激发社会活力的重要环节，涉及行政管理的多方领域。中国行政审批制度改革起步于 2001 年，随着我国社会主义市场经济的建立与完善、21 世纪加入 WTO 以及政府职能的转变，行政审批制度的改革步伐日益加快。中国政府所计划的精简 1/3 的行政审批事项已提前完成，在 2017 年的十二届全国人大五次会议的记者见面会中，李克强总理提到，"对于精简剩下的 2/3 行政审批事项需要通过互联网＋政务服务，让群众少跑腿、少烦心、多顺心"。"互联网＋政务服务"是中国共产党中央和国务院做出的重大决策部署，近年来，各政府部门都争相建设网上政务服务平台，大力推进供给侧结构性改革和"简政放权、放管结合、优化服务"改革，创新行政服务模式。

【案例】武汉全面推行行政审批改革"3.0"②

什么是行政审批"3.0"改革？

——去年，当这一概念落地的时候，武汉的行政审批制度改革，已探索了长达 15 年。而光谷，几乎每一次都走在先行先试的最前面。

光谷：产业项目审批省时一半

---

① 《向东：大力推进政务公开 努力建设服务型政府》，凤凰评论，http://news.ifeng.com/a/20170114/50574861_0.shtml。
② 《图文：武汉全面推行行政审批改革"3.0"》，网易新闻，http://news.163.com/16/1226/06/C96N23L0000187VI.html。

前日，东湖新技术开发区政务服务中心大厅，中南财大梁教授正在办理企业注册，在一个窗口，填一份表格、递交一次材料，当天下午就能拿到营业执照。而过去，办同样证件，他需依次跑工商、质监、税务等多个部门窗口，至少要5个工作日。

去年6月，东湖高新区率先成立政务服务局，原本分散在9个职能部门的86项审批事项权限整体划由一个局行使，26枚印章变成一个章，实现"前台统一受理、后台分类审批、统一窗口出件"的目标。"在资料齐全的前提下，从立项到开工建设，产业项目只需25个工作日，政府投资项目77个工作日，均比改革前缩短了一半以上。"东湖开发区政务服务局局长李世涛以数字佐证。

据介绍，在光谷，过去审批窗口按照各部门审批权限设立，常常是一项审批被分割成多块，办事群众要跑多个部门。改革后，则按照业务周期来设窗口，进行模块化管理，让群众在一个窗口办完所有事项。这就要求窗口工作人员一岗多能，而且有摄像头全程监管，群众不满意的话可以投诉。

为优化服务，光谷在中国首创"三表合一"，将工商、质监、税务三部门的纸质、电子申请表格合为一张表格，页数由32页减至2页，解决了企业重复填报材料问题。同步建立的政务云平台，让群众用电脑、手机就能办理审批事项（见图7-2）。

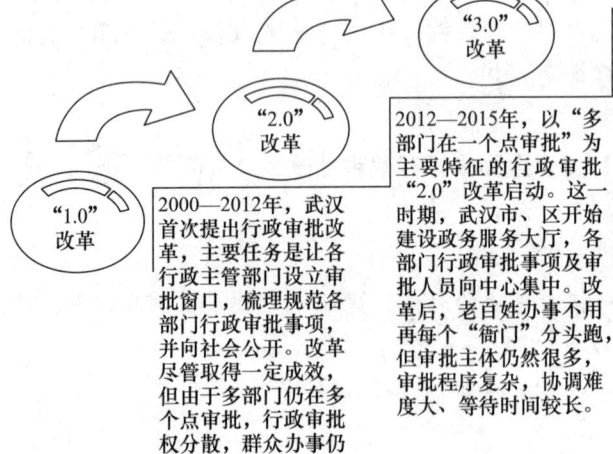

"1.0"改革

2000—2012年，武汉首次提出行政审批改革，主要任务是让各行政主管部门设立审批窗口，梳理规范各部门行政审批事项，并向社会公开。改革尽管取得一定成效，但由于多部门仍在多个点审批，行政审批权分散，群众办事仍需到处跑。

"2.0"改革

2012—2015年，以"多部门在一个点审批"为主要特征的行政审批"2.0"改革启动。这一时期，武汉市、区开始建设政务服务大厅，各部门行政审批事项及审批人员向中心集中。改革后，老百姓办事不用再每个"衙门"分头跑，但审批主体仍然很多，审批程序复杂，协调难度大、等待时间较长。

"3.0"改革

去年以来，借鉴天津滨海新区改革经验，武汉将行政审批改革升级为"3.0"。最显著的特征就是将过去多个部门之间串联审批、并联审批，转变为一个部门的内部审批，行政许可权相对集中行使，老百姓能在一个窗口办理多个审批事项，实现"单点音部门"审批。

图7-2 武汉行政审批改革3.0

此外，光谷还以政府购买服务的方式，推出专业化的免费帮办服务，以及复印、停车等免费便民服务，同时推出了中介准入制度，设立中介窗口。

去年，东湖高新区政务服务中心总办件量750万件，月均服务人次由6.87万增至8.26万。受益于此，今年上半年，光谷平均每个工作日诞生66家市场主体，新注册市场主体数占武汉市的1/5（资料有删减）。

（二）走进百姓的"互联网+服务"

2016年在贵阳召开的大数据产业峰会中，李克强总理指出，"中国超过80%的数据都在政府手中"。大数据产业的发展，数据挖掘、收集、编辑、清洗、二次开发等技术的应用为推进政务服务改革、建设服务型政府打开了新的探索视阈。基于中国国情与现实需要，围绕服务型政府建设，在公用事业、市政管理、城乡环境、农村生活、健康医疗、减灾救灾、社会救助、养老服务、劳动就业、社会保障、文化教育、交通旅游、质量安全、消费维权、社区服务等领域要全面推广大数据应用，利用大数据洞察民生需求，优化资源配置，丰富服务内容，拓展服务渠道，扩大服务范围，提高服务质量，提升城市辐射能力，推动公共服务向基层延伸，缩小城乡、区域差距，促进形成公平普惠、便捷高效的民生服务体系，不断满足人民群众日益增长的个性化、多样化需求[①]。2016年贵州省举办了全面深化改革优秀案例评选活动，其中玉屏侗族自治县从130个案例中脱颖而出。玉屏侗族自治县根据各自工作实际和职能定位建立了县、乡、村三级便民服务中心，以推进网上办事大厅建设为契机，以"互联网+政务服务"为手段，通过整合分散的政务信息资源，构建了多级联动、资源共享、业务协同的网上政务服务体系，促进网上办事大厅和实体服务大厅相融合，实现了三级网络全覆盖与数据网络互联互通、视频图像资料共享。目前，玉屏侗族自治县所辖6个乡镇（街道）、70个村（社区）便民服务中心已全部建成，建成率100%，真正实现了

---

① 《促进大数据发展行动纲要》，国务院，http://www.gov.cn/zhengce/content/2015-09/05/content_10137.htm。

让办事群众"少跑一趟路、少跨一道门、少走一道程序、少找一个人"①，在提高政府行政效率的同时也为基层群众提供了便捷的政务服务。

基层政府更加贴近群众，实现政务智能化，加大对基层信息基础设施的建设，从操作层面实现政府行政的科学化、现代化、民主化，让数据代替民众"跑腿"，更有利于自下而上地实现政务服务创新。"数据管理方便我们摸清家底，办好家事，为民减负。"凭祥市委书记邱明宏说。广西壮族自治区凭祥市投资30万元打造基层数据管理平台，包括民事账本、突发纠纷事件统计、人口数据统计、地质灾害、绩效管理、村干部通信录等几大模块，汇成体现民情民意的"大数据"。据初步统计，2013年至今，全市镇级、村级政务服务中心（站）先后为群众办理各类行政审批事项6万余件，办结率达98%以上，为群众减轻负担120万元②。

（三）政务服务 APP

当前中国移动互联网用户规模接近9亿，移动电话用户规模将近13亿，手机已超越台式计算机成为中国第一大上网终端。为此，各政府部门都积极组织开发政务APP，将电子化公共服务打包成APP供企业或个人用户下载、使用。在香港特区，政府组织开发了56个APP，主要涉及教育、卫生、环境、就业、出行等民生领域，如香港民政事务局的"亲子十八式"APP、"香港政府通知你"和"政府APP站通"等APP（通过"香港政府通知你"APP，香港政府以第一时间向香港市民的智能手机发送重要或紧急的信息，"政府APP站通"类似AppStore，供香港市民搜寻和下载政府部门发布的APP），值得内地各个城市学习③；又例如，浙江省开发了政务服务移动客户端"浙江政务服务"，集合全省12000余个政府组织机构和超过10万名工作人员，内设"办事指南""咨询投诉""公共支付"

---

① 《玉屏侗族自治县多管齐下打造政务服务升级版》，共产党员网，http：//tougao.12371.cn/gaojian.php? tid =403477。
② 《凭祥："大数据"打造服务型政府》，广西新闻网，http：//news.163.com/14/1204/07/ACJQT81H00014Q4P.html。
③ 《智慧城市建设思路：智慧政府四大领域先行》，新华网，http：//news.xinhuanet.com/info/2013 -02/22/c_124375384_2.htm。

"政策解读"四大板块,聚合了二十多个实用服务项目,坚持以"数据多跑腿,群众少跑腿"为宗旨,通过各部门数据共享,再造行政流程、提升信息服务水平,让社会公众通过网页或者手机 APP 享受一站式政务服务[1]。另外,浙江省政府还和阿里巴巴、蚂蚁金服开展深度合作,建成了全国第一个覆盖全省的统一政务服务平台和全国第一个统一公共支付平台,目前已有1000多万人次在统一公共支付平台上完成缴费,真正让浙江老百姓实现了足不出户完成所有缴费,浙江也因此成为全国"互联网+政务"的标杆省份[2]。

根据中山大学政务 APP 研究组对国内 70 个大中城市的政务 APP 使用调查报告显示,在所选取的 70 个大中城市中,共推出了 316 个政务 APP,分别分布于交通、社保、民政、旅游、公共安全等多个领域。但政务 APP 在不同领域和城市上的分布都有很大的不均衡性。其中,交通类、综合类、社保民政类和旅游类 APP 占比超过六成。而新闻资讯、天气、工商服务和文化体育四类政务 APP 共计 28 个,不足 10%;在不同城市的分布中也显示出极大不均衡性,70 个城市中有 47 个城市的政务 APP 不足 5 个。而成都、深圳、广州和杭州四个城市的政务 APP 数量则超过 15 个,远高于其他城市。此外,有超过六成的政务 APP 三个月没有更新,还有 17.54%的政务 APP 已经一年没有进行更新[3]。目前大部分政务 APP 都具有信息公开(政策文件、工作动态、政务新闻、便民信息、政府常务会议等)、便民服务(证件办理、社保服务、交通领域等)、政务互动(调查征集、举报监督、投诉反馈等)等功能,但政务 APP 在市民中的渗透率仍处于较低水平,政府应该通过扩大宣传力度、利用尖端技术优化服务结构设计、及时更新改善服务模块,提高用户的使用体验,打造政—民之间的服务桥梁,响应"互联网+政务服务"的号召。

---

[1] 国脉电子政务网:《浙江政务服务 APP 功能全面完善》,国脉电子政务网,http://www.echinagov.com/news/dynamic/46069.html。

[2] 《政府与第三方平台合力推进"互联网+政务服务"成趋势》,新浪科技,http://tech.sina.com.cn/i/2017-02-17/doc-ifyarrcf4288492.shtml。

[3] 《政务 APP:亲民实用最重要》,搜狐公众平台,http://mt.sohu.com/20160128/n436152042.shtml。

二 效能型政府

在现代计算机、掌上客户端、移动通信网络等技术的支持下,政府的日常办公与公共事务都围绕在数字化、网络化环境下运行。电子政务是促进政府职能转变、提高自我管理与公共服务效能的重要方式,有利于带动整个国民经济与社会信息化的发展,目前,中国电子政务市场规模初显(见图 7-3)。时任总理温家宝曾说:"电子政务从根本上讲是为了提高行政效率,降低行政成本,改进政府工作,方便人民群众。"中国电子政务的发展可以追溯至 20 世纪 80 年代末的办公自动化工程,随后相继启动了"三金工程""政府上网工程"、建立跨领域的信息资源共享库、数字化城市建设等工程。近年来,随着大数据、云计算、物联网、移动互联网等技术的开发与应用,"智慧城市""互联网+政务服务"的井喷式建设使电子政务发展步入高级阶段。《中国互联网络发展状况统计报告》显示,截至 2016 年 6 月,中国在线政务服务用户规模达到 1.76 亿,占总体网民的 24.8%,发展空间广阔。其中,通过政府微信公众号获得政务服务的使用率为 14.6%,为网民使用最多的在线政务服务方式;政府微博为 6.7%,政府手机端应用以及微信政务办事的使用率均

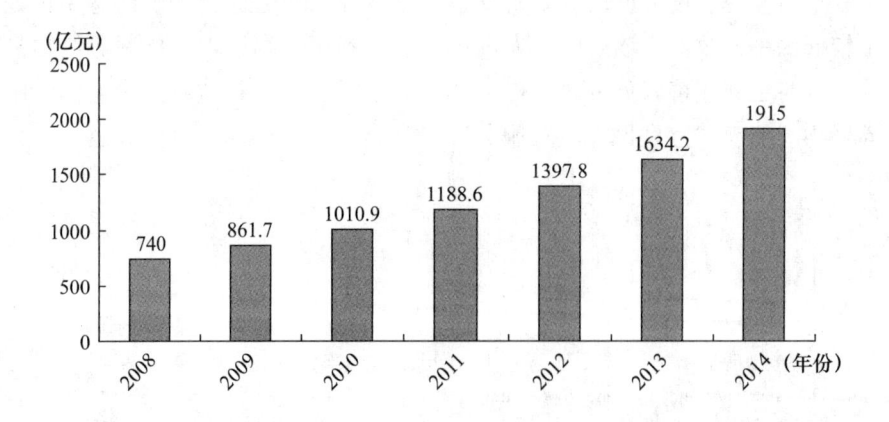

图 7-3 2008—2014 年中国电子政务市场规模

为 5.8%（见图 7-4）①。

政府微信公众号 14.6
政府微博 6.7
政府手机端应用、微信政务办事 5.8

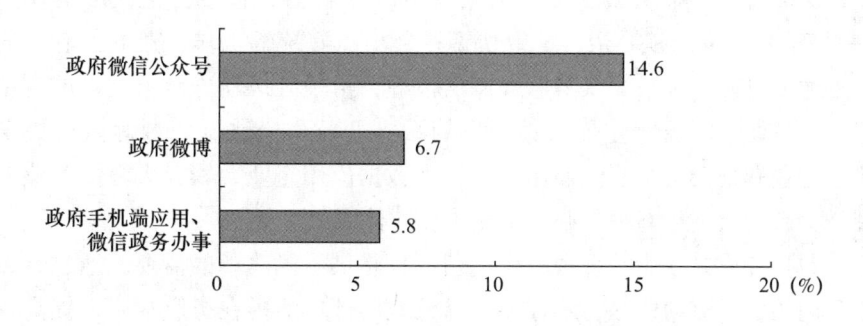

图 7-4　2016 年上半年中国在线政务服务用户使用率

（一）数据开放共享

2016 年 5 月，中国大数据产业峰会暨中国电子商务创新发展峰会召开，会上大数据的政用价值备受社会各界的关注，如何打破"信息孤岛"和"数据烟囱"，用大数据提升政府效能，是政府需要重视和亟待解决的问题。据预测，未来五年，中国大数据产业规模年均增长率将超过 50%，到 2020 年，中国将成为世界第一数据资源大国和"全球数据中心"②。大数据俨然已成为推动国家治理体系和治理能力现代化的重要手段，政府治理对大数据技术的依赖程度愈益加深，催生着政府服务模式的创新与治理方式的革命。但目前政府部门数据利用率普遍较低，数据垄断、供需错位、数据孤岛等现象依旧存在。因此，要打破信息孤岛实现政府内部数据的互通和共享，首先需要数据统筹，要以"数据共享、互联互通、业务协同"为原则，打破部门间的行政壁垒，推动信息化建设由碎片式向集约化、效能型转变。"制度化程度低下的政府不仅仅是个弱的政府，而且还是一个坏的政府"③。不同的制度对工作人员的行为具有不同的指导意义，

---

① 《2016 年中国电子政务行业市场规模分析与发展趋势预测》，中国产业信息，http://www.chyxx.com/industry/201609/447940.html。
② 《2016 数博会：大数据可提升政府效能》，北京商报，http://news.163.com/16/0530/00/BO9BH2Q700014AED.html。
③ ［美］塞缪尔·亨廷顿：《变化社会中的政治秩序》，华夏出版社 1989 年版，第 26 页。

会诱发不同的行政方式与组织文化。在制度和保障层面推进数据统筹工作中，部分先行城市积累了一些可借鉴的成功经验，包括：把大数据作为"一把手"工程，领导亲自统筹协调；突出抓好统筹工作，建立强有力的统筹协调机制；以数据统筹服务基层治理，给予各级地方政府足够的自主权，充分调动积极性与创造性；谋划数据开放，让数据资源为政府决策者、企业和社会大众广泛使用；培育大数据应用企业，繁荣大数据产业发展，为政府治理创新提供坚实的技术支撑体系[①]。

数据开放是政府治理模式的创新，也是供给侧改革的需要。通过打破部门间的信息流动壁垒，不仅能够降低政府部门的内在行政成本，提高行政效能，还有利于企业利用开放数据的契机降低机会成本，提高边际效益，加速社会价值的创造。2015年4月10日，东莞寮步车检场在全国陆运口岸率先启动了"三互大通关"改革。据了解，改革后关检双方实现了监管资源的共享，双方共享一个卡口和查验场地。车辆进场时，卡口会自动判别并提示通关状态，对于双方均不需检查的，系统自动放行，92%的车辆都可以在3分钟内直接放行。"三互大通关"模式实施后，企业通关手续由10个减少为5个，货柜检查时间由平均4.5小时减少至不到2小时，企业费用节省了50%。而业务管理一体化改革也大大节省了通关时间[②]。

（二）政务大数据的应用实践

政府开展大数据分析与应用，对于提高政府工作效率、强化决策支持的功用毋庸置疑，近年来各国政府也纷纷探求大数据技术提升政府行政能力的途径。美国国防部每年投入2.5亿美元资助开发利用大数据的研究方法，并将传感感知与决策支持结合，制造能自己运行和做出决策的自治系统，为军事行动提供更好的支持。同时，美国国土安全局开展的"可视化和数据分析卓越中心"（CVADA）项目，通过对大规模异构数据的研究，也能够帮助应急救援人员解决人为或自然灾害、恐怖主义事件、网络威胁

[①]《专家谈大数据时代政府治理：从权力治理转向数据治理》，中国网，http://news.china.com.cn/txt/2016-05/26/content_38543992.htm。

[②]《全面建设法治政府和服务型政府》，《信息时报》，http://news.ifeng.com/a/20160427/48597772_0.shtml。

等方面的问题①；2013年，澳大利亚政府信息管理办公室（Australian Government Information Management Office，AGIMO）发布《公共服务大数据战略》，并将其作为通过大数据分析系统提升公共服务质量、增加服务种类，为社会提供更好的公共服务的政策指导，旨在推动公共行业利用大数据分析进行服务改革，制定更好的公共政策，保护公民隐私，使澳大利亚在该领域跻身全球领先水平。另外，澳大利亚犯罪委员会花费1.45亿美元开发大数据系统，预测全国各地的犯罪趋势，这表明委员会开始由数据驱动执法，通过扫描数据，使用数据挖掘，发现新兴犯罪威胁的信号，预测遍布全国各地潜在的新兴犯罪问题和趋势，希冀借用大数据技术，保卫澳大利亚国土安全②；英国政府则在通过大数据分析防诈骗方面取得明显成效。英国政府利用大数据检索出了200亿英镑的逃税与诈骗金额。SAS（全球最大的软件公司之一）帮助英国税务和海关总署，通过检测行为模式收回了数十亿美元。这项技术能够在发放许可证之前，通过分析检测公民是否有过受贿等行为再决定是否可以发放。该分析系统的作用，是能够通过收集公民的行为来准确地判断③。据统计，英国政府通过高效使用公共大数据技术每年可节省约330亿英镑，相当于英国每人每年节省约500英镑。

  中国面对当前社会治理中的新形势、新矛盾、新机遇，效能型政府建设要求工作人员必须不断更新知识、技术、基础储备，打破一成不变的服务状态，开辟新的工作局面。徐子沛说："一切交易都在线化，一切业务都数据化，越来越多的资源被数据化后，就能自由被交换、流动和整合，整个社会的效率就会越来越高。"④ 以贵州省为代表，"云上贵州"是中国首个基于云计算建成省级政府数据共享的平台，是全国首个实现全省政府和公共数据"聚通用"的基础支撑平台，是支撑贵州大数据产业发展的云计算基础设施，主要通过电子政务外网和互联网向全省各级政府部门提供云计算服务。贵州省政府数据开放平台上线三个月来，已向社会提供政府

---

  ① 《深度解读：大数据智能搜索应用于国家安全防护》，中软国际大数据，http：//mp. weixin. qq. com/s?＿＿biz＝MzIzNTE3NDE0MQ＝＝&mid＝2649341871&idx＝1&sn＝daf25a7c49f9da5b474dd03d018ad8f9&scene＝6#rd。
  ② 《澳大利亚政府大数据六大应用》，中国数据分析行业网，http：//www. chinacpda. org/anlifenxi/7879. html。
  ③ 《英国政府大数据的七大应用》，中国信息产业网，http：//www. cnii. com. cn/Bigdata/2016－11/08/content＿1793181. htm。
  ④ 《我国政府数据多数休眠 专家：开放数据创新 提高效能》，中国网，http：//news. k618. cn/zxbd/201605/t20160527＿7527300. html。

数据资源的浏览、查询、下载等基本服务，满足公众、企业对政府数据的知情权和使用权，在中国率先实现了省级政府可机读活数据集全面共享，还建成了国土资源云精准扶贫作战图管理系统、工商"五证合一、一照一码"信息系统等6个共享交换示范应用场景①，并发起云计算资源产业联盟，通过形成地方和区域信息服务业优势互补，推进云计算行业与信息通信行业的融合创新，带动解决中国云计算基础设施投资大、建设周期长和利用效率低下等突出问题。

除此之外，浙江省的政务数据应用也走在全国前列。浙江不只有阿里巴巴，也有"政务淘宝"。中共十八大以来，浙江在中国率先启动以"四张清单一张网"为重点的政府自身改革，致力于成为审批事项最少、办事效率最高、投资环境最优的省份，打造尊重市场、尊重规律的"有限"政府，服务到位、监管到位的"有为"政府，严格依法行政、规范高效运转的"有效"政府。2014年，浙江整合政府各部门资源，开通浙江政务服务网，集行政审批、政务公开和便民服务于一体的浙江政务服务网通过现代电子技术，实现"足不出户"的网上办事模式，数据共享等功能还进一步提升了效率，是"互联网+政务服务"的生动体现。另外，百姓与政府打交道，除了可以逛"政务淘宝"，还可以走进就在身边的政务"实体超市"。杭州"市民之家"里有千余名工作人员和321个窗口，可以为民办理942项事务，与市民打交道的90%以上政府部门都已进驻"市民之家"②，在移动互联网时代，手机似乎已成为人们生活中的必需品，"政务淘宝"将更多的服务通过手机端实现，是顺应时代潮流发展的能动趋势。

三 透明型政府

全媒体时代下，媒体传播速度的即时性、快速性、广泛性正在倒逼政府由被动的行政方式转向主动方式，由封闭型政府向透明型政府转变。

---

① 《云上贵州运行 贵州率先实现四大基础数据库整合》，贵阳网，http://www.gywb.cn/content/2016-12/31/content_5420182.htm。

② 《浙江"再出发"：逛政务淘宝享简政红利》，中国新闻网，http://www.chinanews.com/gn/2015/03-09/7112298.shtml。

2016年李克强总理在政府工作报告中提出的"深入推进政务公开""让权力在阳光下运行"已是耳熟能详。中华人民共和国国务院办公厅印发的《关于在政务公开工作中进一步做好政务舆情回应的通知》中也指出:"加强政务公开、做好政务舆情回应日益成为政府提升治理能力的内在要求。各级政府及其部门要高度重视政务舆情回应工作,切实增强舆情意识,建立健全政务舆情的监测、研判、回应机制,落实回应责任,避免反应迟缓、被动应对现象。"[1] 政府信息公开是创新与监管的重要手段,如今数据治理已成为主流,全民社会对政府信息公开的需求越来越细,对政府透明度的期待也越来越高。北京市2016年发布的《北京市重点领域政务公开三级清单》,其中正式列出了市、区、镇政务公开三级清单,共有959条目录信息与4909项内容标准,逐步公开重点领域信息。换言之,此文件就是让政府部门有关人员清楚了解"我有什么信息、该公开什么信息、如何公开信息",真正做到信息公开权责细分,这是全国范围内政务信息公开的创举。

(一) 来自群众的"凝视"

"知屋漏者在宇下,知政失者在草野",要了解政府的作为就必须深入群众,倾听群众的声音,"只有人民监督政府,政府才不敢懈怠"[2],2016年3月20日,中国社会科学院法学研究所发布《中国政府透明度指数报告》(2016)(见表7-1),报告对49个较大的市和100个县级政府的透明度进行了评估。评估内容包括政府信息公开平台、规范性文件、行政审批信息、行政处罚信息、社会救助信息、教育信息、政府信息公开工作年度报告、依申请公开8个部分,市级政府最高分为厦门市的88.15分,县(区)级政府最高分为上海市浦东新区的82.60分。报告指出政府信息公开工作年度报告重复率超90%,不少政府部门网站建设水平较低、同类信息发布平台不统一、不同平台同类信息矛盾等问题。通过报告得知六成县(区)级政府得分低于60分,政府透明度较低,信息滞后、信息匮乏、信

---

[1] 国务院办公厅:《关于在政务公开工作中进一步做好政务舆情回应的通知》,《人民日报》2016年8月3日。
[2] 《诗言志、露真情——温家宝总理的报国爱民情怀》,中国新闻网,http://news.sohu.com/2004/03/07/33/news219333308.shtml。

息雷同等现象屡见不鲜。而基层政府往往与民众联系最为密切，只有将公共权力置于阳光下监督，实现政务公开，才能切实保障公众权益。

表7–1　　　　　　　　　　2016年政务公开排名

排名	较大城市	县（区）级政府
1	厦门市	上海市浦东新区
2	广州市	安徽省宁国市
3	成都市	安徽省怀远县
4	合肥市	天津市武清区
5	宁波市	北京市顺义区
6	青岛市	北京市房山区
7	苏州市	上海市徐汇区
8	济南市	广州市越秀区
9	杭州市	浙江省永康市
10	南宁市	广东省佛山市顺德区

现代政府，是服务型政府而非管制型政府，是公开透明的政府而非神秘的政府。"'现代政府'，一个很重要的标志，就是要及时回应人民群众的期盼和关切"[1]。中共十八大以来，"阳光型政府""公开为常态、不公开为例外"的意识深入人心，网络媒体在传播声音的同时也时常滋生"道不明、看不透"的流言蜚语，面对社会民意，群众迫切希望能够得到权威的回应。以"部长通道"为例，部长通道是政务公开、回应社会热点话题的"信息长廊"，在网上甚至热传着"记者拦部长指南"，从2016年开始，中国"两会"首次着力于把"部长通道"打造成一个政府和媒体沟通、发布权威信息的平台，利用"小时空"实现"大关切"，承载"大新闻"[2]。"离麦克风越近，离民意也就越近"，据人大会议新闻中心工作人员公布的官方统计数据，2017年两会累计有46个部门的领导（其中45位为"一把

---

[1] 《李克强：现代政府要及时回应人民群众的期盼关切》，中国政府网，http://www.gov.cn/xinwen/2016-02/17/content_5042673.htm。

[2] 《部长通道新风貌　政务公开新高度》，人民网，http://bbs1.people.com.cn/post/1/1/2/161707717.html。

手")在"部长通道"接受了采访,共回答了95个热点问题。在这46个部门中,有9个是第一次出现在"部长通道"上,其中有23张新面孔①。近两年部长通道由曾经的"你跑我追""生拉硬拽"式追访到现在的"部长来访",展现出越来越成熟的开明开放的政府形象。

图7-5 2017年中国"两会""部长通道"直播

(二)晒晒"政务朋友圈"

从2011年开始,浙江省/浙江大学公共政策研究院以政府网络透明度为切入点,以作为政务公开窗口的政务网站为平台,以政府处理公众高度关注的网络事件案例分析和政务微博调查为基础,对中国大陆31个省(自治区、直辖市)级政府、浙江省11个市级政府网络透明度进行了评价(见表7-2)。2016年,《政府网络透明度评估报告(2015)》中显示,首先,中国省级政府网络的信息公开类指标的平均得分为41.53分(满分55分),平均得分率为76%,在政府数据开放平台方面表现最差;其次,中

---

① 《2017两会"部长通道"盘点:谁停留最久?谁答问最多?》,中国经济网,http://finance.sina.com.cn/roll/2017-03-17/doc-ifycnikk0995737.shtml。

国省级政府网络在咨询投诉渠道、内容质量和实时互动渠道、民意征集渠道功能方面做得相对较好，得分率均在 80% 以上；在实时互动、民意征集内容设计方面做得一般，得分率达到了 70% 及 75%；而咨询投诉响应时速、实时互动数量和民意征集数量方面做得较差，得分率均在 60% 以下，分别是 35%、26%、25%；在公众参与方面，只是整体迈入及格水平，不同地区存在严重的不均衡现象，特别是中西部地区，在公众参与方面做得不尽如人意；最后，31 个省级政府部门在网络行为类指标中的平均得分为 11.26 分（满分 18 分），平均得分率为 63%，虽然，大部分省份都已开通政务微博、政务微信这一民一政沟通桥梁，但政府部门网络行为能力依然整体偏低[①]。

表 7-2　　2015 年中国大陆省（自治区、直辖市）政府网络透明度测评结果（节选前 10 名）

排名	省份	信息公开	公众参与	网络应对	总分
1	北京市	47.075	22.5	14.2	83.78
2	广东省	46.6	21.9	14	82.50
3	江苏省	44.2	22.1	14.6	80.90
4	上海市	45.85	20.1	14.6	80.55
5	浙江省	48.25	20.5	11.2	79.95
6	四川省	46.95	19.1	11	77.05
7	福建省	46.25	19.1	11.6	76.95
8	湖南省	43.9	17.5	14.6	76.00
9	海南省	45.15	20.2	10.6	75.95
10	湖北省	40.9	20.3	14.6	75.80

中华人民共和国国务院办公厅印发的《2017 年政务公开工作要点》部署推进全国政务公开工作，这是保障人民群众知情权、参与权、表达权和监督权的重要制度安排。习近平总书记指示，要以制度安排把政务公开贯穿政务运行全过程，权力运行到哪里，公开和监督就延伸到哪里[②]。"一切

---

　　① 新浪浙江：《2016 年三大指数发布　政府网络透明度评估报告浙江排名第 5》新浪浙江，http://zj.sina.com.cn/edu/jyzx/2016-09-30/165629403.html。
　　② 《〈2017 年政务公开工作要点〉正式发布：政策读得透　市场预期稳》，《经济日报》，http://www.71.cn/2017/0324/940688.shtml。

有权力的人都容易滥用权力,这是一条万古不易的经验"①,政府所拥有的数据信息本身是一种公共产品,具有公共性,推进政务公开,加强政府权力的运行公开透明有利于公众审视政府行政行为,并且督促政府对民意诉求进行回应,提供更为满意的服务,推动政府治理由封闭管理向开放治理转变,加快透明型政府的建设(见图7-6)。

2017年政务公开工作重点

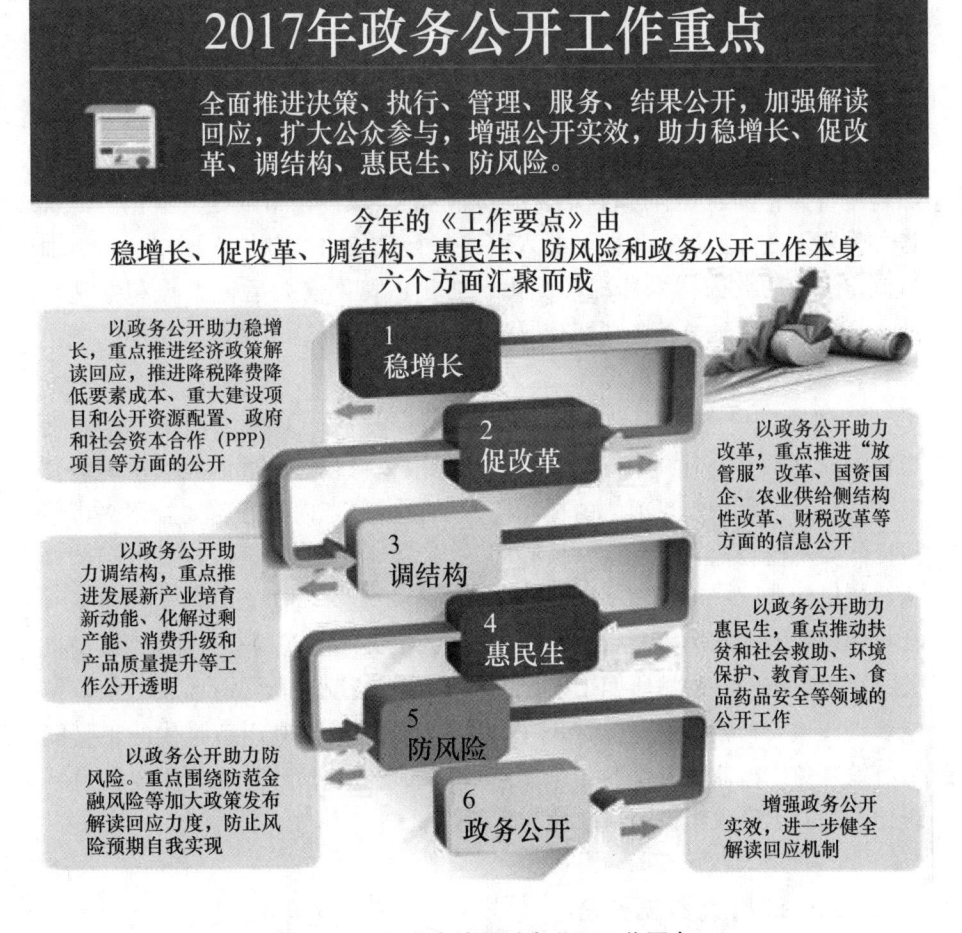

全面推进决策、执行、管理、服务、结果公开,加强解读回应,扩大公众参与,增强公开实效,助力稳增长、促改革、调结构、惠民生、防风险。

今年的《工作要点》由
稳增长、促改革、调结构、惠民生、防风险和政务公开工作本身
六个方面汇聚而成

1 稳增长
以政务公开助力稳增长,重点推进经济政策解读回应,推进降税降费降低要素成本、重大建设项目和公开资源配置、政府和社会资本合作(PPP)项目等方面的公开

2 促改革
以政务公开助力改革,重点推进"放管服"改革、国资国企、农业供给侧结构性改革、财税改革等方面的信息公开

3 调结构
以政务公开助力调结构,重点推进发展新产业培育新动能、化解过剩产能、消费升级和产品质量提升等工作公开透明

4 惠民生
以政务公开助力惠民生,重点推动扶贫和社会救助、环境保护、教育卫生、食品药品安全等领域的公开工作

5 防风险
以政务公开助力防风险。重点围绕防范金融风险等加大政策发布解读回应力度,防止风险预期自我实现

6 政务公开
增强政务公开实效,进一步健全解读回应机制

图7-6 2017年中国政务公开工作要点

---

① [法]孟德斯鸠:《论法的精神》,商务印书馆1961年版,第154页。

（三）制约权力的时代工具

截至 2016 年 12 月，中国网民规模达 7.31 亿，相当于欧洲人口总量，互联网普及率达到 53.2%，其中手机网民规模达 6.95 亿，增长率连续三年超过 10%。近年来，互联网已成为社会各界人士参与政府反腐建设的重要平台，网络反腐亦成为网上舆论最为关注的话题之一。"微笑局长""表哥""房叔""房姐"、第三方曝光的微博视频、聊天记录等掀起的舆论风都有助于廉政建设。为规范制约权力，贵阳市依靠海量的数据搜集和精准的数据分析，编制制约权力的笼子，打造了"数据铁笼"的贵阳模式。贵阳市通过数据的记录和监督，及时查处和纠正发生在权力行使过程中的违法违纪行为，倒逼政府进行权力制度规范的改革。该市依托大数据资源优势加快网上政务建设，把能够纳入网络的行政权力全部纳入网络运行，通过制定统一的数据技术标准，优化、细化、固化权力运行流程和办理环节，合理、合法地分配各项职责，让权力在"阳光"下清晰、透明、规范运行，以便于社会公众的监督。

"互联网+"的应用也为反腐增添了羽翼，通过"互联网+"与政府机构的深度融合，有利于打破科层制的局限，将政府内部的廉政治理运营方式由事后向事中、事前，由被动向主动，由静态向动态转变。绍兴市柯桥区纪委从监督权力运行这一核心问题出发，依托党风廉政建设电子监察中心，以构建"一套系统、一张网络、一个平台"为重点，探索构建了一套立体透明的"权力运行数据库"，对全区机关部门（国有企业）、镇街机关、村级组织和基层站所四个层面的权力运行情况进行实时监察、预警纠错和责任追究，较好地建立了网上权力监督体系[1]。利用新时代的工具能够有效避免纪检监察工作的"蜻蜓点水"式现象，使碎片化的用权信息系统化，提升了廉政建设的精准性与有效性。

（四）政府大数据开放

政府 3.0 是指在大数据环境下，在建构以每一个人为中心的构架下，

---

[1] 胡税根、王汇宇、莫锦江：《基于大数据的智慧政府治理创新研究》，《探索》2017 年第 1 期。

政府更加主动开放数据，更加强调政府数据的分享与合作，实现共享与共治的模式[①]。打造透明型的政府，数据开放是一条非常重要的实现路径。

政府开放大数据在国际上已有先行经验，美国率先对大数据革命做出战略反应。2009 年，美国政府发布《开放政府指令》，并推出 data. gov 网站开放公共数据，并在随后发布一系列文件推进大数据研究，将数据公开纳入政府义务范围，拉开了全球范围内开放政府数据的帷幕；2011 年，由巴西、印度尼西亚、墨西哥、挪威、菲律宾、南非、英国、美国八个国家组成的开放政府合作伙伴（Open Government Partnership，DGP）成立，联合签署了《开放数据声明》；2013 年，八国集团首脑在北爱尔兰峰会上签署了《开放数据宪章》，全球范围内掀起了数据开放热潮，越来越多的国家加入到数据开放运动中，围绕民生需求，优先公布高价值数据，鼓励开发数据应用，带动全社会创新；澳大利亚也发布了《公共服务大数据战略》，并制定数据开放的五个流程，即发现数据（Discover）—过程处理（Process）—授权许可（License）—数据发布（Publish）—数据完善（Refine），旨在推动政府从权威治理向数据治理转变；英国政府则建立有"英国数据银行"之称的 data. gov. uk 网站，通过这个公开平台发布政府的公开政务信息。该平台的创建给公众提供了一个方便进行检索、调用、验证政府数据信息的官方出口。同时英国人还可以在这个平台上对政府的财政政策、开支方案提出意见建议。英国希望通过完全公布政府数据，去进一步支持和开发大数据技术在科技、商业、农业等领域的发展[②]。截至目前，联合国已有 130 多个国家政府开始逐步实现公共领域的数据开放共享，并初见成效。

与民间大数据相比，政府大数据无疑是一座"金矿"，信息量约占九成。从中华人民共和国国务院印发的《促进大数据发展行动纲要》到 2016 年的两会委员提议再到《大数据产业"十三五"发展规划》的启动制定，政府大数据开放已经得到中国领导的高度重视，地方政府也响应号召积极推进开放大数据。2015 年 4 月，贵州省政府批准成立中国第一家大数据交易所——贵阳大数据交易所，该交易所交易数据中的一部分就是政府大数

[①]《大数据重塑政府 3.0 时代》，新浪财经，http://finance.sina.com.cn/roll/2016-04-18/doc-ifxriqri6681326.shtml。

[②]《世界主要国家的大数据战略和行动》，中国信息安全，http://www.chinamd.com/file/xou6e63psrp6ue3puexiriev_5.html。

据，核心数据涉及政府统计大数据，政府审批数据等，客户群体适应性相当广泛。目前，北京、上海、广州、贵州等省市已经走在政府大数据开放共享的前列[1]。到2020年底前，中国计划将逐步实现信用、交通、医疗、卫生、就业、社保、地理、文化、教育、科技、资源、农业、环境、安监、金融、质量、统计、气象、海洋、企业登记监管等民生保障服务相关领域的政府数据集向社会开放，带动大数据增值，充分释放数据红利。

四　智慧型政府

从全球范围来看，政府信息化经历了多个发展阶段（见图7-7）。在云计算、大数据、物联网、Web3.0、语义网络迅速发展的背景下，政府公共服务变得更加智慧、效率更高、管理更透明，并且呈现出简便、透明、自治、移动、实时、智能和无缝对接等特征的智慧政府（Smart Government）公共服务范式[2]。亚洲智慧政府的建设以韩国与新加坡为代表：2011年韩国公共行政与安全部提出构建"智慧政府实施计划"（Smart Government Implementation Plan），旨在与公民一起实现世界顶级的电子政府，成为世界电子政务的领导者，提供顶级的电子政务服务。在《2016年联合国电子政务调查报告》中，韩国政府取得了较好的成绩，其电子政务发展指数位列全球第三，亚洲第一（见表7—3）；新加坡也先后提出建设"智慧国2015"与"智慧国2025"的计划，自2006年推出"智慧国2015"规划以来，新加坡一直努力建设以资讯通信驱动的智能化国度和全球化都市，并得以成为全球资讯通信业最为发达的国家之一，提升了各个公共领域与市场经济的生产力和效率，在此次电子政务发展指数排名中新加坡仅次于韩国，位列全球第四，亚洲第二。"智慧国2025"是前计划的升级版，目标在于建设覆盖全岛数据收集、连接和分析（3C，Connect、Collect、Comprehend）的基础设施与操作系统，根据所获数据预测公民需求，提供

---

[1] 《继续推进开放政府大数据，红利几何？》，未央网，http://mt.sohu.com/20160223/n438222182.shtml。

[2] 张建光、朱建明、尚进：《国内外智慧政府研究现状与发展趋势综述》，《电子政务》2015年第8期。

更好的公共服务。2017年新加坡总理公署发布公告称，将于5月1日成立专门的智慧国及数码政府工作团，该机构隶属于总理公署，由智慧国及数码政府署和政府科技局组成，通过加强政府信息通信技术基础设施建设，推动公共服务数字化转型，实现"智慧国"建设目标。

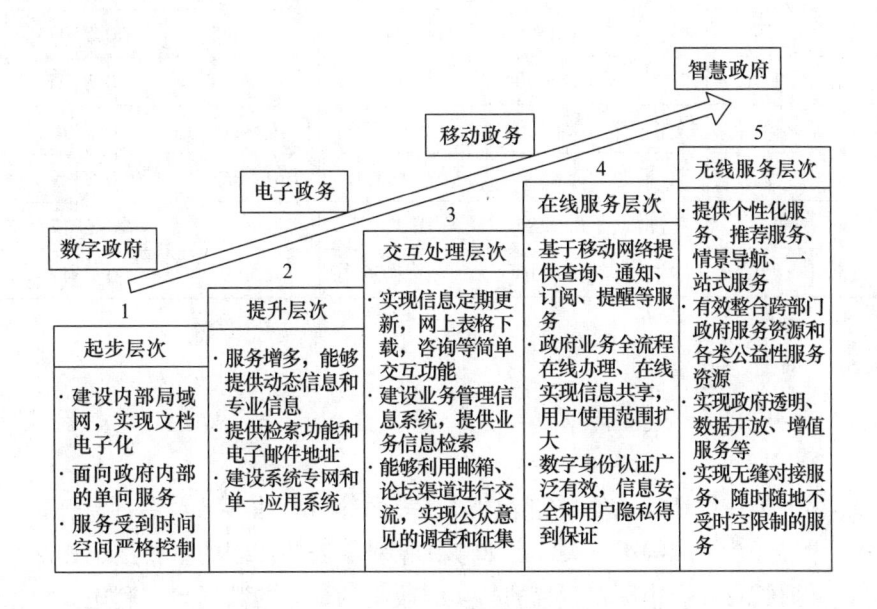

```
                                                            智慧政府
                                                    ┌──────────────┐
                                                    │      5       │
                                            移动政务 │  无线服务层次 │
                                    ┌──────────────┐│·提供个性化服务、│
                                    │      4       ││ 推荐服务、    │
                            电子政务│ 在线服务层次  ││ 情景导航、一  │
                    ┌──────────────┐│·基于移动网络提││ 站式服务     │
                    │      3       ││ 供查询、通知、││·有效整合跨部门│
                    │ 交互处理层次  ││ 订阅、提醒等服││ 政府服务资源和│
            数字政府│·实现信息定期更││ 务           ││ 各类公益性服务│
    ┌──────────────┐│ 新，网上表格下││·政府业务全流程││ 资源         │
    │      2       ││ 载，咨询等简单││ 在线办理、在线││·实现政府透明、│
    │ 提升层次     ││ 交互功能     ││ 实现信息共享，││ 数据开放、增值│
┌──────────────┐   │·服务增多，能够││·建设业务管理信││ 用户使用范围扩││ 服务等       │
│      1       │   │ 提供动态信息和││ 息系统，提供业││ 大           ││·实现无缝对接服│
│ 起步层次     │   │ 专业信息     ││ 务信息检索   ││·数字身份认证广││ 务，随时随地不│
│·建设内部局域 │   │·提供检索功能和││·能够利用邮箱、││ 泛而有效，信息││ 受时空限制的服│
│ 网，实现文档 │   │ 电子邮件地址 ││ 论坛渠道进行交││ 安全和用户隐私││ 务           │
│ 电子化       │   │·建设系统专网和││ 流，实现公众意││ 得到保证     ││              │
│·面向政府内部 │   │ 单一应用系统 ││ 见的调查和征集││              ││              │
│ 的单向服务   │   └──────────────┘└──────────────┘└──────────────┘└──────────────┘
│·服务受到时间 │
│ 空间严格控制 │
└──────────────┘
```

图7-7 政府信息化的发展演进过程

表7—3　　　　　　2016年联合国电子政务发展指数排名

排名	国家	地区	电子政务发展指数（EDGI）	在线服务指数（OSI）	人力资本指数（HCI）	电信基础设施指数（TII）
1	英国	欧洲	0.9193	1.0000	0.9402	0.8177
2	澳大利亚	大洋洲	0.9143	0.9783	1.0000	0.7646
3	韩国	亚洲	0.8915	0.9420	0.8795	0.8530
4	新加坡	亚洲	0.8828	0.9710	0.8360	0.8414
5	芬兰	欧洲	0.8817	0.9420	0.9440	0.7590
6	瑞典	欧洲	0.8704	0.8768	0.9210	0.8134
7	荷兰	欧洲	0.8659	0.9275	0.9183	0.7517
8	新西兰	大洋洲	0.8653	0.9420	0.9402	0.7136

续表

排名	国家	地区	电子政务发展指数（EDGI）	在线服务指数（OSI）	人力资本指数（HCI）	电信基础设施指数（TII）
9	丹麦	欧洲	0.8510	0.7754	0.9530	0.8247
10	法国	欧洲	0.8456	0.9420	0.8445	0.7502
11	日本	亚洲	0.8440	0.8768	0.8274	0.8277
12	美国	美洲	0.8420	0.9275	0.8815	0.7170
13	爱沙尼亚	欧洲	0.8334	0.8913	0.8761	0.7329
14	加拿大	美洲	0.8285	0.9565	0.8572	0.6717
15	德国	欧洲	0.8210	0.8406	0.8882	0.7342

（一）政务大数据

大数据在创新、竞争和生产力发展方面的重要性早已被麦肯锡、联合国、世界经济论坛等组织关注，如今数据对于公共治理的重要性也逐渐凸显。政府拥有社会中历史积累的与实时收集的最全的数据集，利用大数据进行定位、检索，能够快速地调取出所需数据信息，提高政府的服务效率。美国等一些国家较早地把大数据引入政府公共治理过程中，通过发布《数字政府战略》、启动"大数据发展计划"，在行政领域围绕大数据与时俱进做起了文章。大数据不仅是一种海量的数据状态及其相应的数据处理技术，更是一种思维方式、一项重要的基础设施、一个影响整个国家和社会运行的基础性社会制度。它是治理交通拥堵、雾霾、看病难、食品安全等"城市病"的利器，更将为政府打开解社情民意的政策窗口，打造平台的政府、服务导向的政府、开放的政府，即智慧政府[①]。2015年8月，中华人民共和国国务院印发了《促进大数据发展行动纲要》，明确大数据在推动经济转型发展、重塑国家竞争优势以及提升政府治理能力等方面具有重要意义，要求政府部门建立"用数据说话、用数据决策、用数据管理、用数据创新"的管理机制，推动政府管理理念和社会治理模式进步，逐步

[①] 徐继华、冯启娜、陈贞汝：《智慧政府：大数据治国时代的来临》，中信出版社2014年版，第160页。

实现政府治理能力现代化[①]。

【案例】政务大数据基因（DNA）系统[②]

2017年2月15日，"中国政务大数据建设研讨会暨数据基因系统产品发布会"在北京万寿宾馆隆重召开，国脉互联总经理助理王路燕现场发布了"政务大数据基因（DNA）系统"，她表示，当前政务大数据发展面临诸多现实问题，一是面对众多异构、不断发展的数据源，同样的数据无法确定哪一份是正确的；二是无统一业务和技术描述，如指标解释不一样，统计口径有差异；三是业务术语的定义没有同业务、系统的发展相适应；四是业务理解与实际开发脱节，数据质量问题突出；五是穷于应付多种系统；六是理解不一致，难以比较、汇总数据；七是对数据质量缺乏信心；八是难以获得信息及时共享。

王路燕表示，数据基因是指基于数据元和元数据的标准化编码基础上可实现数据自由编辑、抽取、复制和关联应用的核心密码体系。它是实现数据跨系统共享交换、创新应用的底层逻辑和关键规则。政务大数据基因（DNA）系统是一种集信息资源采集、分类、标准、业务、关联为一体展示的城市级信息资源智能管理系统；一种为城市提供全面、完备的信息资源模板、资源架构、分类编排、资源检索等服务的分级操作平台；一种鸟瞰城市信息资源、满足城市信息资源共享需求、发掘城市信息资源的数据指挥舱。

政务大数据基因系统提供模板化服务、标准化服务、智能化服务和模型化服务。一是模板化服务，围绕基础类、主题类、部门类提供数据元信息资源模板制作、导入、生成功能，对比筛选设计出城市核心业务信息资源作为整个系统数据元、信息资源模型，通过模板库各单位可直接使用数据元、信息资源模板，以直接沿用或是自定义修改的方式对模板进行选择性的编目，达到各部门信息资源快速梳理，信息资源体系快速架构的目标。二是标准化服务，围绕信息资源采集要求，筛选出各部门共生、关键

[①]《开放大数据提升政府治理能力》，《南方日报》，http://opinion.huanqiu.com/plrd/2016-05/8939609.html。

[②]《国脉首发"数据基因"产品 奠基政务大数据体系建设》，中国产业经济信息网，http://www.cinic.org.cn/site951/qydt/2017-02-17/852723.shtml。

的数据，建立涉及核心数据的字段池，对字段的命名、格式、长度等属性进行规范，依托数据元池进行信息资源信息项的编目，严格控制新增字段，实现共性数据元的统一标准规范。三是智能化服务，自动匹配数据元或自动生成信息资源目录。四是模型化服务，根据政务信息资源体系，构建基础库、主题库主数据模型。

这是贯彻国家大数据发展战略，加快推进政务大数据建设与应用，探讨大数据在公共治理与政务服务发展中的重要举措（资料有删减）。

国脉互联作为中国民间智库常年为国家部委以及省级政府机构提供咨询，市场占有率达到65%。"互联网+政务"也是"互联网+企业"的战略联系，面对当今社会形势的高复杂性，智慧政府的建设有必要谋求与社会组织、民间智库、企业等第三方合作。近年来，各级政府部门纷纷利用微信、支付宝等平台服务公众，节省了百姓在行政业务办理中排队缴费的冗余时长。阿里巴巴的一项数据显示，2016年共有357个城市通过支付宝平台为市民提供各类政务和公共服务，其中，深圳以83项服务位居榜首。深圳在微信钱包的城市服务——政务综合模块包含了出入境、税务、户政、城管、教育、工商、公证等多个领域，在支付宝的城市服务则划分得更为细微，其中还涉及许多非政务范畴的服务事项，为公民生活与办理行政业务提供最大便利。

（二）智慧广东

随着国外智慧城市建设的牵动，中国各地区政府也不甘落后纷纷提出智慧城市建设的战略规划系统，智慧交通、智慧健康、智慧社区、智慧教育等项目争相落地，在"互联网+"时代，"线上政府"是智慧城市管理运营服务中心，政府通过搭建"互联网+政务服务"平台，实现各部门之间的资源共享和互联互通，充当着智慧城市的"大脑"[1]。以智慧政府推进智慧城市建设能够为市民提供更为智慧的公共服务。

广东省作为智慧城市建设的先行者，近年来成绩斐然。为了解决"办证多""办事难""奇葩证明"等问题，广东佛山市提出了电子政务4.0的

---

[1]《推进"互联网+政务服务"加快新型智慧城市建设》，《光明日报》，http://www.gov.cn/xinwen/2016-10/12/content_5117708.htm。

"一网式、一门式"模式。多年来民众对办事大厅的印象都是排队难、窗口多、准备的资料复杂，经常需要重复跑腿，佛山市行政服务中心以公众需求为导向构建"一门通办，同城通办"的新型政务服务佛山模式，通过优化实体大厅、网上大厅、自助终端、"12345"热线四个载体，实现"一窗通办""一网通办""一端通办""一号通办"服务。此次改革成功入选 2015 全国"创新社会治理"最佳案例；而禅城区则建立了以问题和需求为导向的社会综合治理云平台，以云计算、大数据等重点核心技术突破政府运作传统流程模式瓶颈，以"三网合一、五级联动"，重铸社会治理网格，重整社会管治力量，探索"第一时间发现问题、第一时间交办问题、第一时间解决问题"的快速处置流程，初步构建成综合管理、主动防控、智慧应用的现代化社会治理 3.0 模式。该平台正式运行 4 个月，累计受理案件逾 10 万宗，办结率达 93.1%，荣获第二届（2016）中国"互联网+政务"全国优秀实践案例 50 强[1]。

在网上服务领域，以省厅"平安南粤网"为核心、21 个地市公安机关网站为支点，作为全省的公安政务网站群，充分发挥了"网网相连，上下联动"的集群效应，并成为广大网民和新闻媒体高度关注的热门政务网站群。非涉密的 15 项行政审批事项和 21 项社会服务事项全部实现网上办理，行政审批事项所需材料平均减少了 30%，审批时间平均减少 3 个工作日；审批项目网上办理率达到 100%，网上办结率超过 97%，位居全省前列，并始终保持"零超时、零投诉、零违规"[2]。而政务微信作为"网上政府"的延伸，也发挥了巨大作用。广东省 2015 年推出的微信公众号办税功能，让纳税人足不出户就可以体验到移动式、全天候的服务，纳税人只需要动动手指就可以实现社保查询、个税查询、电子税票查询，进行税费缴款、办税预约等业务，实现"指尖办税"。目前我国正处于发展关键期、改革攻坚期、矛盾凸显期，政府治理面临大量新挑战新情况[3]，但大数据倒逼政府治理能力革命的局面已经形成，大数据已成为"提升政府治理能力的新途径"，直面挑战，尽快在中国上下形成智慧化思维，提供智慧化服务迫在眉睫。

---

[1] 《禅城社会综合治理云平台获评全国"互联网+政务"优秀案例》，新华网，http://news.xinhuanet.com/local/2016-11/28/c_129380936.htm。

[2] 《广东互联网+政务创新实践案例》，中国林业网，http://www.forestry.gov.cn/xxb/2525/content-862318.html。

[3] 《陈刚：运用大数据思维和手段提升政府治理能力》，凤凰财经，http://finance.ifeng.com/a/20160616/14494183_0.shtml。

第八章
政府 3.0 的建议和前景

一 政府 3.0 的脉络

本书的目的在于介绍韩国提出政府 3.0 的背景、内容、相关理论及意义，并且结合案例分析来理解协作行政的有关内容。为了实现此目的，本书详细介绍了政府运营模式的转变与政府 3.0 的理论，分析了韩国提出政府 3.0 的背景与内容，并且通过政府 3.0 的案例分析提出它的制约因素与推进方案，最后，提出了政府 3.0 在中国的机遇与挑战，以及对政府 3.0 的建议和前景。

第一章提出为什么要研究政府运营的新模式——政府 3.0，其目标是什么，以及将通过什么样的方式进行研究。

为了让读者能够清晰地理解政府 3.0，我们在第二章里探讨了政府运营模式的变迁。在社会发展的不同阶段，我们经历了从传统的行政理论到新公共管理理论，之后又出现了后新公共管理理论的政府运营模式，而政府 3.0 是随着后新公共管理理论的潮流发展的，它主要强调协作型组织管理模式。

在第三章里我们分析了政府 3.0 出现的背景和政府运营模式的发展。在第一节介绍了政府 3.0 出现的背景，即全球出现的难题、信息通信技术的发展、融合时代的发展；在第二节介绍了和政府 3.0 相似的政府运营模式：开放型政府、透明型政府、平台型政府、智能型政府、服务型政府、效能型政府；在第三节从技术、市民参与和政治观点方面比较分析了政府 1.0、政府 2.0 和政府 3.0，还介绍了国外（澳大利亚、美国、英国、德国）的政府3.0。

第四章分析了韩国提出政府3.0的背景和内容。在第一节介绍了韩国的发展背景、韩国政府的国政目标和政府3.0的形成过程、目标和执行体系；在第二节里分析了政府3.0的大目标（透明型政府、效能型政府、服务型政府）和详细课题的宗旨、执行计划与意义。

第五章对韩国政府3.0的重点课题案例以观点、概要、经过及成果为中心进行分析。作为政府3.0核心目标的透明型政府、效能型政府与服务型政府，其十大重点课题和细分课题按照课题性质的不同虽然可以划分出一些短期成果，但是大多数的课题还是需要较长时期的整理，目前只能对这些课题的成果进行仓促分析。因此，本章选择了2013年起中央政府、地方自治团体、公共（机关）部门等推动政府3.0三大目标十大重点课题中值得关注的课题进行了分析。本章第一节按照透明型政府的重点课题进行案例分析，介绍了透明型政府的重点课题案例。①积极公开公共信息来保证国民知情权的课题——"在全球成为公开原文信息的第一个国家"和"公开全国幼儿园的设施、安全有关的评估信息"案例；②民营企业使用公共数据的课题——"通过Open API使用公共数据"案例；③强化民官协作课题——"及时解决道路问题服务"案例。第二节介绍了效能型政府的重点课题：①消除隔阂课题——"共同应对化学灾难事故"案例和"通过境外逃税信息的共享实现税收正义"案例；②为支援协作沟通的系统构建课题——"共享体检信息后在考驾照时免除体检程序"和"公共停车场"案例；③利用大数据等技术实现科学行政的案例——"通过预测犯罪实现智能型治安，构建地理分析系统'GeoPros'"案例。第三节介绍了构建服务型政府的重点课题：①以公民为中心提供定制型服务课题——"南阳州雇佣福利综合中心"和"一站式继承遗产服务"案例；②为创业和企业活动提供一站式服务的案例——"扶持企业的综合网站系统"（G4B）案例；③政府提高信息弱势群体的服务接近性课题——"利用邮局和地方自治团体间的协作为弱势群体提供服务"案例；④利用新信息技术创造新的定制型服务课题——"以数据为基础的航空气象服务"案例。

第六章在第一节分析了建设透明型政府、效能型政府、服务型政府时将会面临的制约因素，并在此基础上介绍了能促进政府3.0的协作行政。主要内容包括：①建设透明型政府的制约因素有：难以测评公开信息的价值；缺乏评价体系；缺乏提供信息的质量标准；难以辨认需求者以及他们所需要的信息（格式）方式；共享信息时的政府行为文化和法律制度等问题。②建设效能型政府的制约因素有：组织之间的隔阂依旧非常坚固；各个组织互相竞争地开发各自的系统；政府尚缺乏信息的生产、收集、管理和使用方面的法律制度和业务经验。③建设服务型政府的制约因素有：政府很难评定定制型服务的价格和供给量；尚未掌握服务的发展趋势、类型、内容和根据人的生命周期所作出的不同服务类型；政府的工作方式仍然是管理型文化，尚未建立服务型工作文化。第二节介绍了促进政府3.0的协作行政内容，主要包括协作型组织文化、协作型人力资源管理、协作型工作环境等。主要内容包括：①协作组织文化的相关内容：首先，为了建立协作组织文化，以协作领导力为基础，创造组织归属感和生产性高的组织气氛，并将此作为绩效管理制度的基础。其次，为了激励协作有必要设计协作组织，并为此进行组织诊断，组织诊断应该从基础层面出发，把多元协作行为者参与的协作执行组织（部署、部处厅、地方自治团体、公共机关部门等）设计成一个协作的组织。最后，为了促进协作，必须要消除组织（部署、部处、部门）间隔阂。②协作型人力资源管理的相关内容：分析了协作领导力、人事交流、权限和责任。第一，随着国际难题剧增、国民的行政需求和政策问题趋于复杂，超越警戒的业务激增，因此需要协作领导力，管理多样化、差异化成员，引导实现与其他组织或行为者的共同目标。第二，为了促进协作有必要将人员交流制度固定下来。所有的制度都有两面性，为了促进协作，人事交流应当将提高专门性，提高对其他机关的理解和经验为目标进行推动。第三，应该提高协作参与者的作用和责任。组织领导要有从整体的视角出发提出协作愿景和战略的作用与责任。中层管理者要理解组织领导提出的协作愿景和战略，并将其作为组织管理中的重要方针，使得实际操作者能够充分理解。协作参与的实际操作者为了实现协作的目的和战略，需要掌握与协作相关的多样化知识和技术，以及实行协作的共同目标。③协作制度相关的内容：分析绩效管理制度、预算制度以及奖励、协作法令。第一，为了使目前还很陌生的协作工作方式固定下来，有必要考虑将协作性开放的沟通、集合性投资、小组协作、共有的责任感和信用、专门性和特殊化、知识的自由分享等作为绩效评价的指标。第二，为了促进协作，有必要编制总括性的协作预算，向协作公务员支付预算绩效工资。第三，为了促进协作，有必要完善相关法律及实施细则。在与协作相关的法令或行政法规以及自治法规新设的情况下,需要具备的是协作的必要性、协作内容的正当性和(法律合成)合法性、协作内容的协调性以及协作规定明确性和适当性。④协作业务环境相关内容:智能化工作平台、云计算系统平台、大数据。为了促进协作,对云计算系统平台和大数据的(活用)应用有必要固定下来。第一,组织领导要重视立足科学证据基础的(企划)策划和决策。即以通过云计算系统平台和大数据分析获得的信息为基础,(活用)应用于与其他组织或部门的协作、促进相关的任务和愿景以及(树立)制定的决策战略之中;第二,组织以及人事管理者为了构建一个协作组织,有必要建立对协作有利的组织设计,在人事管理与公务员教育训练方面要引进掌握云计算和大数据分析技术的专家;第三,要让担当协作的实际工作者学习云计算和大数据分析的专业知识并将其运用到协作实际工作中来,使用更科学、更合理化促进协作的分析方法,提高他们的工作技能。

第七章分析了政府3.0的中国回应与行动,主要围绕服务型政府、效能型政府、透明型政府以及智慧型政府建设在中国的实践展开。本章大致包括了行政改革3.0经验、基层政府的"互联网+政务服务"实践、政务服务APP应用、政府数据开放共享、权力监督、政务公开等内容,其中穿插介绍了贵州、浙江、广东等地区政府在大数据、"互联网+"背景下改革的代表事例和基层政府与有关部门利用先进技术改进为民服务质量的实践试点经验等事例。

第八章分析了政府3.0的建议和前景。其中,第一节简要概述了前面所讲的内容;而在下面的第二节里主要从理论、实践、制度、政策方面分析政府3.0的建议;在第三节里将提出政府3.0的问题和解决这些问题的方案,介绍实现服务型政府、透明型政府、效能型政府这三大目标的各个课题的执行方向,而且还将提出政府3.0要成为政府改革模式所需要完善的内容。

二 政府3.0的建议

像彗星一样登场的政府3.0在现代政府运营中具有怎样的脉络和意义?与以往政府运营模式相比较有怎样的差异?现在的政府3.0是否按照当初

的宗旨在进行？政府自己的主张、宣传，从国民的立场上看是否得到了真正的行政服务或利益？以后的政府 3.0 会有什么样的进化？这些疑问从某种意义上来讲也是自然现象。

现在 ICT、AI 等技术的发展让我们很难去预测未来社会的发展，同时，政府运营模式也在迅速发生变化。即便如此，政府 3.0 的三个核心目标——服务型政府、透明型政府、效能型政府——所追求的价值和内容以及它们必备的协作行政是在全球行政学的发展过程中必须要实现的内容。

在巨变的全球环境下，为了满足不同的行政需求和解决复杂的政策问题，要持续不断地补充和发展透明型政府、效能型政府、服务型政府理论。同时要克服政府 3.0 面临的实际困难，提高实践可行性，制定和不断完善相关的政策来应对社会变化。

政府具有通过与国际时代变化相符合的政府运营模式，具有为国民提供想要的定制型行政服务而果断推进政府 3.0 的责任感。为了摸索针对推进政府 3.0 的过程中需要直面的现实问题的解决方案，为了使政府 3.0 具有更具体的实质性和持续性，与政府运营的时代脉络性相符合，确保其整合性，为国民提高实效性行政服务的质和量，提出了以下理论的、实务的、制度的、政策的建议。

（一）理论建议

像前面所提到的韩国政府向全世界提出的政府 3.0 还不具备严谨的理论体系，分析政府 3.0 的理论渊源和背景就能发现它具有多种莫塞克（Mosaic）（具有不同性质的多个细胞组成的单一个体）模型类似的特征。它跟资本主义 1.0、资本主义 2.0、资本主义 3.0 的发展有关，在技术层面上，跟 Web1.0、Web2.0、Web3.0 的发展和电子政府 1.0、电子政府 2.0、电子政府 3.0 的发展有关；在行政学方面，与后新公共管理时代里各国政府实施的多种政府运营模式也有关联；在公民参与的层面上，以公民为中心的政府 3.0 模式与政府主导的政府 1.0 模式、有限的公民参与和政府主导的政府 2.0 模式也有密切关系；在提供服务的方式上，为每一个公民提供定制型服务的政府 3.0 模式与政府主导提供单向服务政府 1.0、政府主导提供双向服务的政府 2.0 模式也有关联。同时，它也是在每一次政府换届时行政改革中提出来的政治修辞（Political Rhetoric）。

因为政府3.0具有很多不同的特征，所以在理论上很难对它做出明确的定义或分析具体的组成因素。为了克服这种局限，需要持续完善政府3.0的理论体系。如果要理解现实中实施的政府3.0理论，就要从政府3.0的脉络、有关制度、具体执行者的行为等多方面去考虑。

第一，要从它的脉络（Context）上理解政府3.0。政府3.0的脉络是指实现政府3.0的各种环境和动因，根据当今社会的政治、经济、社会、文化、技术发展去理解政府3.0出现的背景。社会现象一般受制度和行为两个因素的影响，而影响制度和行为的就是脉络。因此，影响制度和行为的社会脉络变化是实施政府3.0的重要契机和动因。

第二，要从制度（Institution）上理解政府3.0。如果政府3.0要作为一个政府管理模式系统得以持续实施就需要具备有关的制度。制度可以定义为"制约行为者或为行为者提供机会的社会规范"。要履行政府3.0需要理解相关制度，并要理解这些制度会有什么制约因素或提供什么样的机会。

第三，要从行为（Action）上理解政府3.0。政府3.0的目标之一是实现相关的行为者参与其中。实现政府3.0的目标或制约因素可以用个人或组织的利益去解释，或者用同质化（Isomorphism）理论去说明，还可以用路径依赖（Path Dependency）理论去解释。总的来讲，如果能用利益相关者在促进政府3.0时的行为去解释的话，就能更好地理解政府3.0，也有利于发现问题并提出解决方案。参与政府3.0的行为者可以提出不同的想法，在决策时可以利用集体智慧引导出各种创新的想法并把这些想法结合起来是非常重要的。不是用一个人的意见去决定组织的项目，而是通过集体的智慧为组织进行决策，从而避免陷入狭隘的群体思维，使之扮演适合政府3.0的行为者角色。

在全球的行政环境正在发生变化时，把多种复杂的行政需求和政策问题放在透明型政府、效能型政府、服务型政府的环境下解决，就要通过严谨的理论和逻辑来提高说服力。这需要在政府3.0的脉络—制度—行为层面上提高政府3.0理论的严谨性和逻辑性，努力去克服政府3.0的局限。

（二）实务建议

韩国是每五年进行总统换届，在组建新的政府时总统都会提出富有个人特色的哲学内涵的政治修辞。政府3.0就是在这种脉络上制定的自上而下的政府管理模式。因此，执行政府业务的公务员其实对政府3.0缺少理解和实行的意志。因为每五年提出的国政运营目标和战略到换届时就要换新的目标和战略。而新提出的目标和战略的提出方式也在不断地重复，所以大部分公务员不太关注新的政府管理模式，这是比较严峻的问题。

其实，在政府管理上提出全新的革命性的模型非常罕见。在政府管理上过去的制度和政策与现在的、未来的制度和政策都有着密切联系。在过去的政府管理行政效率比较高或者为公民提供积极有效的行政服务的政策和制度中，继承和发展几个政策和制度是比较可行的政府管理模式。政府3.0的核心目标——透明型政府和服务型政府的内容中也有其他国家已经制定的政策或项目，有些还跟韩国的电子政府有关。所以在以前的政府中推进的政策和制度，以及项目中对现在的政府管理仍有效果和有价值的就有必要以温故知新的态度去学习和应用。

政府3.0的核心目标既符合后新公共管理时代背景，也符合全球性的政府管理模式。组建政府的公务员队伍是政府管理的核心行政资源，同时身为公民的代理人，有义务和责任去履行国政课题。因此，如前所述，在促进政府3.0的过程中需要摆脱消极和怀疑的态度，积极实现政府3.0。

那么，公务员在促进政府3.0时需要做怎样的努力？公务员需要改变工作方式，即实现政府3.0的过程中要以开放、共享、沟通、协作作为行为标准。从以前消极的、事后的、闭塞的、排他性的工作方式中摆脱出来，在组织之间积极共享信息、开放对公民有利的信息；在组织内部同事之间和上下级关系之间积极沟通；在组织外部也与其他组织和公民积极地沟通，并与其他行为者努力开展协作。而且还要掌握迅速发展的ICT技术，用云计算技术搜集、积累资料和信息，通过大数据分析的结果运用到决策过程中。

总的来说，开放、共享、沟通、协作的工作方式有利于理解公民需求，及时为公民提供所需要的服务，是政府3.0所追求的价值。政府3.0的实现依赖于执行业务的公务员的努力，组织领导要发挥协作型领导能力，管理人员和工作人员要通过协作来解决难题，提高服务水平。

（三）制度建议

通过前面的分析可以看出政府3.0包括经济、技术、行政、政治等层面的内容，所以，在实现政府3.0时就会遇到不同的障碍和制约。要实现政府3.0就要有明确的目标和战略，以及具有一贯性和具体的相关制度和课题。尽管具备这些条件，政府3.0还是一个比较抽象的用语，而且在实施十大重点课题的过程中很容易遇到目标模糊、缺少一贯性和降低集中力等问题。

要缓解和克服现实的局限性就要提高制度之间的整合性（Congruence）。那么，什么叫制度的整合性？政府3.0有关的制度是为了实现政府3.0而需要的各种组织、人事制度、预算制度、法律法规、业务规定、行为指南的总称。政府3.0的有关制度不是单一的实体，而是为促进政府3.0所需要的各种制约和提供机会的框架。这些制度之间使用的概念和内容要有优先顺序和逻辑关系。

例如，为促进政府3.0的发展，需要设计和运营相关组织。这需要《政府组织法》和《有关行政部门的组织和人员的通则》，还需要对各个部门的职位和级别进行有机整合。同时，还需要调整与公务员有关的各种人事制度——人事交流、派遣、绩效评估、晋升、薪酬、教育培训等有关规定，以促进政府3.0的实现。另外，也需要调整与预算有关的规定，因为如果要实现政府3.0的十大重点课题和各种具体课题就需要很多预算，因此，需要完善预算制度来确保政府3.0的正常执行。随着ICT技术的迅速发展，信息的搜集、共享、公开、使用、保护个人信息等法律规定也需要相应地进行修订。

如上所述，不同制度之间具备整合性是实现政府3.0的重要前提条件。但是，在设计和运营有关的制度时要注意避免制度运营的僵化和交易成本上升的可能性。而且如果政府3.0有关的制度之间有非整合性就有可能导致制度之间的冲突和相互制约，会成为实现政府3.0的绊脚石。

因此，如果要想按照规划去实现政府3.0就要在政府、地方自治团体、公共部门、私营企业、非政府组织、普通公民之间形成共鸣。这需要构造好政府3.0的理论基础，还要确定各个课题的执行原则和优先顺序。如果能在整个社会引起共鸣、构造出理论基础、确定课题的执行原则和优先顺序，则有利于完善政府3.0有关制度和引导行为者自发地参与，并为成功实现政府3.0做出巨大贡献。

（四）政策建议

政府3.0与ICT和网络的发展有着密切的关系。其实，ICT和网络发展对政府3.0的实现具有决定性的贡献。ICT的发展大大促进了信息和数据的收集、共享、开放、扩散、分析、分配、使用、管理。而且不仅是在电子政府的发展，ICT的发展也是构建透明型政府、效能型政府、服务型政府的必要因素。

但是，政府3.0作为新的政府管理模式，只靠ICT和网络的发展很难取得成功。要想实现和巩固政府3.0，不仅要依靠ICT技术，还需要理论、业务、制度方面共同的努力，即要在硬件和软件上同时完善和发展才能稳步推进政府3.0。

因此，需要制定能促进和巩固政府3.0的政策。政策是"为了实现公共利益，通过动员行政资源来执行并以权威的方式决定的公共议题"。政府3.0的有关政策是指为了实现公共利益制定政府3.0的目标、价值、课题等内容，为公民提供高品质服务的行为。

制定政府3.0有关的政策时，从以前政府主导的自上而下型、一刀切的、被动的、消极的态度中摆脱出来是非常重要的，这需要集中政府、地方自治团体、公共部门、私营企业、公民等不同群体的集体智慧（Collective Intelligence）进行自下而上的、多层面的、提前的、积极的、协调的政策制定。

从政府主导的"Government"摆脱出来，逐渐转化为包括公民在内的不同社会利益相关者参与的"Governance"治理模式来进行选拔议题和制定政策。但是，"Governance"停留在参与和协调过程中，在政策执行和成果方面很难提出对策。为了克服这个问题需要不同利益相关者之间进行协作（Collaboration）。协作是指不同的行为者为了实现共同的目标把各自拥有的资源（组织、人力、预算、ICT技术等）全部动员起来通过共同的努力来创造出协同效应的工作方式。

在后新公共管理时代，很多议题的核心内容就是协作，通过集体智慧来做出决策。在制定的政策、项目和课题中都需要通过协作来进行相应的业务。在制定和执行政府3.0的有关政策，创造协同效应的过程中协作是决定性的因素，甚至可以说政府3.0是从协作开始，以协作为基础，通过协作来完成的。构建一个透明型政府、效能型政府、服务型政府如果没有协作就很难实现，而且这些目标的重点课题和具体课题也是没有协作就很难实现的。总的来讲，只有通过协作才能实现政府3.0的目标、使命、课题，才能提高对公民的服务水平，最终提高公民对政府的信任度。

三 政府3.0的前景

类似于低生育率、老龄化、两极分化、缺少工作岗位、能源、环境、技术融合等影响国家发展的问题正在日益增加,但是用现在的管理模式和单靠政府的管理是很难解决这些问题的。而且福利、安全、支援中小企业等服务越来越多,但同时又因为存在服务的重复和死角地带等问题没能公平有效地传递政府服务。

最近灾难频发,而政府的应对处理能力不足,导致公民对政府的信任度持续下降。公民认为政府的沟通能力和服务供给能力不高,民营企业为了在市场上生存而不断地提高自身能力,有效地利用资源,而公共部门因为缺少竞争导致工作能力逐渐下降。

正如在第五章的分析,韩国政府正在推行的政府3.0有很多成功的案例,但同时也有不少制约因素:第一,公民对政府3.0的体会不深,对政府3.0的参与率也非常低。政府单独推行此项工作,缺少公民参与,政府和民营企业的协作也很少,公民对此项工作缺少关心,很难引起共鸣;第二,缺乏既符合新的国家运行模式又能覆盖整个政府的改革体系。虽然政府3.0的宗旨和目标符合未来的发展,但是包括中央政府在内,地方自治团体、其他公共部门的参与也止于形式,没有积极履行。同时,公共部门和民营企业之间的协作依然很少,成效也不佳。而且各个部门、地方自治团体和其他公共部门比起政府3.0的核心课题,更愿意集中精力去履行自己组织的重要工作。

为了克服政府3.0的制约因素,需要从以下几个方面[1]进行努力:①把国政目标反映到具体的工作当中,根据公民的需求推动政府3.0的工作。提高政府能力以解决各种难题,满足复杂多样的行政需求,进而提高公民的幸福指数。深化政府的工作透明度以提升公民对政府的信任和社会资本的价值。而且政府服务的传递方式需要从供给者中心转换为需求者中心,建设满足公民需要的服务供给体系;②由政府3.0推进委员会主导,

---

[1] Government 3.0 Promotion Committee, "Trustful Government, People Happy Nation: Government 3.0 Development Plan" (Cited, 2014-09-17), 2014b, p.4.

在全体政府范围内推行政府 3.0 工作，改变各部门各自为政的局面，由政府 3.0 推进委员会在全体政府层面制定计划和战略，调整各个部门的工作，安排预算等工作。同时，通过民营企业和各领域的专家参与相关工作，建立官民协作体系等开放型平台以发挥集体智慧；③为了推行政府 3.0，需要选定并执行和国政目标有关的核心课题。实现政府 3.0 目标的核心课题主要包括"完善政府工作方式的软性改革课题""涉及几个部门的难题，鼓励公民的参与来提高信任度的官民共治课题""创造工作岗位，消除两极分化等公民高度关注的课题"。这些课题要按照工作规划执行，并且要定期地监督执行状况以提高成果。

建设服务型政府、透明型政府、效能型政府这三个政府 3.0 的核心目标的实现需要从以下几个方面做好工作：[①] ①为了给公民提供定制型服务，需要把政府服务模式的重点放在每一个公民的需求上。从以前的先由公民申请服务再由政府提供的方式改为先由政府供给然后再得到公民认可的方式。如果只给申请人提供服务则容易出现盲区，服务方式较为分散。因此，政府要在预先主动提供服务的同时积极地找出盲区，通过部门之间的协作提供一站式服务。换言之，只要是公民必要的服务，即使公民没有提出申请，政府部门也要主动地提供服务并消除盲区。第二，为了公民的便捷，政府需要统筹管理服务信息来提供一站式服务。第三，服务提供体系要从政府主导转变为政府主导、民间参与的方式；②要想成为有能力的政府就需要及时预防和应对国家和社会中的各种难题，利用云计算科学地管理政府工作，主动地制定科学的政策，提高政府的服务质量。以前制定政策往往照搬现有政策，凭直觉和经验进行决策。但是即刻起要积极利用云计算来发掘新的政策，利用大数据获取的信息进行决策，科学地履行政府工作。另外，截至目前，政府的工作仍然局限于在特定的时间和空间内各自履行业务。此后要跨越部门间的工作界限，统筹管理信息，通过协作来执行工作。具体来讲，第一，通过云计算制定高水平的政策；第二，加强部门之间的协作来推动以公民为主的行政工作；第三，基于事实，科学地进行决策和执行政府工作来提高政府的竞争力。③为了建设一个公民信任的透明型政府，需要从以前的有限地提供政府信息转变为政府公开原始数据，促使公民充分地使用和分析数据。政府公开的信息里必须要包括公务

[①] Government 3.0 Promotion Committee, "Trustful Government, People Happy Nation: Government 3.0 Development Plan" (Cited, 2014 - 09 - 17), 2014b, p. 14 - 37.

员在制定政策时引用的信息,消除公民和公务员之间的信息不对称状态。这种方式还将促使有价值的公共部门数据与民间的创造力相结合以创造新的价值,激活民间的经济活力。信息公开需要做以下两个方面的工作:第一,要公开有关政府组织运行和制定政策的所有信息;第二,公开需求者所需要的信息来实现公民和企业利用数据创造新价值的最大化。

政府3.0要想实现政府改革和运行的模式需要转变现行的管理模式。[①] ①推进政府3.0的过程中要充分地反映政府3.0的思想,创造和普及政府3.0的成果。换言之,在履行课题时按照政府3.0的思想,以绩效为中心集中力量转变管理模式。同时,把政府的资源有选择地集中在政府3.0课题上。②把政府3.0的工作经验应用到法律法规、制度和文化领域,真正实现政府3.0的内化。如果想让公民参与制定政策,公务员积极地进行协作,实现科学行政就需要在法律法规上得到支持。因此,需要重新修订《国家信息化基本法》《电子政府法》《政府业务评价基本法》等相关法律。而且需通过完善人事、组织、预算、绩效管理等相关的制度创造政府3.0的实质性成果。与此同时,在实际工作中寻找政府3.0课题的解决方案,在设计政策时扩大公民参与力度,根据分析数据进行有根据的决策,简化组织的文件、会议、活动来逐渐改变社会文化,扩大和充实政府3.0的评估体系。③积极宣传政府3.0的宗旨、内容、成果和优秀案例,使公民对政府3.0的成果形成正面的、感性的认识。宣传时不仅要使用现有的宣传方式,而且还要用网络技术积极地宣传政府3.0的重要性和主要成果以提高公民的认知度。总的来讲,在改变政府的管理模式的过程中要做以下四个方面的努力:第一,在进行政府3.0课题的同时相应地改变管理方式;第二,从以前的分散管理课题改变为以核心课题为重点,集中支持和管理课题;第三,引导工作人员对课题产生兴趣并激励他们主动地、负责任地完成任务;第四,改变以往的单调的宣传方式,采用不同的宣传方式让公民全方位地理解和体会政府3.0。

---

① Government 3.0 Promotion Committee, "Trustful Government, People Happy Nation: Government 3.0 Development Plan" (Cited, 2014-09-17) 2014b, pp. 39-42.

附录 1
《关于组建政府 3.0 实施委员会及运营的相关规定》

［执行 2014 年 11 月 19 日］［总统令第 25751 号，
2014 年 11 月 19 日，他法修改］
行政自治部（创新政府企划科）

第一条（目的） 政府 3.0 的目的是使信息资源能够得到积极公开并且使民众共享，通过行政机关之间的沟通与协作，提供以公民为中心的定制型服务，以此创造就业机会、支持创新经济的新型政府运营模式。为了有效地促进政府 3.0 计划的实施，国务总理下属设立政府 3.0 促进委员会。

第二条（职能） 政府 3.0 促进委员会（以下简称"委员会"）审议促进政府 3.0 相关政策及以下各例事项。

1. 实施政府 3.0 相关的基本方向及战略事项
2. 制定政府 3.0 实施计划及各部门的详细计划，并执行相关事项
3. 检查评估政府 3.0 实施计划的执行情况和相关事项
4. 征求及反映对政府 3.0 的主要政策意见和相关事项
5. 改善实施政府 3.0 相关的法律与制度事项
6. 政府 3.0 实施委员会委员长（以下称"委员长"）在委员会会议上提出的议题

第三条（成员等） 政府 3.0 促进委员会的构成。

1. 委员会由委员长及 20 人以内的委员们组成
2. 委员会委员由以下人员组成（修改 2014 年 11 月 19 日）

①企划财政部第二副部长、教育部副部长、未来创造科学部第二副部长、行政自治部副部长、保健福祉部副部长及国务调整室国务第一副主任

②国务总理对在政府 3.0 方面有丰富专业知识和经验的人士当中，考虑性别和委托的人士

3. 委员长根据第二项第二号规定所推荐的专业人士当中，受到总统委托的人士

4. 属于第二项第二号的委员任期为两年。如果前任委员辞职，新任委员接替后的任期是前任委员所剩下的任期

5. 为了委员会有效地运作和支援，委员会内设干事委员一人，干事委员由行政自治部副部长担任（修改 2014 年 11 月 19 日）

第四条（委员长职务等）

1. 委员长代表委员会，负责委员会的总体事务

2. 在委员长无法履行职务的情况下，由委员长事先指定的委员代理执行

第五条（会议）

1. 委员长召集委员会会议时，会议议长由委员长担任

2. 委员会会议分为定期会议和临时会议

3. 原则上每三个月召开一次定期会议

4. 以下情况中符合一项可以召开临时会议

①五人以上委员要求召开委员会时

②委员长认定有必要召开委员会时

5. 一半以上委员出席才能开会，出席委员中有一半以上同意才能做出决议

第六条（听取意见）

委员长审议议案时认为需要有关的主体参加会议时，有关主体的中央政府、地方政府、《公共机关运营相关法》指定的公共机关（以下简称"公共机关"）或《地方国有企业法》指定的地方国有企业（以下简称"地方国有企业"）代表出席会议听取意见。

第七条（专业委员会及特别委员会）

1. 委员会为了有效执行委员会事务，可以在各领域下设专业委员会

2. 委员会认为有必要讨论政府 3.0 的特殊问题时，可以下设特别委员会

3. 专业委员会和特别委员会的构成及运作相关事项由委员长根据委员会通过的决议做出决定

第八条（专业技术研究团）

1. 委员会为了支持政府 3.0 相关专业的技术研究，可以运行由相关专业研究机关负责人构成的专业技术研究团

2. 属于第一项的专业研究机构由委员长通过委员会决议做出决定

第九条（政府 3.0 支援团）

1. 为了执行委员会的事务，委员会可以设立政府 3.0 支援团（以下简称"支援团"）

2. 支援团设一位负责人，负责人由行政自治部创新政府组织办公室主任兼任（修改 2014 年 11 月 19 日）

第十条（派遣公务员等）

委员会为了组织的运行，必要时可以向中央政府和地方政府要求派遣公务员进行兼任、向公共机关和政府 3.0 相关机关、团体、研究所、企业要求派遣职员进行兼任。

第十一条（向相关机关要求协助等）

1. 为了有效执行委员会事务，必要时可以听取有关专家的意见，向有关机关或团体负责人要求提交材料及提出意见

2. 为了有效执行委员会事务，必要时可以委托有关专家、机关、团体做调查研究

3. 为了有效执行委员会事务，必要时可以通过问卷调查、召开听证会和研讨会等方式收集意见

第十二条（宣传）

委员会可以向中央行政机关、地方行政机关、公共机关和地方国有企业负责人要求对政府 3.0 的进展情况和成果进行宣传。要求对象机关负责人除了特殊情况以外必须积极协助委员会的工作。

第十三条（津贴等）

委员会可以在预算范围内向出席第七条第一项专业委员会和第二项特别委员会的委员和专家们提供津贴、旅费和相关经费。但有公务员身份的委员因其身份的特殊，所以在出席会议时不给予相关津贴补助。

第十四条（运营细则）

除了相关规定以外，委员会的运营细则可以由委员长根据委员会决议做出决定。

附则《第 25751 号，2014 年 11 月 19 日》（行政自治部和所属机关职务制度）

第一条（执行日） 从公布之日起执行。但根据附则第五条修改的总

统令中，此令执行以前公布或尚未执行的总统令修改部分由该总统令的执行之日开始执行。

省略第二条到第四条。

第五条（其他法令修改）

省略〈1〉到〈198〉。

〈199〉关于政府3.0促进委员会的设置及运营相关规定修改如下：

第三条第二项第一号中《未来创造科学部第二副部长、教育部副部长、安全行政部第一副部长》改为《教育部副部长、未来创造科学部第二副部长、行政自治部副部长》。

第三条第五项中《安全行政部第一副部长》改为《行政自治部副部长》。

第九条第二项中《安全行政部创新政府组织办公室主任》改为《行政自治部创新政府组织办公室主任》。

省略〈200〉到〈418〉。

附录 2
《政府 3.0 的发展计划课题目录》

（政府 3.0 促进委员会，2014 年 9 月 17 日）

政府 3.0 的核心课题选定标准

—— 完善政府工作方式的软性改革课题
—— 急需部门之间协作的跨部门课题（Wicked Problems）
—— 能够提高公民参与和信任促进官民治理课题
—— 创造工作岗位、解决两极分化和公民紧密联系在一起的改革

为公民提供定制型服务的政府

主动提供服务，消除死角地带	• 预先提供服务 —— 政府提议—公民确认的方式提供服务 • 消除福祉和生活服务的死角地带 —— 为了消除死角地带和提高生活质量，预先提供信息 —— 通过民间的参与和大数据等技术挖掘死角地带
综合提供需求者定制型服务	• 重新设计以公民为中心的综合服务 —— 为各个机关重新设计以公民为中心的综合服务 —— 为社会弱势群体实行专门服务处理制度 • 按照核心领域的特征提供一站式定制型服务 —— 把残疾人支援系统转换为考虑残疾人特征的一站式服务 —— 为中小企业提供便捷的政策信息服务 —— 综合提供就业信息和就业培训信息 • 综合提供公民所需要的行政信息 —— 通过 minwon24 官网，提供并处理生活上需要的行政信息 —— 提供每一个公民可以受到优惠的服务信息 —— 各种政策和服务信息统筹管理到韩国信息官网

续表

提供服务体系：从政府主导转变为民间参与	• 公民提供设计过程
	—— 建设由民间主导的开放型服务改革体系
	—— 扩大连接政府和民间服务的提供范围
	—— 通过连接信息使民间运营的网站也可以为政府提供服务
	—— 公民通过常用的民间 APP 申请相关行政业务或向政府提议
	—— 积极利用民间资源强化公共服务的提供
效能型政府	
以云技术为基础建设知识型政府	• 建设下一代知识经营体系
	—— 营造所有政府机关都能共享政府公文的环境（On-Nara BPS System 的升级）
	—— 通过网络无限共享信息
	—— 营造出跨部门共享和利用信息的环境
	• 利用云技术建设未来指向型政府
	—— 公务员不再使用个人电脑，转换成使用云计算
	—— 统合网站，建设整顿升级平台，共同利用 IT 资源
	—— 融合政府和民间服务
	—— 完善政府综合电子系统的管理体系
	• 符合云技术和移动设备发展信息安全体系的改革
	—— 对政府数据和服务实施安全等级制
	—— 为推动移动行政加强安全设施
通过协作和沟通提高政府决策能力	• 实现重视协作的融合行政
	—— 构建部门之间的协作图来掌握每个时期每个议题的协作工作
	—— 实行完善协作程序的试点工作
	—— 分部门或机关实行协作积分制
	• 以社交网为基础，建设全政府统一沟通的体系
	—— 通过政府内部的社交网建立一个可以随时沟通的渠道
	—— 连接政府内部的所有沟通方式，建立统一的沟通系统
	—— 积极利用电视会议推进不同机关之间的有效协助
	• 减少政府工作以提高工作效率
	—— 实行减少工作目标制，减少政府不必要的工作
	—— 通过科学分析，减少夜班和出差次数
	—— 实行移动行政和智能化工作模式
	—— 实行官民共治、培养高水平的公务员等来强化政府专业工作的能力
	—— 通过民间参与政策制定过程的多样化来制定集体智慧型政策
	—— 聘请更多的国内外民间专家，培养具有高水平专业能力的公务员

续表

利用大数据实现科学行政	• 以数据为基础设计国家发展战略，科学地进行决策 ——为了预测和应对未来，在每个领域都建设以数据为基础的未来战略中心 ——在制定政策过程中，大力开发运用大数据时所需要的技术，发展相关产业 ——运用大数据提高重要政策指标和预测资料的实用性 • 使政策制定法制化 ——制定政策时必须确保数据客观，并进行分析 ——根据依据制定政策，扩大相关的政策支持力度 ——政府业务评估方式转变为用具体数据分析的客观评估方式 • 通过 ICT 技术诊断国家安全，强化应对灾害的能力 ——运用 ICT 和大数据对韩国进行"安全大诊断" ——运用云计算建设全体政府的灾难安全统筹管理系统 ——对社会环境产生的危险因素进行模拟实验的研发分析 ——深化国家灾害预测研究，强化应对能力教育
公民可以信任的透明型政府	
全面重组信息公开制度	• 作为信息公开的前提条件，首先需要加强对工作记录的管理 ——政府的所有活动和政策资料原则上都要记录管理 ——为了确保任何人都可以阅览，转换成标准型的资料 ——各组织将工作记录保存到各自的云端以后再进行公开 ——各机关定期进行安全检查，并且记录检查人姓名 • 大幅度减少不能公开的信息类型 ——树立所有公共信息都要公开的原则、制度和文化 ——对社会影响较大，公民需求多的未公开信息进行公开 ——为了使公民验证政策的可行性，公开原始信息和数据 ——及时详细地公开政策运行状况 ——对制定政策时需要的原始数据和信息进行公开 ——对政府公开提供的信息与数据进行分析，掌握在民间的利用状况，并且提出改善方案 • 扩大智能型政府工作监督系统 ——对全体政府机关的数据实行定期监督，并且公开相关资料
民间利用公共数据促进改革	• 优先开放公民和企业所需要的高价值、高需求的数据 ——在全体政府范围内选定民间使用率高和影响较大的大规模数据，并且提前进行公开 ——为了处理公民申请的数据，制定相应的处理程序

附录2 《政府3.0的发展计划课题目录》

续表

民间利用公共数据促进改革	—— 提升公共数据的质量
	—— 完善公共数据的质量管理
	—— 制定数据质量认证制度，加强对各部门的技术支持
	• 营造出公共—民间共存的数据生态环境
	—— 为民间数据平台的发展提供环境
	—— 加强对有发展潜力企业的支持，促进数据相关领域的大企业和中小企业之间的协作和相互支持
	—— 调查公共数据的使用状况，研发出评估数据使用率的工具
	• 通过开放性平台公开公共数据
	—— 制定公共机关数据开放战略，增强数据使用能力

附录 3
《大数据分析系统试点课题（议案）》

（相关机关共同实行，2013 年 6 月 19 日）

表 1　　　　　　　　大数据分析系统试点课题

主要内容	负责机关
● 利用大数据分析发展趋势 ——利用民间和公共机关收集的数据分析出物价等统计结果 ——连接和共享多种不同的数据分析出新的统计结果，及时应对以前预测不到的问题	统计局
● 预测犯罪地点和时间来减少犯罪率 ——利用犯罪记录、各地区人口统计等正规数据和居民举报等非正规数据分析出各地区在各时间段的犯罪发生率 ——在犯罪率高的地点优先安排巡逻人员，降低犯罪率	警察厅
● 利用大数据加强公民和谐和政策支持 ——通过对在网络、书面、服务热线上积累的上访信息进行分析，发现和解决公民需求	国民权益委员会
● 利用大数据建设海洋安全防灾服务体系 ——通过分析船舶航海定位数据建设能够预测和传送危险信息的"智能型海上交通管理系统"	海洋警察厅
● 连接医疗信息建设统一系统（Big Data） ——分析药品副作用，查找医药事故的原因，预防危害	食品药品安全处
● 以大数据为基础建设环境信息服务体系 ——实时收集和分析与环境相关的大数据，以此为基础研发预测相关环境事故，事先预防大型的环境事故发生	环境部
● 通过建设空间大数据来提供定制型服务 ——将空间信息、行政信息、民间信息等各种不同的信息集中在统一的大数据系统内以便使用 ——利用空间大数据（融合数据库）开发基本的分析模型以创造不同的价值	国土交通部

附录3 《大数据分析系统试点课题（议案）》

续表

主要内容	负责机关
• 利用大数据加强对海洋水产的政策支出 ——统一管理海洋数据，在船舶航海、海洋资源管理等方面及时提供需求者所需要的信息以此来提高对公民政策的信任度 ——正确预测赤潮、缺氧水团的形成，减少和预防养殖业的受灾	海洋水产部
• 建设居民参与型降低交通事故体系 ——分析交通事故记录、汽车保险、医疗信息等与交通事故相关的信息和推特网，根据政府机关官网留言制订降低交通事故的方案 ——通过分析数据掌握事故类型和时间段，以此为基础采取安排交警、安装信号灯、减速带等安全措施 ——建立一个能够把驾驶者和一线工作人员的意见反映到交通安全相关资料里的分析模型来降低交通事故	警察厅
• 预测与应对自然灾害 ——实时分析降雨、土壤状况等数据和社交网上人们反映的内容，预测洪涝、泥石流等自然灾害 ——提高对自然灾害的预测能力，建设一个可以降低人员、财产等损失的灾害应对体系	防灾厅
• 屏蔽淫秽作品的流通，营造健康的网络文化 ——对健康媒体、市民联合会媒体以及相关的非公共组织和网红的举报等数据进行分析，来预防淫秽作品的流通	未来创造科学部
• 分析福利需求和供给能力，提供定制型服务 ——利用公民提出的意见来分析福利提供状况和需求，为处于福利死角地带的人群创造他们真正需要的福利制度	保健福祉部
• 分析和预测工作岗位的变化来支持劳动政策的制定 ——通过对经济产业发展、招聘信息等工作岗位相关的统计分析，为求职者提供有前途的行业、岗位、供给等信息 ——建立工作经历和需求供给管理相关分析模式来开发教育培训项目，支持资格证管理等劳动政策的制定	雇佣劳动部
• 分析赋税数据，预防偷税行为，确保国家的财政收入 ——结合纳税人和赋税对象、纳税记录等数据和消费等支出相关的数据进行分析 ——检举欺诈型纳税申报、不合理退税等行以扩充国家财政的纳税分析系统的建立	国税厅

续表

主要内容	负责机关
• 通过分析不同的经济数据来支持经济政策的制定 ——利用出口、劳动等统计数据和公民的生活满足度、幸福指数等指标预测中长期经济环境变化 ——开发可持续的经济发展因素，预测物价波动、生产力下降等不稳定因素，支持经济政策的制定	企划财政部
• 制定管理和应对网络问题系统 ——收集并分析网络使用量、设施运作信息、供电信息等数据以便事先发现问题，建立网络故障预防系统	未来创造科学部
• 支持个体户的创业，预防失败 ——把行业、地区、各消费年龄段喜欢的商业圈数据和贷款、租金等数据一起进行分析，提供商业圈相关的信息	中小企业厅
• 预测供求状况，管理农产品 ——利用农产品的生产状况、需求、国际交易量等数据来预测农产品的供求变化，调整国内的农作物供给量、进入市场时间和供给体系	农林食品部
• 建立气候灾害的预先应对体系 ——连接国内数据和全球资料交换枢纽来分析气象数据，预先应对干旱、粮食安全、能源等问题	气象厅
• 分析基因、医疗数据，增强公民的健康 ——建立系统的全国基因医疗数据连接管理体系 ——结合分析基因、诊疗记录、疾病信息等数据，预测疾病的发生	未来创造科学部
• 分析卫星图像来应对灾难 ——对卫星图像、大气和臭氧等数据进行处理和分析，建造科学技术大数据平台 ——利用国内和世界其他地区的卫星图像来预测气象变化、放射性污染的扩散、原油泄漏导致的环境污染等问题	未来创造科学部

附录 4
《信息公开安全以及个人信息保护对策》

（相关机关共同实行，2013 年 6 月 19 日）

一 加强对信息系统安全的建设

（一）通过政府统一电子中心，加强信息系统的信息保护

建立并运行多层次的防御体系来执行高水平的安全管制，持续加强安全措施。

（二）加强电子政务信息系统的软件开发安全

为了有效地应对网络攻击，从软件开发阶段开始消除安全隐患。
研发和运行时使用"安全代码"来消除安全隐患。

（三）按照电子政务服务的重要程度实行和重点管理安全等级制度

通过有效的检验和管理，提高信息安全水平。
政府服务根据其重要性分 5 个等级，其中属于上级（1—2 级）的信息系统必须定期实行安全测试、咨询等检查工作，而且优先支持安全设施建设。

（四）建设政府电子支持中心

在别的地方建设政府电子支持中心，维持电子政务的持续性。

（五）加强民、官、军共同应对的网络威胁体系

国家情报院、国防部、未来创造科学部等相关机关之间共享网络威胁信息，加强协作。

第一，有关政府3.0的系统要从研发阶段开始务必实行安全代码，优先在电子支持中心保存备份系统来保护信息。

第二，有关政府3.0的主要服务应适用上级安全等级，并且进行重点管理。

二 加强个人信息保护，建设安全的使用环境

（一）建设安全的信息使用环境

如果要开放和共享公共信息，并且提供定制型服务，就需要加强预防保护措施，而且还要营造出安全的使用环境。

⇒营造推动政府3.0的实施环境，建设保护个人信息的安全社会

表2　　　　　　　　建设安全的信息使用环境

现行对策	⇒	完善的对策
• 提前预测 　——支持教育、宣传和技术 　——监督预测	扩大公开共享信息	• 建设安全的信息使用环境 　——按照信息的公开和共享原则制定保护指南 　——支持非识别方法和法规上的解释 　——建设保护公开个人信息的支援中心
• 处理侵权行为 　——进行检验，行政处分，完善制度 　——检测公共机关的安全	侵犯个人信息的可能性增大	• 加强对个人信息的保护措施 　——扩大运营地方支援中心 　——加强违约行为的检测和处分 　——测试安全水平，扩大监督对象

(二) 为了实施政府 3.0，建立个人信息保护对策

第一，按照信息的开放、共享等处理原则建立个人信息保护指南，并且鼓励其执行。

（收集、分析）有义务接受同意，遵守公示项目→（提供、公开）过滤敏感信息，使用匿名等保护措施→（保存、管理）使用密码，管理进入权限等安全措施。

第二，普及和支援使用匿名等个人非识别技术。

(三) 为了信息的安全，在个人信息保护法的范围内公开和共享信息

在个人信息保护法的范围内制定信息公开共享的范围、内容和方法。

三　加强个人信息保护措施

(一) 预先应对个人信息的泄露和侵犯行为

第一，对持有大量敏感信息的机关定期地进行检查，对个人信息的泄露行为及时提出修改。

扩大对象机关：2013 年 12 万个（公共机关、非营利组织等）→2017 年 30 万个。

第二，定期检查公共机关的保障安全执行状况和个人信息的滥用、泄露问题，加强监管。

以全体政府联合检查团为中心，对大量持有敏感信息的机关和信息保护能力脆弱的领域集中进行检查。

(二) 完善公共机关的个人信息保护措施

第一，加强各机关的个人信息安全保护措施。

2014年，共有46个中央行政机关建立并执行了个人信息保护实施计划。

加强个人信息过滤系统，整顿信息接触权限的标准，加强内部监管。

第二，扩大个人信息保护评估的公共机关，并且反映到政府工作评估上。

2013年280个（中央、广域自治团体等）→2017年700个（补充了基础自治团体、公企业）。

第三，为了支持与个人信息保护有关的系统教育，扩大地方的支援中心。

2013年74个（居民中心、韩国工商总会、地方重点大学等）→2017年100个。

参考文献

[1] Abramson, J. S. & Rosenthal, B. B. (1995). "Interdisciplinary and Interpersonal Collaboration, In R. L. Edwards (Ed.)", *Encyclopedia of Social work* (19 ed.). Vol. 2, pp. 1479 – 1489. Washington, DC: NASW Press.

[2] Ackoff, R. (1974). "Systems, Messes, and Interactive Planning", *Portions of Chapters* 1 *and* 2 *of Redesigning the Future*. New York/London: Wiley.

[3] Adler, N. J. (1986). *International Dimensions of Organizational Behaviour*. Boston: Kent Publisher Company.

[4] Agranoff, R. (2007). *Managing Within Networks*. Washington, DC: Georgetown University Press.

[5] Agranoff, R. (2006). "Inside Collaborative Networks: Ten Lessons for Public Managers," *Public Administration Review*, 66. Special Issues. pp. 56 – 65.

[6] Albrecht, K. (2009). "Organizational Intelligence & Knowledge Management: Thinking Outside the Silos," Retrieved from http://www.Karlbrecht.com.

[7] AMA. (2002). "Internal Collaboration 2002 Survey," *American Management Association.*

[8] Archmann, S. & Castillo Iglesias, J. (2010). "eGovernment: A Driving Force Innovation and Efficiency in Public Administration," EIPASCOPE 2010/1, pp. 30 – 31, Retrieved from http://www.eipa.eu/.

[9] Armstrong, J. & Lenihan, G. (1999). "From Controlling to Collaborating: When Governments Want to be Partners," A Report to the Collabora-

tion Partnerships Project New Directions – Number 3 Toronto, Institute of Public Administration of Canada.

[10] Atkinson, R. D. (2003). "Network Government for the Digital Age." Washington, D. C.: Progressive Policy Institute. Retrieved from: http://www.ppionline.org/ppi_ci.cfm?knlgAreaID=140&subsecID=290&contentID=251551 (cited, 2013-04-20).

[11] Auguste, B. G., Harmon, E. P. & Pandit, V. (2006). "The Right Service Strategies for Product Companies", *The McKinsey Quarterly*, vol. 1, pp. 41–51.

[12] Bang Min–seok. (2013). "The Conceptual Exploration and Law Strategic Tasks on Government 3.0", *Journal of Korean Association for Regional Information Society*, vol. 16, No. 3, pp. 137–160.

[13] Barrnechea, M. J. & Jenkins, T. (2014). "e-Government or Out of Government," Open Text Corporation.

[14] Batie, S. S. (2000). "Wicked Problems and Applied Economics", *American Journal of Agricultural Economics*, Vol. 90, No. 5, pp. 1176–1191.

[15] Belenkovich, V. (2010). "Reference Model of Cloud Computing: Public Carrier's View," Retrieved from http://www.itu.int/dms_pub/itu-t/oth/15/08/T15080000050001PDFE.pdf (cited, 2016-10-09).

[16] Benington, J. (2011). "Transforming and Creating Public Value." Association of Police Authority Chief Executives & Treasurers Joint Seminar Warwick University Oct 2011.

[17] Beyer, M. A. & Laney, D. (2012). "The Importance of Big Data: A definition." Stamford: Gartner; 2012 (cited, 2014 Apr 15). Retrieved from http://www.gartner.com/doc/2057415/importance-big-data-definition.

[18] Beyerlein, M., Freedman, Sue., McGee, C. & Moran, L. (2003b). "The Ten Principles of Collaboration Organizations", *Journal of Organizational Excellence*, vol. 22, No. 2.

[19] Beyerlein, M. M., Freedman, S., McGee, C. & Moran, L. (2003a).

Beyond Teams: Building the Collaborative Organization. San Francisco: Jossey – Bass/Pfeiffer.

[20] Blickstead, R., Lester, E. & Shapcott, M. (2008). *Collaboration in the Third Sector: From Co – opetition to Impact Driven Cooperation*. Wellesley Institute.

[21] Bogdanor, V. ed. (2005). *Joined – up Government. British Academy Occasional paper* 5. Oxford University Press.

[22] Bos, A. & Eekeren, F. van. (2013). "AGGIS: Transparency." Retrieved from http://www.playthegame.org/news/news – articles/2013/aggis – transparency/ (cited, 2014 – 11 – 07).

[23] Bossaert, D. (2003). "Career Development as an Effective Tool to Enhance the Attractiveness of Public Employment." European Institute of Public Administration.

[24] Boston, J., Martin, J., Pallot, J. & Walsh, P. (1996). *Public Management: The New Zealand Model*. Auckland: Oxford University Press.

[25] Botsman, P. & Latham, M. (eds.). (2001). *The Enabling State: People Before Bureaucracy*. Pluto Press, Annandale, NSW.

[26] Bousrgault, J. & Lapierre, R. (2000). "Horizontalité et Gestion Publique. Rapport final au Centre candien de gestion, au Réseau du Leadership au Conseil des Hauts Fonctionnaires Fédéraux du Québec à et Iécole nationale D'administration Publique." Retrieved from http://www.csps – efpc.gc.ca/pbp/pub/pdfs/P96_f.pdf (cited, 2013 – 04 – 20).

[27] Briody, E. K. & Erickson, K. C. (2014). "Success Bespite the Silos: System – Wide Innovation and Collaboration", *Business Anthropology*, vol. 30, pp. 30 – 54.

[28] Bryan, T. K. (2011). "Exploring the Dimensions of Organizational Capacity for Local Service Delivery Organizations Using a Multi – Method Approach." Retrieved from http://scholar.lib.vt.edu/theses/available/etd – 12182011 – 102130/unstrickted/Bryan_TK_D_2011.pdf (cited, 2014 – 07 – 07).

[29] Bryson, J. M., Crosby, B. C. & Stone, M. M. (2006). "The De-

sign and Implementation of Cross – Sector Collaborations: Propositions from the Literature". *Public Administration Review*, Vol. 66, No. 1, pp. 44 – 55.

[30] Bulloch, G., Lacy, P. & Jurgens, C. (2011). "Convergence Economy: Rethinking International Development in a Converging World." Accenture.

[31] Callahan, S., Schenk, M. & White, N. (2008). "Building a Collaborative Workplace." Retrieved from http://www.anecdote.com.au/papers/AnecdoteCollaborativeWorkplace_vis.pdf.

[32] Cecere, M., Orlov, L., Cullen, A. & Worthington, B. (2008). "Does Your IT Culture Need An Overhual?" Retrieved from http://www.forrester.com/Does+Your+IT+Culture+Need+An+Overhual/fulltext/-/E-RES4623A (cited, 2014-12-19).

[33] Cheng, A. S. & Sturtevant, V. E. (2011). "A Framework for Assessing Collaborative Capacity in Community – Based Public Forest Management." Environmental Management, DOI 10.1007/s00267-011-9801-6.

[34] Chrislip, D. & Larson, C. (1994). *Collaborative leadership*. San Francisco: Jossey – Bass.

[35] Christensen, T. & Lægreid, P. (2009). "Democracy and Administrative Policy: Contrasting Elements of NPM and post – NPM." Paper Prepared for the EGPA Annual Conference 'The Public Service: Public Service Delivery in the Information Age', Study Group VI: Governance of Public Sector Organization, Malta, pp. 2 – 5, 9, 2009.

[36] Christensen, T. & Lægreid, P. (2007). "The Whole – of – government Approach to Public Sector Reform". *Public Administration Review*, Vol. 67, No. 6, pp. 1059 – 1066.

[37] Chun, S. A., Shulman, S., Sandoval, R. & Hovy, E. (2010). "Government 2.0: Making Connections Between Citizens, Data and Government". *Information Polity*, Vol. 15, No. 1, pp. 1 – 9.

[38] Clark, J. T. (2008). "Developing Collaborative Leadership: A Study of Organizational Change Toward Greater Collaboration and Shared Leadership."

Retrieved from http：///etd. ohiolink. edu/document/get/antioch1229720 750/inline（cited, 2014–10–07）.

[39] Cloke, K. & Goldsmith, J.（2002）. *The End of Management and the Rise of Organizational Democracy.* San Francisco：Jossey–Bass.

[40] Cooper, T., Bryer, T. & Meek, J.（2006）. "Citizen–Centered Collaborative Public Management". *Public Administration Review*, Vol. 77. Special Issue. pp. 76–88.

[41] Cortada, J. W., Dijkstra, S., Mooney, G. M. & Ramsey, T.（2008）. "Government 2020 and the Perpetual Collaboration Mandate：Six Worldwide Drivers Demand Customized Strategies." IBM Global Business Services. IBM Global Business Service.

[42] Creyton, M.（2004）. "Working with：Collaborative Approaches for Engaging and Leading Volunteers（Capacity Volunteer Programs）." Retrieved from http：//www. volqld. org. au/resources/vq–pagers. shtml（cited, 2014–09–15）.

[43] Cross, R., Cowen, A., Vertucci, L. & Thomas, R.（2009）. "How Effective Leaders Drive Results Through Network". *Organizational Dynamics*, Vol. 38, No. 2, pp. 93–105.

[44] Cross, R., Parker, A. & Borgatti, S. P.（2002）. "Making Invisible Work Visible：Using Social Network Analysis to Support Strategic Collaboration". *California Management Review*, Vol. 44, No. 2, pp. 25–68.

[45] CSTransform.（2010）. "Citizen Service Transformation：A Manifesto for Change in the Delivery of Public Services." CS Transform White Papers.

[46] CTPR.（2010）. "Open Government：Some Next Steps for the UK." Centre for Technology Policy Research.

[47] Culyer, A. J., Maynard A, & Posnett, J.（eds）.（1990）. *Competition in Health Care：Reforming the NHS.* London Macmillan.

[48] Curry, D.（2014）. "Trends for the Future of Public Sector Reform：A Critical Review of Future–looking Research in Public Administration."

[49] Curtin, D. & Meijer, A. J.（2006）. "Does Transparency Strengthen Legitimacy?" *Information polity*, Vol. 11, No. 2, pp. 109–123.

[50] Davies, T. (2010). "Open Data, Democracy and Public Sector Reform: A Look at Open Government Data use form Data. gov. uk." Retrieved from http://www.practicalparticipation.co.uk/odi/report/ (cited, 2016 – 09 – 16).

[51] Day, P. & Klein, R. (1987). *Accountability. Five Public Services*. London: Tavistock Publishers.

[52] Dean, K. S. (2010). "Strategies and Benefits of Fostering Intra – Organizational Collaboration," *College of Professional Studies Professional Projects*. Paper 15.

[53] Deloitte. (2014). "Industry4.0: Challenges and solutions for the digital Transformation and Use of Exponential Technologies." Deloitte.

[54] Denhardt, J. V. & Denhardt, R. B. (2007). *The New Public Service: Serving, Not Steering*. M. E. Sharpe, Inc.

[55] Di Maio, A. (2012). "Government 2.0: A Gartner Definition. Accessed November 22, 2012." Retrieved from http://blogs.gartner.com/andreadimaio/2009/11/13/government – 2 – 0 – a – gartner – definition.

[56] Dixon, R. E. (2010). "Towards E – Government 2.0: An Assessment of Where E – Government 2.0 Is and Where It Is Headed". *Public Administration & Management*, Vol.15, No.2, pp.418 –454.

[57] Drechsler, W. & Ranma – Liiv, T. (2014). "The New Public Management Then and Now: Lessons from the Transaction in Central and Eastern Europe," *Working Papers in Technology Governance and Economic Dynamics*, No. 57.

[58] Drechsler, W. (2009). "The Rise and Demise of the New Public Management: Lessons and Opportunities for South East *Europe*," *Uprava, Ietnik* VII, 3/2009.

[59] Dunleavy, P. (2010). "The Future of Joined – up Public Services." *The* 2020 *Public Services Trust*.

[60] Dunleavy, P., Margetts, H., Bastow, S. & Tinkler, J. (2006). "New Public Management is Dead: Long Live Digital Era Governance", *Journal of Public Administration Research and Theory*, Vol. 16, No. 3,

pp. 467-494.

[61] Dunleavy, P., Margetts, H., Bastow, S. & Tinkler, J. (2005). "New Public Management is Dead: Long Live Digital Era Governance." *EDS Innovation Research Programme Discussion Paper Series.*

[62] Dwivedi, Y. K., Williams, M. D., Mitra, A., Niranjan, S. & Weerakkody, V. (2011). Understanding Advances in Web Technologies: from Web 2.0 to Web 3.0, *Proceedings from ECIS* 2011: *European Conference on Information Systems*, Helsinki, Finland.

[63] Egeberg, M. (1997). "Verdier i Statssyre og Noen Organisatoriske Implikasjoner (Values in Government and Some Organizational Implications). In T. Christensen and M. Egeberg (eds.)," *Forvaltnings - kunnskap* (Public Administration). Oslo: Tano Aschehoug.

[64] Erickson, T. J. (2014). "Building a Collaborative Organization." Retrieved from http://c.ymcdn.com/sites/www.mooncollaborative.com/resource/resmgr/Public_Newsletter/MOON_Newsletter_Apr_2014.pdf (2014.9.7).

[65] Flynn, F. J. (2006). "How Much is it Worth to you? Subjective Evaluations of Help in Organizations". *Research in Organizational Behavior*, Vol. 27, pp. 133-174.

[66] Friedman, T. L. (2005). "The World is Flat: A Brief History of the Twenty-first Century." New York: Farrar, Straus and Giroux.

[67] Fung, A., Graham, M. & Weil, D. (2007). *Full Disclosure: The Perils and Promise of Transparency.* New York, NY: Cambridge University Press.

[68] Fung, A., Weil, D., Graham, M. & Fagotto, E. (2004). "The Political Economy of Transparency: What Makes Disclosure Policies Effective? Ash Institute for Democratic Governance and Innovation at the John F. Kennedy School of Government." Retrieved from http://www.innovations.harvard.edu/cache/documents/67/6784.pdf (cited, 2016-09-16).

[69] Gagnon, F. & Kouri, D. (2008). "Integrated Governance and Healthy Public Policy: Two Canadian Examples," *National Collaborating*

Centre for Healthy Public Policy.

[70] Gant, J. & Turner – Lee, N. (2011). "Government Transparency: Six Strategies for More Open and Participatory Government," *The ASPEN Institute.*

[71] Gavelin, K., Burall, S. & Wilson, R. (2009). "Open Government: Beyond Static Measures. A paper produced by Involve for the OECD." Retrieved (15 Mars, 2014) from http://www.oecd.org/gov/46560184.pdf.

[72] Gebauer, H. & Kowalkowski, C. (2012). "Customer – focused and Service – focused Orientation in Organizational Structures", *Journal of Business & Industrial Marketing*, Vol. 27, No. 7, pp. 527 – 537.

[73] Gloria, M. J. K. & Hendler, J. A. (2014). "If the Evidence fits: Big data, Experimentation and Public" [olicy. Retrieved from http://www.icpublicpolicy.org/conference/file/reponse/1433876251.pdf (cited, 2016 – 09 – 16).

[74] Government Computer News. (2010). Strategic Report: Web 3.0 Tools. Retrieved (2011 – 09 – 01) from http://gcn.com/Web3Tools (cited, 2014 – 01 – 19).

[75] Gratton, L. & Erickson, T. J. (2007). "Eight Ways to Build Collaborative Teams", *Harvard Business Review*, Vol. 85, No. 11, pp. 101 – 109.

[76] Greve, C. (2010). Whatever Happened to New Public Management? To be presented at the Danish Political Science Association meeting 4 – 5 November 2010.

[77] Grimmelikhuijsen, S. G. (2012). "Transparency and Trust." An Experimental Study of Online Disclosure and Trust in Government. PhD thesis, Utrecht University.

[78] Gruen, N. (2009). "Engage: Getting on with Government 2.0," *Report of the Government 2.0 Taskforce.*

[79] Gulati, R. (2007). "Silo Busting: How to Execute on the Promise of Customer Focus," *Harvard Business Review*, Reprint R0705F.

[80] Hansen, M. T. (2009). *Collaboration: How Leaders Avoid the Traps,*

Create Unite, and Reap Big Results. Boston: Harvard Business Press.

[81] Harrison, M. I. & Shirom, A. (1999). "Organizational Diagnosis and Assessment: Bridging Theory and Practice," *Calif*: Sage Publications.

[82] Hassan, I. A. & Ojo, A. (2014). *Enabling Gov 3.0 Through Semantic Web, Natural Language Processing and Text Analysis.* E – Gov Workshop' 14. Brunel University, London.

[83] Heck, D. V. (2014). "Are You Government 3.0 ready?" Retrieved from http://scn.sap.com/community/public – sector/blog/2014/02/28/are – you – government – 30 – ready.

[84] Herbold, R. J. (2004). *The Fiefdom Syndrome: The Turf Battles that Undermine Caress and Companies and How to Overcome them.* New York: Doubleday.

[85] Hocevar, S. P., Jansen, E. & Thomas, G. F. (2012). "Inter – Organizational Collaborative Capacity (ICC) Assessment." Retrieved from http://calhoun – nps.edu/bitstream/handle/10945/38477/inc_Thomas_ICC – Assessment_pdf? sequence = 1 (cited, 2014 – 07 – 07).

[86] Holtz, S. (2010). "Open Government in the German Federal Administration." Retrieved from http://www.epractice.eu/files/presentation_OG_2010_init_Final.pdf (cited, 2014 – 11 – 19).

[87] Hood, C. (2007). "What Happens When Transparency Meets Blame – avoidance?" *Public Management Review*, Vol. 9, No. 2, pp. 191 – 210.

[88] Hood, C. (2006). "Beyond Exchanging First Principles? Some Closing Comments. in Hood, C. & Heald, D. (eds.)," *Transparency: The Key to Better Governance?* Oxford: Oxford University Press.

[89] Hood, C. (2005). "The Idea of Joined – Up Government. A Historical Perspective. In V. Bogdanor, ed," *Joined – Up Government.* British Academy. Oxford: Oxford University Press.

[90] Horn, R. E. & Webber, R. P. (2007). "New Tools For Resolving Wicked Problems: Mess Mapping and Resolution Mapping Processes." Retrieved from http://www.strategykinetics.com/New_Tools_For_Resolving_Wicked_Problems.pdf (cited, 2014 – 08 – 05).

[91] Howard, R. (2014). "Digital Government: Reshaping the Design of Service Delivery." Gartner, Inc. Retrieved from http://training.gsn.gov.tw/uploads/news/5.Gartner+Exp+Briefing_Digital+Government_JUN+2014.pdf (cited, 2014-10-09).

[92] Hudson, L. J. (2009). "The Enabling State: Collaborating for Success." Retrieved from www.fco.gov.uk/publication (cited, 2015-10-15).

[93] Huxham, C., Vangen, S., Huxham, C. & Eden, C. (2000). "The Challenge of Collaborative Governance," *Public Management Review*, Vol. 2, No. 3, pp. 337-358.

[94] IBM Institute for Business. (2012). Collective Intelligence. IBM Global Business Services Executive Report. IBM Institute for Business.

[95] Institute of Public Administration Australia. (2002). Working Together-Integrated Governance. Retrieved from http://unpan1.un.org/intradoc/groups/public/documents/apacity/unpan007118.pdf (cited, 2013-04-20).

[96] Jo Yong-ho. (2012). "The Government' role as a platform." Data on the 14th smart government open forum. NIA. (2012.6.20).

[97] Kaletsky, A. (2010). *Capitalism 4.0: The Birth of a New Economy*. Bloomsbury Paperbacks.

[98] Kang Seong-joo. (2013). "Activity for Implementing Transparent Government, Competent Government and Service-oriented Government in OECD." Retrieved from http://www.mofat.go.kr/webmodule/htsboard/template/read/hbdlegation (cited, 2013.4.5).

[99] Kelly, G. & Muers, S. (2002). "Creating Public Value: An Analytical Framework for Public Service Reform." London: Cabinet Office Strategy Unit.

[100] Kernaghan, K. (2000). "The Post-bureaucratic Organization and Public Service Values," *International Review of Administrative Science*, 66 (1) pp. 91-104.

[101] Kerr, S. (2007). "On the Folly of Rewarding A, While Hoping for B. In J. Osland, M. Turner, D. Kolb, & I. Rubin (eds.)," *The or-

ganizational behavior reader. (8th ed.) pp. 607 – 620.

[102] Kim Jung – sun. (2004). "Understanding Social Science." Ewha Womans University Social Science Institute.

[103] Kim Yun – kwon（金允權）. (2016a). "A Theoretical Study of Government 3.0," *Korean Journal of Public Administration*, 54 (3).

[104] Kim Yun – kwon. (2016b). *A Study on the Reallocating Civil Servant's Position in Government 3.0 era.* Korea Institute of Public Administration.

[105] Kim Yun – kwon. (2015). "A Study on the Driving Forces and Constraints of Government 3.0," *Paper Presented at the Joint Planning Session of KIPA – KAPA.*

[106] Kim Yun – kwon. (2014). "A Study on the Collaborative Administration of Government Organization Management," *Korea Institute of Public Administration.*

[107] Kim Yun – kwon. (2013c). "The Logic of Government Reorganization and Functional Reorganiation Strategy". *Korean Journal of Public Administration*, Vol. 47, No. 3, pp. 49 – 74.

[108] Kim Yun – kwon. (2013b). *A Study on the Government Size and Fixed Number of Civil Servants.* Korea Institute of Public Administration.

[109] Kim Yun – kwon. (2013a). "The Driving Forces and Constraints on Collaborative Public Administration." Presented at the Korean Association of Public Administration.

[110] Kim Yun – kwon. (2012). *The Autonomy and Accountability of Government Organization Management: Focused on the Special Local Administration Institutions, Executive Agency, and Corporate Institutions.* Korea Institute of Public Administration.

[111] Kim Yun – kwon. (2007). "The Strategies and Management of Government Organization Diagnosis". *Korean Public Management Review*, Vol. 21, No. 4.

[112] Kirkman, B. & Hartog, D. N. D. (2007). "Performance Evaluation and Appraisal in Global Teams." In J. Osland, M. Turner, D. Kolb & I. Rubin (eds.). *The organizational behavior reader.* (8th ed.) pp. 620 – 632. Upper Saddle River, N. J.: Pearson Education, Inc.

[113] Klessmann, J., Denker, P., Schieferdecker, I. & Schulz, S. E. (2012). "Open Government Data Germany." Federal Ministry of the Interior.

[114] Koblentz, G. D. (2014). "Dual-use research as a wicked problem." Retrieved from www.frontiersin.org (cited, 2014-07-07).

[115] Koch, G. & Rapp, M. (2012). "Open Government Platforms in Municipality Areas: Identifying Elemental Design Principles." In Public Management im Paradigmenwechsel, Trauner Verlag.

[116] Kożuch, B. (2009). "The Culture of Collaboration. Theoretical Aspect". *Journal of Intercultural Management*, Vol.1, No.2, pp. 17-29.

[117] Kwon Gi-heon & Han Seung-joon. (2015). "The Reality and Task of Government 3.0 for fulfilling Public Values." Presented at the Government 3.0 Conference (cited. 2015-05-01).

[118] Lackey, S. B., Freshwater, D. & Rupasingha, A. (2002). "Factors Influencing Local Government Cooperation in Rural Areas: Evidence from the Tennessee Valley", *Economic Development Quarterly*, Vol.16, No.2, pp. 138-154.

[119] Lapsley, I. (2008). "The NPM Agenda: Back to the Future", *Financial Accountability and Management*, Vol.24, No.1, pp. 1-21.

[120] Lathrop, D. & Ruma, L. R. T. (2010). *Open Government: Collaboration, Transparency, and Participation in Practice*. O'Reilly Media Inc.

[121] Lebeau, A., Vermette, G. & Viens, C. (1997). "Bilan de I'action Intersectorielle et de Ses Pratiques en Promotion de la Santé et en Prévention des Toxicomanies au Québec. Gouvernement du Queèbec : Ministère de la Santé et des Services sociaux." Retrieved from http://publications.msss.gouv.qc.ca/acrobat/f/documentation/1997/97-767-01.pdf (cited, 2013-04-20).

[122] Lee Byeong-ha et al. (2012). "The Ways of Fulfilling Work Smart in Korean Enterprises." SamSung Economic Research Institute.

[123] Lee Kyeong-ho. (2013). "Government as a Platform." Online Pub-

lic Administration E – dictionary.

[124] Lee Seung – jong & Oh Young – kyun. (2013). *People Happiness and Government* 3.0: *Understanding and Applying*. Hakjisa.

[125] Lekhi, R. (2007). "Public Service Innovation." A Research Report for The Work Foundation's Knowledge Economy Programme.

[126] Ling, T. (2002). "Delivering Joined – up Government Services in the UK: Dimensions, Issues and Problems", *Public Administration*, Vol. 80, No. 4, pp. 615 – 642.

[127] Lyu Joong – gil & Son Seung – Hee. (2013). "A Study on the Smart Work Promotion Policy under Korean Environment", *Journal of Kyeongsang*, Vol. 31, No. 2.

[128] Lönn, C. M. (2014). "An m – Government Solution for Complaint and Problem Management: Designing a Solution for Government 2.0." *DSV Report Series* No. 14 – 009.

[129] Markoff, J. (2006). "Entrepreneurs See a Web Guided by Common Sense." Retrieved (cited, 2011 – 09 – 15) from http://www.nytimes.com/2006/11/12/business/12web.html? pagewanted = all.

[130] McCaffrey, D. P., Faerman, S. R. & Hart, D. W. (1995). "The Appeal and Difficulties of Participative Systems". *Organization Science*, Vol. 6, No. 6, p. 603.

[131] McKinsey Global Institute. (2013). "Open Data: Unlocking Innovation and Performance with Liquid Information." Mckinsey & Company.

[132] Meijer, A. J., Koops, B., J. Pieterson, W., Overman, S. & Tije, S. (2012). "Government 2.0: Key Challenges to Its Realization", *Electronic Journal of e – Government*, Vol. 10, No. 1, pp. 59 – 69.

[133] Microsoft. (2011). "Connected Government Framework." Microsoft.

[134] Miri, J. & Testa, M. (2011). "A Guide to Mobility in Government." Retrieved from http://www.floridaoig.com/library/enterprise/it_mobile_tech/guide_to_mobility.pdf (cited, 2014 – 02 – 25).

[135] Mitchell, D. & Thurmaier, K. (2011). "Toward a Theory of Budgeting for Collaboration." *Presented at the Public Management Research*

Conference Maxwell School of Syracuse University. June 2 – 4.

[136] MOJ. (2008). "Core Competence Framework Guidance booklet." Retrieved from http://www/indabook.org/d/Competency-and-Qualities-Framework-Justice-gov-uk.pdf (cited, 2014-08-09).

[137] Mossholer, K. W., Richardson, H. A. & Setton, R. (2011). "Human Resource Systems And Helping In Organizations: A Relational Perspective". *Academy of Management Review*, Vol. 36, No. 4, pp.

[138] Moynihan, D. (2008). "Public Management in North America: 1998–2008," *Public Management Review*, Vol. 10, No. 4, pp. 481–492.

[139] Mulgan, R. (2005). "Joined-Up Government: Past, Present and Future. In V. Bogdanor, ed." *Joined-Up Government*. British Academy Occasional papers 5. Oxford: Oxford University Press.

[140] Myong Seung-hwan & Seo Heyong-jun. (2013). "The Reinterpretation and Prospect of Digital Divide in Government 3.0 era," *Presented at The Korean Association for Public Administration.* (2013-10-18).

[141] Myong Seung-hwan & Heo Cheol-joon. (2012). "Changing the concept and paradigm of e-Government based on Government 3.0 as smart society transformation." Presented at The Korean Association for Policy Studies.

[142] Nagel, J. H. (1997). "Editor's Introduction", *Journal of Policy Analysis and Management*, Vol. 18, No. 3, pp. 357–381.

[143] Nalavade, B. (2014). "What is cloud computing: pros and cons." Retrieved from https://sysinfotools.com/blog/cloud-computing-pros-and-cons/ (cited, 2016-10-09).

[144] Nam, T. (2012). "Suggesting Frameworks of Citizen-sourcing via Government 2.0". *Government Information Quarterly*, Vol. 29, No. 1, pp. 12–20.

[145] NESSI. (2012). "Big Data: A New World of Opportunities." NESSI White Paper.

[146] Noveck, B. S. (2013). "The Single Point of Failure, in Open Government Ch. 4." Creative Commons, California.

[147] Ntshavheni, K. (2012). "ICT the Next Wave: Towards Government 3.0: Realizing Government Priorities." SITA.

[148] Obama, B. (2009). "Memorandum for the Heads of Executive Departments and Agencies: Transparency and Open Government." Retrieved 12 January, 2012, from: http://www.whitehouse.gov/open/documents/open-government-directive (cited, 2015-10-16).

[149] OECD. (2008). "Recommendation of the Council for Enhanced Access and More Effective Use of Public Sector Information." Organization for Economic Co-operation and Development. (cited, 2015-10-15).

[150] OECD. (2005). Modernising government: Open Government. Retrieved 12 January, 2012, from http://www.oecd.org/gov/pem/34455306.pdf (cited, 2015-10-15).

[151] Oh Si-young & Kim Yun-kwon. (2013). "A Study on the Reality of Public Official Secondment and an Improvement Plan of the Secondment System", *Korean Policy Studies*, Vol. 13, No. 3.

[152] Oh Young-kyun. (2013). "The Theory and Task of Local Government 3.0", *The Studies of Local Administration*, Vol. 27, No. 2.

[153] Open Government Partnership. (2011). "Open Government Declaration." Retrieved from http://www.opengovpartnership.org/sites/www.opengovpartnership.org/files/page_files/OGP_Declaration.pdf (cited, 2015-10-15).

[154] ORACLE. (2012). "Transparency in the Public Sector: Its Importance and How Oracle Supports Government Efforts." An Oracle Withe Paper May 2012.

[155] Osborne, D. & Plastrik, P. (1997). *Banishing Bureaucracy: Five Strategies for Reinventing Government*. Reading, MA: Addison Wesley.

[156] Osimo, D. (2008). "Web 2.0 in Government: Why and How?" *JRC Scientific and Technical Reports*.

[157] Park Dong-seo. (2001). *Theory of Personnel Administration*. Bobmunsa.

[158] Perrault, E. L. J. (2008). "Community-University Interorganizational Collaboration: A Case Study of the Important Factors for

Success." A thesis Submitted to the Faculty of Graduate Studies in Partial Fulfillment of the Requirements for the Degree of Doctor of Philosophy.

[159] Perri 6. (2005). "Joined – Up Government in the West Beyond Britain: A Provisional Assessment. In V. Bogdanor, ed," *Joined – Up Government*. British Academy Occasional papers 5. Oxford: Oxford University Press.

[160] Petrilli, P. & Wright, M. (2011) Using Collaboration Technology: A Primer How It Works and Why You Need It. Bell.

[161] Phillips, J. & Tremaine, S. (2012). "Government 2.0." in McNutt, K. (2012). *Social Media & Government* 2.0. Johnson – Shoyama Graduate School of Public Policy.

[162] Poister, T. H. (2010). "The Future of Strategic Planning in the Public Sector: Linking Strategic Management and Performance," *Public Administration Review*, Special Issues: S246 – 254.

[163] Preston, M. (2016). "Divergent vs. Convergent Thinking. Retrieved from http://www.risebeyond," org/divergent – vs – convergent – thinking/ (cited, 2017 – 01 – 24).

[164] Ramalingam, B., Laric, M. & Primrose, J. (2014). "From Best Practice to Best Fit: Understanding and Navigating Wicked Problems in International Development." ODI Working Paper.

[165] Ready, D. (2004). "How to Grow Great Leaders". *Harvard Business Review*, Vol. 82, No. 12, pp. 92 – 100.

[166] Reitsma, R. O. (2011). *Innovating Mass – customized Service*. Eburon Delft.

[167] Roberts, A. (2006). "Governmental Adaptation of Transparency Rules. in Hood, C. & Heald, D. (eds.)," *Transparency: The Key to Better Governance?* Oxford: Oxford University Press.

[168] Roberts, N. C. (2000). "Wicked Problems and Network Approaches to Resolution". *The International Public Management Review*, Vol. 1, No. 1.

[169] Roghe, F., Toma, A., Messenbock, R., Kempf, S. & Marchingo,

M. (2013). "Breaking Free of the Silo: Creating Lasting Competitive Advantage Through Shared Services." The Boston Consulting Group.

[170] Rubel, T. (2014). "Smart Government: Creating More Effective Information and Services." Retrieved from http://www.govdelivery.com/pdfs/IDC_govt_insights_Thom_Rubel.pdf (cited, 2014-10-10).

[171] Rubin, I. (2006). "Budgeting for Contracting in Local Government". *Public Budgeting and Finance*, Vol. 26, No. 1, pp. 1–13.

[172] Ryan, B. (2011b). A Mood for Change? Ideas for Public Management Renewal in New Zealand. PSA.

[173] Ryan, B. (2011a). The Signs are Already There? Public Management futures in Aotearoa/New Zealand. Institute of Policy Studies Working Paper 1101.

[174] Sajko, M., Rabuzin, K. & Baca, M. (2006). "How to Calculate Information Value for Effective Security Risk Management". *Journal of Information and Organizational Science*, Vol. 30, No. 2.

[175] San Diego Consulting Group. (2014). "17 Strategies For Improving Collaboration." Retrieved from http://www.freibergs.com/resources/articles/accountability/17-strategies-for-improving-collaboration (cited, 2014-07-17).

[176] Schellong, A. (2008). "Improving Access to Government Information and Services. In Rizvi, Gowher & de Jong, Jorrit (ed.)," *The State of Access: Success and Failure of Democracies to Create Equal Opportunities*. Brookings Institution Press.

[177] Schlick, J., Stephan, P. & Zühlke, D. (2012). Produktion 2020. Auf dem Weg zur 4. Industriellen Revolution. IM-Fachzeltschrift für Information Management und Consulting. August 2012.

[178] Schmidt, V. A. (2005). "US and European Market Economies and Welfare System: The Differences in State Strategies, Political Institutional Capacity, and Discourse." Critique Internationale n°, 27, avril 2005.

[179] Segkhoonthod, S. (2013). "Adopting Cloud Computing as an e-

Government Platform. " *Asean CSA Summit*, 2013. Thailand Chapter.

[180] Shin Shin – ae. (2014). "The Utilities and Tasks of Big Data in Public Institutions", *Journal of the Korean Medical Association*, Vol. 57, No. 5, pp. 398 – 404.

[181] Singh, S. (2015). *E – Government State – of – the – Art Survey*: Stuttgart, Germany. Springer.

[182] Sowa, J. E. (2009). "The Collaboration Decision in Nonprofit Organizations Views From the Front Line". *Nonprofit and Voluntary Sector Quarterly*, Vol. 38, No. 6, pp. 1003 – 1025.

[183] Spivack, N. (2006). "Web3.0: The Third Generation Web is Coming. Retrieved (2012 – 03 – 01)." from http://lifeboat.com/ex/web 3.0.

[184] Stewart, J. D. & Ranson, S. (1994). "Management in the Public Domain", *Public Sector Management*: *Theory, Critique and Practice*. (Eds) David McKevitt and Alan Lawton. Thousand Oaks, California: Sage Publications.

[185] Stone, F. (2004). "Deconstructing Silos and Supporting Collaboration", *Employment Relations Today*, Vol. 31, No. 1, pp. 11 – 18.

[186] The Seoul Shinmun (2013 – 04 – 05).

[187] Theoharis, A. G. (ed.). (1998). "A Culture of Secrecy: the Government Versus the People's Right to Know." Kansas.

[188] Thudugala, K. (2011). "Lanka Gate – Enabling Next Generation Governmen: Opening Endless Opportunities." ICTA. Retrieved from http://www.icta.lk/attachments/556_LG – Forum.pdf (cited, 2015 – 05 – 05).

[189] Thurmaier, K. & Chen, Y. C. (2009). "Managing for Less: The Fiscal Attributes of Collaboration." Paper presented at National Public Management Research conference, October 1 – 3, Columbus, OH.

[190] Thurmaier, K. & Wood, C. (2002). "Interlocal Agreements as Overlapping Social Networks: Picket – Fence Regionalism in Metropolitan Kansas City", *Public Administration Review*, Vol. 62, No. 5, pp. 585 – 598.

[191] Tian, Q. (2013). "The Transformation of China's Public Service System: Towards Citizen – Oriented Public Service System." Legal and Political Studies Graduate School of Law Tohoku University.

[192] Tope, R. & Thomas, E. (2007). "Health and Social Care Policy and the Interprofessional Agenda." Retrieved from http://caipe.org.uk/silo/files/cipw – policy.pdf (cited, 2016 – 09 – 17).

[193] Twombly, E. C. (2003). "What Factors Affect the Entry and Exit of Nonprofit Human Service Organizations in Metropolitan Areas", *Nonprofit and Voluntary Sector Quarterly*,, Vol. 32, pp. 211 – 235.

[194] Veljkovic, N., Bogdanovic – Dinic, S. & Stoimenov L. (2012). "Building E – Government 2.0: A Step Forward in Bringing Government Closer to Citizens", *Journal of e – Government Studies and Best Practices*.

[195] Vries, J. de. (2010). "Is New Public Management Really Dead?" *OECD Journal on Budgeting*, volume 2010/1.

[196] Waddock, S. (2013). "The Wicked Problems of Global Sustainability Need Wicked (Good) Leaders and Wicked (Good) Collaborative Solutions". *Journal of Management for Global Sustainability*, Vol. 1, pp. 91 – 111.

[197] Wierenga, A., Wyn, J., Glover, S. & Meade, M. (2003). "Application of Enabling State Principles: In the Delivery of Youth Service." Australian Youth Research Centre and Centre for Adolescent Health.

[198] Wikipedia. Open Government. (cited, 2014 – 04 – 05).

[199] Wong, B. (2010). Collaboration Begins with Role Clarity: Relational Answers to Operational Problems. 2010 The Besides Trust.

[200] Woo Yoon – seok. (2013). "A Study on Theoretic Background and Foreign cases of Government 3.0", *The Journal of Social Science*, Vol. 16, pp. 21 – 47.

[201] Worthy, B. (2010). "More Open But not More Trusted? The Effect of Freedom of the Information act 2000 on the United Kingdom central government", *Governance*, Vol. 23, No. 4, pp. 561 – 582.

[202] Xiao, J. Z., Yang, H. & Chow, C. W. (2004). "The Beterminants and Characteristics of Voluntary Internet – based Disclosures by Listed Chinese Companies", *Journal of Accounting and Public Policy*, Vol. 23, No. 3.

[203] Yehuda, G. (2009). *What it Takes to Foster a Culture of collaboration.* Forrester.

[204] Yiu, C. (2012). "The Big Data Opportunity: Making Government Faster, Smarter and More Personal." Policy Exchange.

[205] Yoo Min – bong & Im To – bin. (2012). *Human Resources Management: In the View of Government Competition.* PakYoungSa.

[206] Yuan, Gang, Yan Shu – tao & Liu Qiang. (2009). "A Study on the Rising of Service – oriented Government", *Journal of US – China Public Administration*, Vol. 6, No. 7.

[207] Zausmer, R. (2011). "Towards Open and Transparent Government: International Experiences and Best Practice." Global Partners and Associates, December 2011.

[208] Zizys, T. (2007). "Collaboration Practices in Government and in Business: A Literature review." In Robert J. & P. O'Conner (Ed.). (2007). The Inter – agency Services Collaboration Project. Toronto, ON, Canada: Wellesley Institute. Retrieved April 24, 2008 from http://wellesleyinstitute.com/interagency – service – collaboration – non – profit – sector.

〈**Korea Government Data**〉

[1] Government 3.0 Promotion Committee. (2014c). Trustful Government, People Happy Nation: Government 3.0 Development Plan (abstract). Government 3.0 Promotion Committee.

[2] Government 3.0 Promotion Committee. (2014b). Trustful Government, People Happy Nation: Government 3.0 Development Plan. Government 3.0 Promotion Committee (cited, 2014 – 09 – 17).

[3] Government 3.0 Promotion Committee. (2014a). New Strategies and Implementing System of Government 3.0 for the 2nd Korea Leap. Government

3.0 Promotion Committee. (cited, 2014 – 08).

[4] Korea Customs Service. (2014). Best Practices of Collaboration for Government 3.0 in Korea Customs Service. Korea Customs Service.

[5] Korean National Police Agency. (2013). Police Patrol! Concentration on the Crime Danger Area!! Press Release. (cited, 2013 – 02 – 07).

[6] Ministry of Government Legislation National Law Information Center (cited, 2014 – 05 – 05).

[7] Ministry of The Interior. (2016b). Government 3.0 Consulting.

[8] Ministry of The Interior. (2016a). Government 3.0 Best Performance.

[9] Ministry of The Interior. (2004). Action Strategies for Improving Work Way. Ministry of The Interior.

[10] MOSPA. (2014d). *White Paper on 2013 Government 3.0.*

[11] MOSPA. (2014c). *Making Korea Happy: The Best Practices of Government 3.0 in Local Government.*

[12] MOSPA. (2014b). *Government 3.0 Guide.*

[13] MOSPA. (2014a). *Government 3.0 Implementing Plan in 2014.* (cited, 2014 – 01 – 28).

[14] MOSPA. (2013b). *Collaborative Public Administration Manual.*

[15] MOSPA. (2013a). *Government 3.0 Total Action Plan* (2013 – 08 – 14).

[16] NIA. (2013). *Government 3.0.* National Information Society Agency.

[17] NIA. (2010). Activation Strategies on Public Information and Public Service in Government 2.0 era. National Information Society Agency.

[18] NIA. (2009). "Advanced ways of Government Service Based on the 3rd Generation of IT' New Technology". *IT Policy Studies Series*, Vol. 12. National Information Society Agency.

[19] Telecommunications Technology Association. (2011). Strategic Map for ICT Core Technology Standardization. Telecommunications Technology Association.

[20] The Presidential Transition Committee. (2013). *The White Paper on the 18th Presidential Transition Committee: The Action Plans for New Era of Hope in Park Geun – hye Government.* The 18th Presidential Transition Committee.

后　　记

　　韩国政府从2013年开始正式提出并实施新的政府管理模式——政府3.0。同时为了完成政府3.0的三个目标——透明型政府、效能型政府、服务型政府——政府正在落实各个目标的核心课题和具体课题。2017年是实行政府3.0的第五个年头，正处于政府3.0的普及和稳步推行阶段。

　　本书是为了整理和发展政府3.0的理论而写的，因此包含了政府3.0的发展背景和相关理论、韩国政府3.0的意义和内容、韩国政府3.0的案例分析、政府3.0实现方案的协作行政等内容。其中关于协作行政的内容是笔者2014年在韩国行政研究院进行的课题——《有关政府组织管理的协作行政研究》内容上进行修改和补充的。在这个课题中，开始提出韩国政府的组织管理模式需要从以前的新公共管理中以竞争为主的行政管理模式转化为后新公共管理（NPM）的以协作为主的行政管理模式，此课题详述并介绍了协作行政相关的内容。

　　在全球环境变化的情况下，满足复杂而多样的行政需求和解决各种政策问题，是所有国家政府应尽的责任。为了满足国民的行政需求和解决全球性的难题，政府不断地调整职能，变革组织结构，要把合适的人才安排到合适的岗位上。同时修订相关法律，并且合理地安排预算。在调整政府角色和转变职能时，要确保政府管理的可行性。在这样的思维下，政府3.0和工业4.0也会不断地发展。将来，为了使政府能动地应对全球环境的变化，需要公共管理领域的学者和相关工作人员对这方面保持关注并加大科研投资力度。

　　韩国和中国在地理位置上是近邻，有悠久的历史渊源；在文化方面都接受儒家思想，并且有很多相似之处。虽然两个国家的政治体制不同，也存在一些分歧，但是希望能够以"求同存异"的思想实现共同的发展。政府管理和政治制度不同的是前者保持政治中立性，研究的是实用性的内容，所以即使是社会主义的中国和资本主义的韩国，在政府管理或行政管理领域也都应该相互学习、共享信息。希望《政府3.0：后NPM时代的政府再造》在学术方面与实践方面对中国和韩国的政府管理以及行政能力的发展有所帮助，最终能提高两国的行政服务质量，也期待能为两国人民的幸福安康做出实质性的贡献。

《政府3.0：后NPM时代的政府再造》一书能首次在中国出版是因为笔者有幸得到了中国广州大学公共管理学院院长陈潭教授的鼓励和帮助。陈潭教授为了适应信息技术的时代潮流，引领公共治理技术与技术治理的前沿研究，推进中国公共管理的理论和实践研究持续而又深入地开展，用心打造了《创新2.0：创新驱动发展的行动逻辑》《政府3.0：后NPM时代的政府再造》《工业4.0：智能制造与治理革命》《社会5.0：智慧社会与智能治理》等研究与系列著作。笔者也前后五次被邀请到广州大学进行为期一个多月的学术访问，受聘担任广州大学客座教授，在公共管理学院给研究生们讲授"政府3.0与政府创新的前沿问题"，并与陈潭教授学术团队围绕政府3.0的研究开展了多次的"头脑风暴"和学术讨论。他对本书的最大贡献还在于按照中文制式设计写作提纲，并在学术上进行最后的修改、审订和校对。在此，笔者对他勤勉的学术工作再次表示深深的敬意！

笔者于2004年毕业于韩国首尔国立大学行政大学院，并获得了博士学位，目前在韩国行政研究院研究韩国政府的组织结构、政府改革和公务员人事制度。博士学位论文的题目是《中国国务院的变化及其变化因素的研究：以历史新制度主义视角的应用为中心》。笔者2002年7月到2003年7月在中国人民大学公共管理学院师从毛寿龙教授，完成了高级进修生课程。主要研究领域是制度论、组织论、人力资源管理，以及中国的公共管理和公共政策。出版的代表性著作主要有《中国的行政和公共政策》(2008)、《全球引领国家的光与影子》(2013)、《国际行政论》(2015)。发表的代表性论文主要有《中国国务院变化的实证分析和意义》(2006)、《政府组织结构的推动战略和管理方案》(2007)、《中国大部制行政改革的动因和制约》(2008)、《中国政府行为的制度化：从人治到法治》(2009)、《中国技术官僚（Technocrat）的形成和变化》(2010)、《政府组织变革逻辑及职能重组战略》(2013)、《中国大部制行政改革的分析和意义》(2014)、《政府3.0的理论研究》(2016)等。

在编写此书的过程中，笔者阅读并整理了韩国和西方的最新研究成果200余篇，并把研究韩国政府的文献和实际的现场工作经验都写入本书。本书原文稿是笔者用韩文撰写的，由韩国国立首尔大学行政大学院博士研究生白桂花翻译成中文。北京市昌平区人民代表大会常务委员会的工作人员金圣海（2000年北京大学法学硕士毕业）进行了初步的中文校正。在此，对白桂花博士和金圣海先生表示衷心的感谢。需要特别说明的是，陈潭教授和他的研究生陈芸对第七章的内容展开了写作，并对其他章节进行了一定程度的修改和补充。广州大学中国政务研究中心研究生冯嘉敏、邓伟、刘成、陈芸、李义科、庞凯、李莹、严艳、陈童语等先后对翻译文稿进行了多次的中文校正，在此，笔者对以上给予帮助的所有人表示由衷的感谢。最后，非常感谢中国社会科学领域的权威出版社中国社会科学出版社的支持和郭晓娟女士、黄山女士的辛勤编辑。

金允权

2017年6月1日初稿

2018年3月18日改稿

2018年12月18日终稿

韩国行政研究院研究室